国家社科基金
后期资助项目
GUOJIA SHEKE JIJIN HOUQI ZIZHU XIANGMU

喀什作家群研究
The Study of Kashgar Writers' Group
——以艾合买提·孜亚依为个案

姑丽娜尔·吾甫力 著

人民出版社

国家社科基金后期资助项目
出版说明

后期资助项目是国家社科基金设立的一类重要项目,旨在鼓励广大社科研究者潜心治学,支持基础研究多出优秀成果。它是经过严格评审,从接近完成的科研成果中遴选立项的。为扩大后期资助项目的影响,更好地推动学术发展,促进成果转化,全国哲学社会科学规划办公室按照"统一设计、统一标识、统一版式、形成系列"的总体要求,组织出版国家社科基金后期资助项目成果。

全国哲学社会科学规划办公室

目　录

绪　论

一

喀什噶尔是维吾尔语（Kaxker）的音译。在现代汉语中,喀什噶尔一般被简称为喀什。作为新疆最早的一座国家级历史文化名城,喀什不仅仅是一个城市的名字,而且更是中华大地上一个享誉中外的文化地理概念,一个独特的民俗单元。无论在物质文化层面还是在精神文化层面,喀什各族人民都有着杰出的创造,形成了博大精深、独树一帜的喀什噶尔文化。

在喀什悠久的历史进程中,不同民族的迁徙融合,多种文明的交替作用,共同孕育而成的喀什维吾尔文化历史悠久、特色显著、内容丰富:既具有游牧性,又具有农耕性、绿洲性;既具有东方性,又具有西方性;既具有中国中原文化影响的痕迹,又具有印度佛教文化、古代波斯的摩尼教文化、阿拉伯伊斯兰教文化以及西方基督教文化影响的痕迹。在世界多元文化的滋养下,喀什也为人类作出了杰出的贡献,如维吾尔文化史上的三座丰碑《福乐智慧》《突厥语大辞典》《十二木卡姆》,作为世界级文化遗产均诞生在喀什,不仅是迄今为止喀什的古代文化代表作,同时其思想和文化价值也标示着新疆历史文化的高度。由此而形成的喀什作家群也同样代表了不同时期维吾尔文学发展的水平。

作家群是指文学发展中在一定地域或一定时期内集中出现的作家密集分布的现象。我们将以喀什为中心的、在创作上大体有一致风格的维吾尔作家群体称为喀什作家群。①

在维吾尔文学的发展中,自9—13世纪的喀喇汗王朝以来,以喀什噶尔为中心的新疆南部一带,确实存在着以某些著名诗人为领军人物的密集分布的繁荣的作家群体。这些作家的文化脐带,就是喀什噶尔在漫长历史岁月中所形成的文化积淀和文学特性。在维吾尔文学的部分时期,维吾尔文学的主要创作群体为喀什诗人、作家,如叶尔羌汗国时代和清代的维吾尔文学,就主要是以喀什作家为主体的文学时代。这些作家或诗人的作品产生了广泛的影响,在维吾尔文学史上占有特殊的地位,成为中国文坛非常值得研究的一个独特现象,需要确定概念,专门研究。但是因为非汉语书写问题,很多作家及其作品没有被翻译为汉语,在中国的学术研究中还未涉及这一群体。

本书是关于维吾尔古典文学时代的一个地域性作者群体——喀什作家群的一个尝试性研究。

开展对喀什作家群的群体性研究的目的在于,将维吾尔文学研究纳入中国文学发展的整体框架中,通过对维吾尔文学史中占有重要地位、具有较为鲜明民族特征及地域文化特征的喀什作家群的考察,为探讨中国多民族文学共同发展提供参照,以期进一步彰显中华文化的多元一体格局的特色和优势。

通过对具体案例的分析研究,提出“喀什作家群”的概念,将有利于对有近千年历史的这一创作群体作科学的分类,研究以喀什噶尔为中心的喀什作家在历史上的形成状况和创作特征,总结其在不同历史时期的创作规律,对当代维吾尔文学如何继承和发扬传统,形成自己的不同地域特色和品牌,具有积极的意义。

本书需要提请读者注意之处在于:

第一,“喀什作家群”概念的提出,并不是意味着将一个像维吾尔族这

_____

① 大多数维吾尔学者在研究中将维吾尔文学分为维吾尔古典文学和20世纪维吾尔文学两大部分。因此,本书主要探讨的是古典时期的喀什作家群,而20世纪的喀什作家群无论从作者的多民族成分还是作品的数量来说都超过历朝历代,笔者已另拟文做专门的研究。

样具有悠久传统和多元文化、特殊宗教信仰和风俗的中国少数民族的地域文学游离于中国文学整体框架,而是在中国文学发展的整体框架中,通过对民族文学中一个特殊群体的研究,进一步彰显和总结中华文化的多元一体格局的特色和优势。

第二,根据维吾尔文学的历史分期,维吾尔文学分为古典文学与20世纪维吾尔文学,因此本书主要针对维吾尔古典文学中的喀什作家群。同时,由于不同时期的喀什作家群体庞大,在对喀什作家群的研究中,本书拟采用个案研究,以使对喀什作家群的研究避免形成对不同时代作家作品的泛泛罗列而失去深入的理论分析和研究。

第三,对同一文本进行比较文学的跨学科研究,是比较文学发展的又一阶段。叙事长诗是维吾尔古典文学的重要文体,也是古典喀什作家群创作的主要特征。本书将以喀什最后一位古典诗人的一部叙事长诗为例,探讨20世纪维吾尔文学对古典叙事传统的继承和发展问题,强调在一部作品内进行多学科、多角度分析研究,将有助对作品意义的挖掘,这对维吾尔叙事长诗的研究是十分有益的尝试。

喀什作家艾合买提·孜亚依是维吾尔文学史上处于古典时代落幕与现代文学肇始之交界点的几位诗人之一,其创作时间为1928—1989年,几乎贯穿整个20世纪。他的创作过程,见证了维吾尔文学在世纪之交由古典时代进入现代时期的文化转型特征,他在20世纪维吾尔诗人中,具有代表性。对他的生平、思想及其创作活动的个案性考察,可以帮助我们从理论上总结维吾尔文学由古典进入现代的发展嬗变规律。这具体体现为这样几个方面:

第一,艾合买提·孜亚依是20世纪维吾尔文学史上处于古典时代落幕与现代文学肇始之交界点的几位诗人之一。虽然世纪、古典、现代文学都只是人为的时间或文学概念,但20世纪之初的文化转型确乎存在,并赋予他思想与创作的双重意义。

艾合买提·孜亚依首先是一位古典时代的诗人,他所接受的是系统而完整的维吾尔古典文学的传统教育,他的思维方式和表达方式都属于那个时代,因此他的著述与创作为同时代的诗人和学者所不及;其次,他几乎走完了整个 20 世纪,在他跨越一个世纪的创作中,作品陈列着现代、当代、新时期的历史瘢痕,也记录着维吾尔文学由古典渐入现代历史步伐中的文体嬗变,这变化正是 20 世纪对古典时代的继承,这个动态的发展过程,久未得到梳理和研究。通过对艾合买提·孜亚依处于维吾尔文化转型时代的双重意义研究,可以弥补这项研究空白。

第二,艾合买提·孜亚依的创作开始于 20 世纪 20 年代以后,这时正是维吾尔文学古典文学结束、现代文学开始的转型期;他的创作成熟于 20 世纪 40 年代,他在 1947 年同时发表了三部作品《永不凋谢的花朵》(诗集)、《论良知》(论文集)、《拉达赫之路上的商队》(游记),被现代维吾尔学界称为"维吾尔现代文学发展到 40 年代后的代表性作品",也奠定了他在维吾尔现代文学史上的抒情诗人地位,而抒情诗创作,恰是维吾尔古典文学的主要特征之一。

第三,叙事长诗是维吾尔文学中占重要地位的文体,形成于维吾尔民间口头创作,在漫长的历史中成熟,在碑铭文学等早期书面文学中被记载。在公元 10 世纪以后,随着伊斯兰文明的传入,阿拉伯、波斯文学中的叙事文体达斯坦随之而进入维吾尔诗人的创作中。作为书面文学的达斯坦文体与维吾尔民间叙事诗相结合,成为此后维吾尔文学主要的文学形式。维吾尔文学中出现了达斯坦创作中的两个高峰,一个是纳瓦依的达斯坦创作,另一个是阿不都热依木·尼扎里的达斯坦创作。

在历史的冲淘养育之下,维吾尔族叙事诗完成了产生、接受外来影响、形成民族风格的过程。维吾尔族达斯坦的这种产生于民族土壤而又融合外来影响而生生不息的发展特征,亦是认识维吾尔文学传统的关键。因而,对维吾尔达斯坦文体的研究,其重要意义是显而易见的。

艾合买提·孜亚依的叙事长诗《热比亚与赛丁》不仅研究和学习了自纳瓦依、尼扎里等维吾尔杰出前辈的成果,也表现了他对达斯坦文体在 20 世纪发展的思考。对艾合买提·孜亚依的代表作《热比亚与赛丁》进行比较文学的跨学科研究,将有助于认识维吾尔达斯坦发生发展的规律,理清维吾尔文学与波斯、阿拉伯文学关系中民族传统与外来影响的关系,分析达斯坦传统在 20 世纪的发展状况。

综而言之,对艾合买提·孜亚依及其《热比亚与赛丁》的研究,可以为喀什维吾尔古典作家群的创作规律和地域特征提供参照,也可为维吾尔文学发展到 20 世纪文学内在变化规律的总结提供建设性思路。

二

关于将喀什的作家进行整体的归类和研究,在维吾尔文学研究中还没有展开,将艾合买提·孜亚依作为个案,亦是如此,因此,本项研究具有原创意义。

目前在国外很少有关于艾合买提·孜亚依的研究,可见的一些零星资料有:1963 年埃及曾出版艾合买提·孜亚依的诗集《永不凋谢的花朵》(以 1947 年版为依据);瑞士收藏有艾合买提·孜亚依的游记《拉达赫之路上的商队》(维吾尔文)。

迄今为止,包括《热比亚与赛丁》在内,艾合买提·孜亚依的所有作品都还未被翻译成汉文。在以往的维吾尔文学史中,对他的生平与创作只有很少介绍。但随着近年来学术界对他的日益关注,状况正在改变。在维吾尔族学者中出现了有关艾合买提·孜亚依研究的专著。一部主要学术专著是维吾尔族青年学者克力木江与艾比不拉合著的《艾合买提·孜亚依》。作者之一克力木江长期从事维吾尔现当代文学批评,发表了多篇关于艾合买提·孜亚依的研究论文,这部专著是他这些年从事艾合买提·孜亚依研究的总结。另一作者艾比不拉现为新疆社会科学院民族文学研究所副所长,他本人就是艾合买提·孜亚依的近亲,不仅掌握有丰富的资料,而且与艾合买提·孜亚依有长期接触,他对艾合买提·孜亚依的创作和思想有着更为直接的把握。《艾合买提·孜亚依》一书是目前关于艾合买提·孜亚依研究较为全面的维吾尔文专著。另外,还有关于艾合买提·孜亚依的传记《两个时代文学的纽带——艾合买提·孜亚依》。传记作者阿吉·艾合买提是原《喀什噶尔文学》杂志主编,是艾合买提·孜亚依的生前好友。

除上述两部专著外,关于艾合买提·孜亚依及其叙事长诗《热比亚与赛丁》的研究论文较有代表性的有:克力木江的《艾合买提·孜亚依研究》、《艾合买提·孜亚依及其达斯坦〈热比亚与赛丁〉》;艾比不拉的《艾合买提·孜亚依未完成的历史小说〈九死一生的人〉》等。

本书所运用的资料可分为文本资料和口头调查资料两部分。文本资料部分包括艾合买提·孜亚依本人的文本资料,如他创作的诗歌、小说、文学研究论文,留存于民间的艾合买提·孜亚依的手稿;研究者的研究专著、论文,由研究者录音整理发表的艾合买提·孜亚依本人的口述资料(解放前部分);在喀什地委档案局、喀什地委地方史志办公室、喀什师范学院图书馆查找的有关资料。

口头调查资料部分是在喀什、乌鲁木齐所做的口头调查资料。在确定选题后,我曾先后两次在喀什和乌鲁木齐做调查访问。调查对象主要有:(1)艾合买提·孜亚依的弟弟玉素音阿吉,在新疆大学任教的儿子阿尔斯兰。他们是艾合买提·孜亚依的近亲,了解艾合买提·孜亚依的思想、品性,特别是他的儿子阿尔斯兰的介绍和回忆以及他手中丰富的资料,对我的研究有很大帮助。(2)喀什的学者和知识分子。喀什师范学院教师克力木江是研究专著《艾合买提·孜亚依》的作者之一,他长期从事艾合买提·孜亚依及其维吾尔现当代文学研究,对他的访谈使我了解目前维吾尔文学研究界对艾合买提·孜亚依的研究现状。(3)阿不都热依穆·沙比提是喀什文物保护管理所原所长,他知识渊博,对喀什近现代历史及文学都较为熟悉,与艾合买提·孜亚依交往较深,我先后两次对他进行专访。(4)原《喀什噶尔文学》编辑、艾合买提·孜亚依传记写作者阿吉艾合买提·库里特肯,他是位诗人、编辑,与艾合买提·孜亚依在文学方面交流很多,对艾合买提·孜亚依的创作及其《热比亚与赛丁》都有自己独到的见解。(5)新疆社会科学院少数民族文学研究所副所长艾比不拉,与艾合买提·孜亚依是亲戚,也是维吾尔族学者中较早开始研究艾合买提·孜亚依的一位。另外还有对喀什师范学院和新疆大学的一些教师的访问,都对本书的写作有益。

在本书写作中,主要采用建立在文本研究基础上的比较文学的跨学科研究方法。跨学科研究在比较文学中是与影响研究、平行研究并列的另一种研究方法。这种方法使文学研究不受制于学科界限,可以从多学科和跨学科的角度加以研究。在研究中,首先是将文本研究放在一个广阔的历史、文化和学科背景下加以考察,解释文本的多种属性和功能。

维吾尔达斯坦是维吾尔族口头传统叙事诗与中西亚文学关系的产物,包括爱情主题、人物形象、叙事模式等。如何从波斯、阿拉伯传入维吾尔族地区及其演变过程,都是比较文学研究的问题。如前文所述,喀什是古代丝绸之路的重要通道,是东西方多种文明的交汇口,在文化上具有多元特色,是开展比较文学研究的沃土。本书尝试在艾合买提·孜亚依的叙事长诗《热比亚与赛丁》的解读中使用民俗学、叙述学等研究方法。一些特定的文学文本都是开放的、是"能引人写作之文"①,其潜在可解释层十分丰富,关键就在研究者的阅读和发现。将艾合买提·孜亚依及其创作置于时代背景下,考察形成艾合买提·孜亚依思想和创作个性的民族传统因素、地域因素、社会政治因素等,通过对达斯坦的多角度阅读分析,提出自己对喀什作家群的整体特征的认识,对维吾尔文学提供新的研究思路和视野。

三

在考察古典时代的喀什作家群时,一些术语频繁出现。其中有的是外来术语,有的则是形成于维吾尔文化传统。在此将对这些概念和术语作一些必要的说明。

启蒙(Meripet)　这是维吾尔文化教育史和维吾尔文学史中用的较多的一个词。该词是波斯语借词,原为伊斯兰教之苏非派使用词汇,专指对宗教的认识、了解。②在现代维吾尔语中,这个词首先指的是知识和学问,其反义是无知、愚昧(Meripetsiz)。另外这个词指的是19世纪以来在维吾尔族近代思想史上出现的启蒙思潮及其主张。

---

① 参见[法]罗兰·巴特:《S/Z》,屠友祥译,上海人民出版社2000年版。
② 参见乌利麦提江·阿不都热合曼著:《塔沙乌夫哲学》(维吾尔文),新疆大学出版社2001年版,第259页。

秘书院（Diwanhana） 产生于 18 世纪末 19 世纪初的喀什,在祖乎尔丁·阿奇木伯克担任喀什最高行政长官时出现,其职责是专门为喀什各级地方长官培养秘书等工作人员。其中在后世传为佳话的是三四十年代在祖乎尔丁·阿奇木伯克的官邸内集合了诸如尼扎里、孜亚依、艾黎比、赛布里等文学家组成的秘书班子,表面上是一个起草行政文牍的机构,实际上是从事文学创作的小组。① 艾合买提·孜亚依在其达斯坦《热比亚与赛丁》中对此还有专门描述。另外,有学者研究了 1870 年产生于喀什郊县克孜热克村的秘书院,指出这是维吾尔文化启蒙运动之后出现的一个新兴事物。其创建者是阿不拉·依玛木,他在接受了新式学校教育之后回到喀孜热克村后,为了给各级地方长官培养秘书等工作人员,在喀孜热克村的一个名叫铁列可阿立地（Terekaldi 维吾尔语,意为杨树前的）的大清真寺旁开辟了一处宗教活动场地,其中就包括这座秘书院。秘书院其实是一所学校,该学校的学生与其他学校不同,他们在接受宗教知识的同时还接受科学知识。② 可见当时的秘书院并不止一处。

喀什诗人小组 在艾合买提·孜亚依的诗中称其为 Xairlar Bezmisi,意为诗人的聚会或诗人的吟咏。祖乎尔丁·阿奇木伯克担任喀什最高行政长官时,由于他自己就是当时的著名抒情诗人,精通阿拉伯语、波斯语,因此十分注重喀什的文化事业,将著名的诗人、作家、学者都延揽在自己周围。诗人小组指的就是这时被祖乎尔丁·阿奇木伯克召集的 19 世纪维吾尔诗坛著名诗人尼扎里、格利毕、孜亚依等人组成的秘书班子,表面上是起草行政文牍的机构,实际上是一个从事文学创作的小组,其作用却在文学创作和培养新人,对 19 世纪维吾尔文学作出了很大贡献,故又被后人称做诗人小组。在祖呼尔丁的亲自过问、倡议与精心部署下,当时有不少作品相继完成。尼扎里的《爱情组诗集》就是这期间的成就之一。另外《和卓传》、《凯兰代尔

---

① 参见阿布都克热木·热合曼主编:《维吾尔文学史》,新疆教育出版社 1993 年版。
② 参见喀什政协文史资料编辑室:《喀什文史资料》(第四辑),政协喀什地区工委 1999 年版,第 143 页。

诗集》、《艾黎比之书》、《斯迪克之书》、《赛布里诗集》、《孜亚依诗集》、《祖乎尔丁诗集》等也都在此时相继完成。祖呼尔丁还非常重视搜集、整理和抄写古典文学作品,如在他的主持下,喀什秘书院的学员抄写并编成《纳瓦依全集》。这些活动,对喀什学术文化和文学创作产生了重大影响,喀什噶尔一时学术风气浓郁,涌现了许多才华横溢的诗人、学者,为维吾尔文学的发展起到了推动作用。

经学堂(**Mederis**)　Mederis 为阿拉伯语,意为经堂,有时被译为经学院。维吾尔族中的经学堂产生于 10 世纪初,是传习伊斯兰教各种经典和功课的场所。喀什的经学院最著名的是汗力克经学院(Hanlik Mederis 即皇家经学院)。喀什历史上的经学堂曾被分为两种,一种为初级,称为卡日哈那(Karhana 即初级学堂),另一种为中、高级,称做麦德热斯(Mederis)。① 从 10 世纪初至 20 世纪初,经学堂也经历了历史的变化,呈现出不同的时代特征。建于 10 世纪的皇家经学院和萨基亚经学院,相传为苏图克·布格拉汗所建,两座经学院的共同特点是拥有大型图书馆、数百间教室和学生宿舍,是当时喀什噶尔和中亚的文化中心,其院长均由著名学者担任,学院内教授的课程有经注、圣训、教法、数学、天文、医学、地理、哲学、文学、历史和伦理。发展到 18 世纪末 19 世纪初,喀什的许多经学堂接受了新式教育,不仅讲授宗教经典,同时也讲授文化科学知识。其中作为维吾尔文化启蒙先驱者之一的阿不都卡德尔·大毛拉在喀什汗力克经学院任职时对教材进行改革,自己编写教材,许多学堂纷纷效仿。艾合买提·孜亚依在《热比亚与赛丁》中对喀什的经学堂中的这些变化也做了描述。

艾孜勒提民俗活动(**Azret seylisi**)　艾孜勒提是阿帕霍加墓(即汉语中

---

① 明代陈诚等所著《西域番国志》,对所到之地哈烈(今阿富汗赫拉特)的麦德热斯做了描绘和评价,可以帮助我们了解中、高级麦德热斯的情况和学生住宿情况:"都城中有大土屋一所,名默得儿塞,四面房廊宽广,天井中设一铜器,制如大锅;周围数丈,上刻文字,如鼎状;前后左右房屋犹伟丽,多储游学生徒诸色经义者,若中国之大学然。"(杨建新主编:《古西行记选注》,宁夏人民出版社 1996 年版,第 286 页)

的香妃墓)所在地的名称。艾孜勒提民俗活动是以喀什为中心的南疆地区维吾尔族民间的一个有较长历史的传统民俗活动,它是喀什民众每年来参加的、或是一生中必来参加一次的活动。有学者称之为谒陵活动,因为这一活动首先起源于对维吾尔族历史上著名人物,如阿帕霍加陵墓的拜谒,后来随着时间的推移,渐渐变成一个大型民间民俗活动。又因地点在喀什的艾孜勒提村,所以被称为艾孜勒提民俗活动。① 这一活动在每年的5—10月进行。参加者包括喀什在内的南疆各县市群众,这一活动在人民的精神活动中占有重要地位,男女老幼皆来参加,人们甚至不顾路途遥远,乘马车、骑驴或徒步而行。据载,结亲之际女方的一个主要条件是在结婚前带她到艾孜勒提。如果婚期适逢艾孜勒提民俗会间,新娘会由伴娘陪从,乘专门装饰的马车前往。这一活动在1958年停止。在艾合买提·孜亚依的达斯坦《热比亚与赛丁》中,对艾孜勒提民俗活动及其他相关民俗活动有详细描述。

说书人(Medda) 指维吾尔民间艺人,维吾尔族的说书人以谈唱为主。早期作为说书人的 Medda 是专门职业,也有其专门的从业场所,其从业场所应该是在茶馆一类的地方。艾合买提·孜亚依在《热比亚与赛丁》中注意到了茶馆作为18—19世纪在喀什文化中作用重大的场所,故在第十一章描绘喀什传统的艾孜勒提民俗活动时,专门描写了茶馆和说书人,可见在一个历史时期,茶馆和说书人在喀什民间文化中的地位和作用。文人创作的爱情达斯坦由说书人传达给下层民众,民间的艺术家也从中得到培养。因此,作为民间艺人的 Medda 本身挚爱艺术,弹奏演唱技艺高超,他们是维吾尔传统口头文学如达斯坦等的传承者在民间享有很高声誉。但是 Medda 在今天的维吾尔族口语中,几乎失尽本意而转含贬义,指"爱说话的"、"说起来没节制的"、"话多得令人烦的"这些含义,这个词由一个民间的中心话语到被边缘化,甚至转义贬损。"Medda"一词的变化过程,注解着维吾尔民间文学的演变。

---

① 参见穆罕买提依敏·库尔班著:《喀什噶尔地名拾零》(维吾尔文),喀什维吾尔文出版社1999年版。

与此相关的要顺带提到茶馆的变化。茶馆(Samawarhana)字面意是指"喝茶的地方",它是由 Samawar(名词,指茶炊)和名词性后缀 hana("……之处"、"……的场所")所构成,它起源于何时何地、如何在维吾尔族生活中流传,尚无考证。但在维吾尔族生活中,茶馆曾起过重要作用。Samawerhana 在喀什直到 1985 年前后,都曾是纯粹的以喝茶聊天为主要内容的场所;在传媒不发达的当时,这里成为信息流通之地,也是民间获取知识、信息的渠道;由于出入茶馆不受身份和地位的限制,一些有知识者如报人、诗人等会在这里谈论时下流行的话题、时事新闻以及艺术创作情况等,更重要的是,作品在这里被谈论和说唱,成为流向民间的一个渠道。因此,茶馆又成为下层民间和上层文人创作的交汇处。今天的喀什,这样的茶馆已不复存在。茶馆作为名称,仅指某一饮食歌舞餐厅,人们来此只是为吃饭娱乐。

达斯坦(Dastan)　这是一个借自波斯语的词汇,在波斯语中它有"故事、小说、传说、轶事、传记、童话、神话、曲调、旋律、音乐"等多层含义,在发展过程中不断成熟,与其他文体分离而专指叙事长诗。随着伊斯兰教的传入,达斯坦被维吾尔族诗人所接受,然后被民间艺人所采用,成为文学的主要文体。在现代维吾尔语中,达斯坦是指叙事长诗,分为民间达斯坦和作家达斯坦两种,维吾尔民间专门从事达斯坦演唱的艺人称为达斯坦奇,至今活跃在维吾尔民间。而作家创作的达斯坦主要以爱情叙事诗为主,其中最著名的是纳瓦依创作的《五卷诗集》(Hamse),其中《帕尔哈德与西琳》、《莱丽与麦吉侬》最为著名。

维吾尔"十二木卡姆"分为三大部分,其中之一就是达斯坦,是以演唱为主的叙事诗,各达斯坦都有专门的曲调。达斯坦在维吾尔文学和音乐中具有很高的价值。

玛斯纳维(Mesnawi)　维吾尔族诗歌的一种形式,双行、多音节,每个双行都押同韵,即 aa、bb、cc 押韵形式。维吾尔族的长篇叙事诗大多采用这种形式。此形式源于阿拉伯、波斯诗歌,随着伊斯兰文化传入维吾尔族。11

世纪成书的《福乐智慧》是用玛斯纳维诗歌形式创作的。

玛斯纳维作为一部文学作品的名称,是指波斯诗人加拉力丁·穆罕默德·穆拉维(J. M. Mulawei,他曾以鲁米闻名,1207—1273)创作的长篇叙事诗《玛斯纳维》(6卷本,51000余行)。这是一部博大精深的苏非神秘主义著作,穆拉维以高超的诗歌才能,将宗教哲学与诗歌的艺术魅力完美结合,因此他被称为伊朗诗坛"四大柱石"之一。

阿鲁孜格律(**aruzwezin**) 维吾尔族诗歌的一种格律。它以长短音节的组合变化为基础,依据音律组合规律可分为哈扎吉、瓦菲尔、穆塔卡里甫等19种格律。用阿鲁孜格律写成的诗不仅要求每行诗中的音节数目相同,而且要求每行诗中依照一定规律组合起来的长短音节数目的排列也要相同。这种诗律系统早在8世纪建立于阿拉伯,后传到波斯,随着伊斯兰教文化传入维吾尔族,被维吾尔族人所接受并得到普及。成书于11世纪的维吾尔族古典长诗《福乐智慧》即是采用阿鲁孜诗律的穆塔卡里甫格律写成。维吾尔族许多著名长诗都是运用这一诗律创作的。艾合买提·孜亚依的叙事长诗《热比亚与赛丁》也是如此。

第一章 "喀什作家群"概念的提出

维吾尔族为中国信仰伊斯兰教的少数民族之一。"维吾尔"(Uighur)是该民族的自称,意为"团结"、"联合"。维吾尔族主要分布在新疆维吾尔自治区,大多聚居在天山南部各个绿洲,极少数居于湖南省桃源县、河南省渑池县、郑州市等地,人口 721.4431 万人(1990)。使用维吾尔语,属阿尔泰语系突厥语族。历史上曾先后使用过古突厥文、回鹘文、古维吾尔文等。10 世纪伊斯兰教传入后,逐步使用以阿拉伯字母为基础的维吾尔文。中华人民共和国成立后,曾创制以拉丁字母为基础的新文字,20 世纪 80 年代初,又恢复使用以阿拉伯字母为基础的维吾尔文(也称老文字)。

维吾尔族古代信仰过萨满教、摩尼教、景教、祆教和佛教。10 世纪中叶喀喇汗朝萨图克·布格拉汗归信伊斯兰教后,喀什噶尔、叶尔羌、和阗地区先后伊斯兰化。13 世纪初阿克苏、库车、焉耆地区维吾尔人均已改奉伊斯兰教。14 世纪时,天山北路伊犁、塔城等沿边地区人民归信。公元 14 世纪末至 16 世纪初,吐鲁番、哈密等东疆地区改宗后,全疆实现了伊斯兰化,留下了具有鲜明伊斯兰文化特色的文化遗产。维吾尔族大部分信仰逊尼派。其中以喀什的艾提卡尔清真寺、阿帕克和卓麻札、阿图什萨图克·布格拉汗麻札、库车额什丁麻札、哈密回王墓、吐鲁番额敏塔等建筑闻名,具有伊斯兰建筑艺术特色。清真寺和麻札都有"瓦克夫"①地

---

① 瓦可夫为伊斯兰教法用语,为阿拉伯语音译,原意为限制、保留,专指保留安拉对人世间一切财富的所有权,或留置部分有价值的土地、产业。特点是奉安拉之名永久性冻结财产的所有权,限定用益权,被称做瓦可夫的土地和产业归安拉所有,只能用于宗教慈善目的。

和财产。历史上各地都曾设有宗教法庭和卡孜(即法官)。维吾尔族的诗歌、民间故事、寓言等文学作品中,多有伊斯兰教奖善祛恶、启迪智慧和宗教伦理内容。伊斯兰教对维吾尔族文化诸方面都有鲜明影响痕迹。

一个地区有一个地区的标志性特点,这在文学上可以得到最直接的体现。喀什噶尔特有的文化品格不仅培育出喀什人独有的诗性气质,而且也使得喀什各民族文化艺术独具魅力。这些都会影响当代文学艺术家的性格气质、思维方式和创作风格,形成喀什文学艺术家共有的、区别于其他地域的创作风格和审美旨趣,形成以特定的地域文化特征为主的创作流派和创作群体。

在维吾尔文学史上,在不同的历史时期,喀什作家以其阵容整齐、人数众多、作品独特,具有鲜明的民族特征和地域文化特征,产生了许多具有代表性意义的诗人、作家,有的在中国乃至世界享有很高声誉,如玉素甫·哈斯·哈吉甫、马赫穆德·喀什噶里等;在维吾尔文学的部分时期,维吾尔文学的主要创作群体为喀什诗人、作家,如叶尔羌汗国时代和清代的维吾尔文学,就主要是以喀什作家为主体的文学时代,这种现象不仅值得关注,而且需要确定概念,专门研究,从而为总结维吾尔文学的规律提出建设性思路,同时也为推进中华民族多元一体格局背景下的中国多民族文学的研究提供有力的参照。

第一节　喀什概况

一、喀什的生态环境及人文环境

喀什位于新疆维吾尔自治区西南角,帕米尔高原北麓,塔里木盆地西缘,地理位置为北纬 39°25′18″—39°25′20″,东经 75°56′10″—76°04′16″。喀什市地处中亚大陆中心地带的喀什噶尔三角洲中上部,地貌构造单元属喀什噶尔水系形成的洪积——冲积平原,是新疆古老的绿洲之一,自古以来就是多民族聚集之地。自一千多年前的喀喇汗王朝起,喀什就是中亚最负盛名的文化中心之一。

在喀什悠久的历史进程中,通过不同民族的迁徙融合,孕育了喀什独特的文化特征,既具有游牧性,又具有农耕性、绿洲性;既具有东方性,又具有西方性;既具有中国中原文化影响的痕迹,又具有印度佛教文化、古代波斯的摩尼教文化、阿拉伯伊斯兰教文化以及西方基督教文化影响的痕迹,融合而成的喀什维吾尔文化历史悠久、特色显著、内容丰富。在世界多元文化的滋养下,喀什向全人类献上丰厚的遗产作为回报,如维吾尔文化史上的三座丰碑《福乐智慧》《突厥语大辞典》《十二木卡姆》,作为世界级文化遗产均诞生在喀什,不仅是迄今为止喀什的古代文化代表作,同时其思想和文化价值也是新疆历史文化的高度。

二、历史文化与人口状况

早在公元前 2 世纪张骞出使西域时,疏勒为西域 36 国之一,喀什是疏勒国国都。西汉神爵二年(前 60)汉朝在乌垒城(今轮台县野云沟附近)首设西域都护府,疏勒始归属西汉。东汉永平十七年(74)后,班超以疏勒为大本营,经营西域 30 年。唐贞观二十二年(648)和唐显庆三年(658),唐朝曾两次在此设立疏勒都督府,成为历史上有名的"安西四镇"之一。784—1218 年,以维吾尔族为主体,以喀什噶尔为中心,建立了一个东起敦煌、西达锡尔河、北抵巴尔喀什湖、南到昆仑山的强大政权——喀喇汗王朝,今市境属其辖地。[①] "在喀喇汗王朝时期,由于大批突厥语游牧民转入定居,加快了中亚土著民族突厥化的过程;同时由于喀喇汗王朝把伊斯兰教定为国教,广大游牧民也在宗教上伊斯兰教化。在社会经济发展的基础上,在这种民族相互异化和融合的过程中,科学文化也获得了巨大的发展,一种新的文化——伊斯兰—突厥文化形成。这种新文化的核心是作为王朝统治民族的、具有古老文化传统的维吾尔族的文化。"[②]

[①] 参见阿不都热西提·阿吉、王时样主编:《喀什市志》,新疆人民出版社 2002 年版,第 3 页。
[②] 魏良弢:《喀喇汗王朝史稿》,新疆人民出版社 1986 年版,第 2 页。

北宋庆历元年(1041)喀喇汗王朝分裂为东、西两部,喀什噶尔成为东喀喇汗王国的都城。1131年以后,耶律大石的西辽政权(哈拉契丹)攻占西部喀喇汗王朝。南宋嘉定十一年(1218)成吉思汗征西域,喀什噶尔初归蒙古大汗直辖,后封作其次子察合台汗国领地。14世纪上半期,喀什为东察合台汗国领地。之后长期为蒙古族帖木儿汗及其后裔们所建立的政权所辖制。16世纪初,东察合台汗国的政治中心从伊犁转移到喀什,以赛依德汗为首建立了中亚历史上著名的喀什噶尔汗国(后因其首府移驻叶尔羌,故亦称叶尔羌汗国)。17世纪中期之后,伊斯兰教白山派首领阿帕克和卓以喀什为中心,建立了天山以南政教合一的"和卓"(即自封为伊斯兰教圣人后裔)地方政权,延续二百多年。清光绪十年(1884)新疆建省,在喀什设疏附县,隶属于喀什噶尔道疏勒直隶州(光绪二十八年升为疏勒府)。民国元年(1912)疏附县直属喀什噶尔道,民国十六年(1927)改属新疆省喀什行政长官公署,民国二十七年(1938)属新疆省第三行政长官公署,民国三十二年(1943)改属新疆省第三(喀什)督察专员公署。疏附县城(即今喀什市)均为历代道(公)专署治所。[①]

喀什地处交通要冲,交通发达,自古就是祖国西北门户的重要交通枢纽。这里既是中西方交通的咽喉枢纽,中西方文化交流的荟萃之地,又是南疆西部的中心城市,与巴基斯坦、塔吉克斯坦、吉尔吉斯斯坦、阿富汗、印度、土库曼斯坦、乌兹别克斯坦、哈萨克斯坦八国接壤,战略地位十分重要。历史上是中外商人云集的国际商埠,现有红其拉甫、吐尔尕特、伊克尔斯坦木、卡拉苏及新怡发二类口岸,喀什至伊斯兰堡国际航空港已于2004年正式开通,浓郁的民族特色,淳朴的风土人情,悠久的民族文化,独特的自然景观,构成喀什市的鲜明特色。区位独特,民俗浓郁,是新疆境内唯一的一座国家级历史文化名城。[②]喀什有始建于1442年的艾提尕尔清真寺,始建于1640年的阿帕克霍加陵墓(亦称香妃墓),11世纪著名维吾尔族诗人、学者、思想家、《福乐智慧》的作者玉素甫·哈斯·哈吉甫陵墓,艾斯克萨古城遗址,徕

---

① 参见阿不都热西提·阿吉、王时样主编:《喀什市志》,新疆人民出版社2002年版,第3页。
② 据喀什市政府网信息,2007年3月。

宁城遗址,欧达希克清真寺,罕里克买德来斯(伊斯兰教经文学院)原址,阿尔斯兰汗墓,斯坎德尔王墓,以及 11 世纪著名维吾尔族学者、伟大的语言学家、《突厥语大辞典》的作者马赫穆德·喀什噶里墓,莫尔佛塔,罕诺依等文化遗址。①

三、喀什噶尔名称释义

1. 汉文史料中的喀什噶尔

自《汉书·西域传》起,中国汉文史料中,就有关于喀什噶尔的记载,喀什地区就被称为"疏勒"。张骞凿空西域后,疏勒归属西域都护府管辖,东汉初年班超经营西域的主阵地就在此。后唐朝在此建立了西域都护府。根据关于喀什的汉文史料,今天喀什地区自英吉沙县以北、包括今克孜勒苏柯尔克孜自治州的广大地域,两汉以来的汉文史籍中,都被称为西域"疏勒国";从魏晋到宋代,"疏勒国"的地盘又要加上今莎车县以南到皮山县这片地方。疏勒国的首府,在西汉时被称做"疏勒城",也就是今日的喀什市。

在汉文史料中,用"喀什噶尔"取代"疏勒",一般认为是在宋、元以后,这是以汉文正史引用的时间为标准的。用"喀什"代称"喀什噶尔",是今天的一种简化使用。

2. 维吾尔文文献中的喀什

喀什维吾尔族学者关于喀什有过多种阐述,他们依据的是维吾尔文文本资料和民间口头传说。其中,伊布拉因·尼亚孜的《喀什历史文化简史》(喀什维吾尔文出版社,1989)就是本文撰写的参照之一。该书在论及喀什的历史时指出:

> 据民间传说,喀什的名称有过三次变迁:最初被称为喀什的地方是阿图什的麦谢提(mexet)。第二个叫喀什的地方是位于从阿图什到喀什之间的一个名叫汗奥伊(han-oyi,意为汗室或汗王的居所)的地方。王朝都城迁至这里后,这里出现了巨大变化。这里虽然是维吾尔族历

---

① 参见阿不都热西提·阿吉、王时样主编:《喀什市志》,新疆人民出版社 2002 年版,第 3 页。

史上著名的喀喇汗王朝(10—13世纪)最值得纪念的汗王萨图克·布格拉汗的都城,但由于后来发生的暴乱和水灾,这里不再作为都城,逐渐被废弃。公元1533年(回历940),米尔咱·海达尔将都城迁至现喀什的老城部分,这里逐渐繁荣起来。当时喀什城的范围狭小,这个范围后来被称为"内城"而保留至今。民间口头流传中所称呼的托古萨克戴尔瓦孜(tokusak derwaz,汉语意即疏附大门)、库木戴尔瓦孜(kum derwaz,汉语意即沙门)以及卡尔克戴尔瓦孜(karka derwaz)等就是当时(16世纪)喀什内城的三个城门的称谓。直到后来清政府驻喀什行政长官祖乎尔伯克时(19世纪),扩建喀什城,修建了喀什城墙,将原外城也纳入喀什城市范围。他在喀什在位20年,做了许多压迫百姓的事,特别是扩建城市过程中,死伤百姓无数,仅6个月就完成了城市扩建。虽然祖乎尔丁扩建了城市,但是新纳入的部分并没有迅速繁荣起来。后来随着艾提尕尔清真寺在喀什社会及人民生活中的地位日渐重要,所有古尔邦节的会礼都在这里进行。因此,入侵的阿古柏(Ykup beg)的都城就建在艾提尕尔一带,这一带就被称为"王宫前的地方"(Ourda-aldi),这一称谓一直沿用至今,该地段一直是喀什的繁华的商业中心。这样,艾提尕尔广场和阿古柏王宫前的广场之间的地域成为外国人居住的地域,这里被称为"领事馆",并成为城市的中心。1878年阿古柏政权被推翻,清政府驻喀什的行政长官李祝亚(音译——笔者注)对城市稍作调整,但是艾提尕尔广场及其作用却没有发生变化。1898年罗仪济(音译——笔者注)又对城市做了扩建。随着几次扩建,至1900年,原内城的范围呈现为圆形,因此当时的人们就将最早的喀什内城的部分称为圆城(yumulak xer),其西大门将城市与农村分开,成为农村与城市的关口。当时的民众就将该大门称为新大门(yengi derwaz)。至此,喀什的大门就变成了四个,农村通往城市的交通更为方便。1909年喀什长官陆(音译)协台在圆城内建成了一个衙门,1912—1923年,执掌喀什大权的军事长官马济武就住在这里。马济武在城墙上修建了一座四层高、用玻璃装饰的亭子,给这座城市增添了华贵神秘气氛(今喀什行署的位置就在这一带,而这里依然被一些城市居民称为"衙门前的地方"——笔者注)。近一个世纪以来,喀什被分为"新城"和"旧城","新城"于1854年由童大人(音译——笔者注)所建。新城建在喀什南郊的两条河之间,从这时期该新城就成为喀什的军事驻地,如后来的阿古柏的副都、金树仁的"新疆衙门"、国民党"警备司令部"等。直至20世纪70年代前后,"新城"被喀什人称为"汉城"。至20世纪80年代以后,这里由喀什城市的一部分而改为喀什地区下属的一个县,政府将"汉城"改为疏勒县,"汉城"一词逐渐被人淡忘。但今日在维吾尔语口语中,该县依然被称为"新城"(Ying xer)。而被称为"旧城"(Kona xer)的喀什则是今日之喀什市。[①]

第二节 喀什在新疆及中亚历史文化中的重要地位[②]

自信仰伊斯兰教之后,特别是喀喇汗王朝迁都到喀什,作为王朝的政治经济中心之一,喀什的地位十分重要,自此后的数百年时间里喀什噶尔一直都是中亚著名的文化中心。在喀喇汗王朝时代,喀什噶尔城内的主要建筑有皇宫、经学院、圣人陵墓和清真寺等。喀什噶尔的语言成为喀喇汗王朝的语言而被尊称为"哈卡尼亚语"(王朝语言)。这是喀喇汗王朝的主要书面语。察合台汗国时期,喀什噶尔作为察合台汗国的军政要地,当时又被封给一个称做"杜格拉特"(亦译作"朵豁剌惕")的蒙古部族当做世袭领地。从13世纪中期直到16世纪初期的近300年间,杜格拉特部族一直居住在喀什噶尔和阿克苏一带。1514年,杜格拉特部族所建立的政权又被察合台直系后裔赛义德汗消灭,建立了长达164年的叶尔羌汗国。早在14世纪,以喀什噶尔地方语言和文化为标志,曾在天山以南直至中亚河中地区开创过

---

① 该部分内容笔者译自伊布拉因·尼亚孜著:《喀什历史文化简史》(维吾尔文),喀什维吾尔文出版社1989年版。

② 该部分内容笔者受喀什本土人类学者阿不都热依木·肉孜的访谈启发写成。

一个突厥语文学的"喀什噶尔时代"。16世纪之后,又以喀什噶尔语为维吾尔语的标准形式,在天山南北推广了维吾尔文的古老书面语——察合台——维吾尔文,一直沿用到20世纪30年代。由于喀什噶尔的特殊地位和文化中心作用,从中亚各地到喀什的商人学者来到这里后便定居了。如近代中亚浩罕汗国的许多乌孜别克人或经商或访亲来到喀什,并在这里定居;有些则是参与入侵战争(如张格尔、玉素甫、七霍加、倭里汗等)后留下来的。这些侨居喀什噶尔的乌孜别克人,很多从此之后再没有返回本土,在这里娶妻生子永久定居。他们或同化于本地的维吾尔族,或仍保留其族别。由于语言相近,宗教信仰与生活方式也大致相同,喀什噶尔的乌孜别克族与维吾尔族相处得也很和睦。今喀什市内,有一条最繁华的工业品市场街,被称做"安江热斯特"(anjian-rest)。安江,即安集延的维吾尔语变音,是中亚乌孜别克斯坦的一座商业名城,历史上喀什噶尔人就称浩罕汗国的乌孜别克族为"安集延人"。18世纪末期,他们集中在喀什噶尔的这条街上开店经商,这条街也就因此得了"安江热斯特"或"安江巴扎"之称,在喀什近现代历史上很有名气,直至解放初期,这条街依然有很多的苏联乌孜别克人在经商。另外,在喀什市东北部还有一个乡,其名称干脆就叫"浩罕"乡,清代末期定居喀什噶尔改行务农或从事手工业的浩罕汗国乌孜别克人,大多集中居住在这里,当时的目的大约是为了便于管理,于是当地人就称这里为"浩罕"。现在浩罕乡的居民绝大多数已融入维吾尔族。

喀什噶尔是维吾尔族历史上的名人荟萃之地。由于伊斯兰教的影响,自10世纪以后,维吾尔文化逐渐伊斯兰化,其中喀什噶尔不仅是伊斯兰化的代表性城市,而且还是将伊斯兰化与民族传统有机结合,造就了一代又一代维吾尔族诗人、学者,代表了维吾尔族文化艺术最高水平的城市。完成于11世纪的长篇诗作《福乐智慧》长达13000多行,是维吾尔族思想史和文学史上的代表著作。这部辉煌的作品不仅是维吾尔语言研究的典范之作,而且对维吾尔族文化史的研究有着不可估量的意义。这部作品对当时中亚各突厥民族文字语言发展起过巨大作用。① 这部作品的作者玉素甫·哈斯·

---

① 参见任一飞、雅森·吾守尔著:《维吾尔族》,民族出版社1997年版,第44页。

哈吉甫一直在当时的文化学术中心喀什噶尔求学,还曾一度在喀喇汗王朝宫廷内供职,就是在喀什噶尔他完成了自己的这部传世之作。玉素甫·哈斯·哈吉甫逝世于喀喇汗王都喀什噶尔,原葬在吐曼河畔,后因水势威胁,叶尔羌汗国第二代君主阿不都·热西提汗(1533—1570)敬仰其学问,迁其墓于"阿勒吞鲁克"(皇族陵园),即今喀什市体育路南侧。生于同一时期的又一部巨著《突厥语大辞典》的作者马赫穆德·喀什噶里是喀什噶尔人。11世纪20年代,他在喀什噶尔受教育,后来在七河地区、伊犁河谷和锡尔河地区进行详细的考察,搜集语言、文学、历史、地理以及风土人情等方面的资料,于1074年用阿拉伯语写成《突厥语大辞典》。这是一部具有很高科学价值的著作,全书分为八卷,各卷再分为上下两个分卷,分列名词、动词,分卷内又分为门。词典结构完整,条理分明,是世界上第一部大型突厥语词典。它提供了有关新疆和中亚地区丰富的历史、地理知识和专业术语,也可称为一部关于突厥语民族的简明百科全书。《突厥语大辞典》附有一幅圆形地图,这幅地图描绘出作者当时所了解的世界,也是流传到今天的最早和最完整的中亚地图。[①]

除了上述两位举世瞩目的人物之外,喀什噶尔在此后的数百年间一直成为维吾尔文化特别是维吾尔文学的中心,产生了一大批著名诗人、学者并留下了不朽的作品。如16世纪时喀什噶尔史学家米尔扎·海达尔·库勒刚所著的《拉施德史》,1750年就由著名翻译家哈吉·吾守尔·海里帕在喀什噶尔将波斯文的原著译成维吾尔文,加大了这部名著在维吾尔人民间的传播范围和速度。出身于喀什噶尔贫寒之家的优秀诗人艾黎比(1802—1862),在1841年创作的哲理长诗《爱苦相依》,是近代维吾尔文学的最佳范作。19世纪中期杰出的喀什噶尔诗人古穆纳木的抒情长诗《喀什噶尔之歌》,以极优美的语言和高超的创作手法,在近代的维吾尔诗坛上,占有很高的地位。19世纪维吾尔文学史上的伟大诗人阿不都热依木·尼扎里1770年出生在喀什噶尔城。他6岁起就在一所经文小学就读,20岁考入城中最著名的艾提尕买德力斯(即艾提尕清真寺的经文学校)。凭着过人的

---

① 参见任一飞、雅森·吾守尔著:《维吾尔族》,民族出版社1997年版,第46页。

勤奋与才智,除了精通本民族文化,还熟练地掌握了波斯文和阿拉伯文。他以《爱情组诗》为总标题,写出了 25 部叙事诗,累计长达 48000 多行。

如今,喀什噶尔较完整地保留了维吾尔族古老文化,充分见证了维吾尔历史文化进程,在研究维吾尔族及其中亚历史文化中具有不可或缺的重要地位。

第三节　喀什作家群概念的提出及界定

在维吾尔文学史上,在不同的历史时期,喀什作家以其阵容整齐、人数众多、作品独特,具有鲜明的民族特征和地域文化特征,产生了许多具有代表性意义的诗人、作家,有的还在中国乃至世界享有很高声誉,如玉素甫·哈斯·哈吉甫、马赫穆德·喀什噶里等;在维吾尔文学的部分时期,维吾尔文学的主要创作群体为喀什诗人、作家,如叶尔羌汗国时代和清代的维吾尔文学,就是以喀什作家为主体的文学时代。这种现象不仅值得研究,而且需要确定概念,专门研究,从而为总结维吾尔文学的规律提出建设性的思路。

一、概念的提出

作家群是指文学发展中在一定地域或一定时期内集中出现的作家密集分布的现象。我们把以喀什为中心的、在创作上大体有一致风格的作家群体称为喀什作家群。喀什作家群分为古典作家群和 20 世纪作家群。由于篇幅所限,本书只论及喀什的古典作家群,即 9—19 世纪末的喀什作家群。20 世纪的喀什作家群无论作家创作队伍还是创作成就都超过了历朝历代的总和,笔者将另做专门研究。

在维吾尔文学的发展中,自公元 9—13 世纪的喀喇汗王朝以来,在新疆的南疆地区,确实存在着这样一种密集分布的作家群体,这些作家的文化脐带,就是喀什噶尔在漫长历史岁月中所形成的文化积淀和文学特性。以某些著名诗人为领军人物的喀什不同时代的作家群,其作品产生了广泛的影响,在维吾尔文学史上占有特殊的地位,成为中国文坛非常值得研究的一个独特现象。但是因为非汉语书写问题,很多作家及其作品没有被翻译为汉文,中国的学术研究中还未涉及这一群体。因此,喀什作家群概念的提出,将有利于对有近千年历史的这一创作群体做科学的分类。研究以喀什噶尔为中心的喀什作家在历史上的形成状况和创作特征,总结其在不同历史时期的创作规律,为当代维吾尔文学如何继承和发扬传统,形成自己的不同地域特色和品牌,具有积极的意义。

不同地域会造就不同性格气质的作家或诗人。诗人及其身处的地域之间的关系,就像母体与婴儿的关系,所以在维吾尔族诗人中就有以"脐血所滴之处"喻指故乡。一些有地方特色的作品,可以激发人们对一个地区的强烈情感,体会作者是如何深深感受到并在作品中描写对地方的理解。如英国作家托马斯·哈代的作品《德伯家的苔丝》(Tess of the D'Urbervilles)被看做是为纪念田园生活的结束所作的挽歌。英国浪漫的诗人华兹华丝用诗描写了英国的大湖地区的山脉以揭示自然独特的风景,寻求感受大自然的美,大湖地区因华兹华丝而闻名,许多人到那里去感受他所描绘的那种美。中国的湘西风光也因沈从文的描述而令人神往,更不用说朱自清的《河塘月色》对昔日都市的细腻描述给人带来的怀旧之情。这些著名诗人的诗歌所唤起的地区情感影响人们对地区的认识,也影响当地的地理景观。又如产生于维吾尔族的民歌《达坂城的姑娘》《掀起你的盖头来》《我们新疆好地方》《楼兰姑娘》等自产生以来能广为传唱,吸引中国乃至世界各地的人们对这块神秘的中亚腹地的向往。与我们最近的一个例子,是自尼扎里创作了《热比亚赛丁》之后,热比亚与赛丁两人合葬的墓地成为青年人拜谒之地和作家探询之地;吸引艾合买提·孜亚依等作家诗人到这里考察、取材,以各种形式创作。这又使这里的名气大增,成为喀什的一个文化景观。

二、概念的界定

从笔者所了解的维吾尔族研究者对维吾尔文学的研究成果来看,维吾尔文学史被分为两大部分,一部分是古典维吾尔文学,另一部分是20世纪维吾尔文学,这两部分内容称为维吾尔文学史。本研究也将依此思路,以20世纪初为界,将喀什作家群分为喀什古典作家群和20世纪作家群两大类。出于篇幅的考虑,本书主要涉及喀什古典作家群,20 世纪的喀什作家群由于队伍的宏大和成果的浩繁,超过了以往历朝历代,需要做专门的研究,本书中将不做涉及。因此,本书中所提及的喀什作家群,仅是维吾尔古典文学时代的喀什作家群。

第四节　古典文学时代的喀什作家群概况①

古典文学时代的喀什作家群,即指喀喇汗王朝时期、察哈台汗国时期、叶尔羌汗国时期以及清代维吾尔文学时期的喀什的文学创作概况作一简略梳理,对喀什作家群中的代表人物作基本介绍,以使读者能从文学史的角度对喀什作家群有所把握。

一、喀喇汗王朝时期的喀什作家群(约850—1212)

在维吾尔文学史上,喀喇汗王朝具有划时代的意义。喀喇汗王朝所接受的是体现整个伊斯兰—维吾尔文化范畴的具有世界性意义的一个崭新的文化类型,并且对这种文化类型的发展产生了非常巨大的影响。喀喇汗王朝各族人民除了接受古代中国和印度文化之外,还接受了古希腊、罗马、叙利亚文化的影响,同时,喀喇汗王朝也通过各行各业的思想家、文学家、学者,以及音乐、哲学、文学著作、军事著作、造纸术、丝绸工艺等手工业技艺,极大地丰富了阿拉伯文化内容,也开创了维吾尔文学的第一个最为繁盛的时期。

(一)喀喇汗王朝社会历史背景

喀喇汗王朝时期(约公元850—1212)是维吾尔族文化历史上的黄金时代。维吾尔族的先民回鹘西迁后,吸收当地的文化、与当地的民众融合,创建了以维吾尔族先民为主体的地方政权喀喇汗王朝。回鹘的西迁和喀喇汗

---

① 由于篇幅所限,不同时代喀什作家群及其创作将在附件四中作详尽介绍,在此不作展开——笔者注。

王朝的建立直接引发了经济和文化的巨大变革,不仅使维吾尔族本身发生了质的飞跃,也使西域乃至整个中亚的政治、文化格局发生了巨大变化,并直接影响了西域以至中亚历史的发展。

"喀喇"在维吾尔语里意为"黑色",引申为"伟大"、"宽广"。喀喇汗王朝的疆域非常辽阔,东至阿克苏、拜城,西至阿姆河,北至巴尔喀什湖,南抵且末、若羌。①

喀喇汗王朝存在了4个世纪,所接受的是体现整个伊斯兰—阿拉伯文化范畴的、具有世界性意义的一个崭新的文化类型,并且给伊斯兰—阿拉伯文化增添了新的内容,注入了新的活力。当时生活于喀喇汗王朝的各民族,除了接受古代中国和印度文化以外,还接受了古希腊、罗马、伊朗文化的影响,形成了一种多元文化并存的局面,这是维吾尔文化出现大繁荣的重要原因。

喀喇汗王朝时期,王朝境内使用突厥语(采用回鹘文)、粟特语(采用粟特文)、波斯语(采用帕拉维文)和阿拉伯语。维吾尔语在当时被称为哈卡尼亚语(王朝的语言),是喀喇汗王朝、亦都护高昌王朝以及龟兹王国的通用语言。"当时,维吾尔文学语言与在境内同样占有重要地位的阿拉伯语、波斯语的竞争中,充分显示了词汇量的丰富和表达的准确性等特征。"②

(二)喀喇汗王朝时期维吾尔文学发展状况

喀喇汗王朝建立后,社会经济发展,人民生活安定,各种文化相互交融,从而使维吾尔民间文学和作家文学得到迅速发展,诗人学者竞相涌现,诗文杰作相继问世。这时期在维吾尔族文学史上出现了许多思想家、文学家、哲学家、医学家,他们都熟练掌握维吾尔语、波斯语、阿拉伯语,从不同的侧面和角度学习世界各民族先进的文化遗产,用突厥文或阿拉伯文、波斯文从事创作学术研究和教学、著书,为丰富中国乃至世界文化宝库作出了应有的贡献。在喀喇汗王朝最鼎盛的时代,文化达到了空前的繁荣,巴拉沙衮、喀什

---

① 参见阿布都克热木·热合曼主编:《维吾尔文学史》,新疆大学出版社1998年版,第208页。

② 参见阿布都克热木·热合曼主编:《维吾尔文学史》,新疆大学出版社1998年版,第209页。

噶尔、撒玛尔罕等城市逐渐成为当时文化的中心。喀什噶尔先后建成了一些著名的麦德热斯,①如萨吉亚麦德热斯、埃米的亚麦德热斯、麦合木迪亚麦德热斯等。这些麦德热斯成为喀喇汗王朝时代中亚各地的著名学者、诗人们进行学术交流和作品展示的中心。用当时诗人的话说,当时的喀什噶尔是伊斯兰教中心,是高贵者的归宿,是专家名流的舞台,是伟大学者出生成长的城市,是一座文化艺术。

作为喀喇汗王朝的国都喀什噶尔,也是政治、经济、文化教育及宗教的中心。喀什噶尔地处中原与中西亚往来的交汇点,在历史上一直占有重要地位。经济上的繁荣昌盛,交通上的频繁转接,吸引了大批中西方客商,也吸引了大批文化宗教界的学者、阿訇抵达喀什噶尔。在公元 1 世纪以前西汉张骞曾出使西域开始,汉文史籍早已传到西域,汉文也已开始通用。公元 10 世纪以前喀什噶尔广大地区本是佛教中心,后来由于许多精通波斯语和阿拉伯语的学者、传教士纷纷进入喀什噶尔,先后建起寺庙和经堂,传播伊斯兰文化,宣讲伊斯兰教教义,并得到最高统治者的推崇与提倡,佛教最终被伊斯兰教所取代。与此同时,学习波斯语、阿拉伯语的热潮也因此开始兴盛起来。

玉素甫·哈斯·哈吉甫(1019/20? —1085)及其《富乐智慧》、马赫穆德·喀什噶里(11 世纪)及其《突厥语大辞典》、阿合买提·玉格乃克(1110—1180)及其《真理的入门》是喀喇汗王朝时期喀什作家群的代表。

除了上述几位在喀喇汗王朝时期成就最为卓著的著名学者诗人之外,还出现了一批历史学家、诗人等,使喀什作家群不仅队伍庞大,而且艺术水平较高。

在此时的维吾尔文学中,非常值得关注的一个现象是维吾尔翻译文学的发展。在维吾尔族翻译文学史上,曾经有两个时期非常值得我们关注,一个是唐宋时代的维吾尔族翻译文学,另一个是明清时代的维吾尔族翻译文学,是维吾尔族翻译文学的两个高峰。由于篇幅所限,本书在此仅对唐宋时代的维吾尔族翻译文学作一概括性梳理,以期能对研究者有所提示。

———————————

① 麦德热斯,即经文学校。

维吾尔族在唐宋时代经历了漠北回鹘汗国的崩溃西迁至西域,在今新疆范围内建立了两大汗国,即以吐鲁番为中心的高昌回鹘汗国和以喀什噶尔为中心的喀喇汗王朝。高昌回鹘汗国在保持了民族文化传统的同时,更多地融合了当地的佛教文化,创造了灿烂的回鹘文明,这时的翻译文学作品《金光明经》和《弥勒会见记》等在这一文明的孕育下应运而生。喀喇汗王朝自9世纪以来随着伊斯兰教的传入,创建了萨吉亚经学院(即皇家经学院)等一批高等学府,为喀喇汗王朝培养大量的学者、政治家、政府官员和翻译家等专门人才。大约从11世纪开始,其书面语就已开始用阿拉伯字母书写,阿拉伯语和波斯语开始被广泛使用,形成了不同于北部的书面文学传统,产生于这一时期的《突厥语大辞典》是一部双语词典,是为阿拉伯人学习突厥语而创作。在伊斯兰教历史上,较早的《古兰经》译本即维吾尔文译本就在此时诞生。

这一时期维吾尔族书面语在南、北两个中心的文献中一般都被称做"突厥语"。北部文献则有时被称为"突厥—维吾尔语",而南部文献也被称做"喀什语"或"哈卡尼亚语"(王朝语言)。在这一时期,在维吾尔语的书面语中,维吾尔族区别于其他亲属语言(如乌古斯、克普恰克语族诸语言)的主要特征就已经确立,它对当时及以后曾对周围各民族(尤其是中亚各突厥族)书面语的发展产生过很大影响,15世纪以后的中亚察合台书面语就是在这一时期维吾尔族书面语影响下形成的。

在这时期,维吾尔族在逐渐完善和规范自己的书面语言的同时,产生了专门的知识阶层和专门从事书写职业者"必替个七"(itikchi),他们从粟特文、吐火罗文、汉文和藏文译述了大量宗教和科学经典,为以后中亚突厥语民族文学语言的形成起了很大的作用。[①] 而这一时期,那些从事口译者,则被称为"提力七"(tilqi,类似于汉语中的"舌人")。维吾尔族由于所处的多元文化背景,很早就注重文化交流中交流者的重要作用,并有了专门的职业者。

唐宋时代西域的各民族接触及交往较以往大大增强,对各民族翻译活

---

① 参见任一飞、亚森·吾守尔著:《维吾尔族》,民族出版社1997年版,第38页。

动提出了更高的要求。此时的翻译活动十分活跃,呈现出多元文化特色,除佛经翻译外,还有摩尼教、景教等的翻译。因此,这一时期翻译文学有这样几个特点值得我们注意:其一是翻译文学以多元文化为背景,翻译作品呈现出多元文化特色,文字涉及多种语种,形成了具有地域和民族风格的翻译技巧和方法。其二是在翻译文学的帮助下,维吾尔族不仅了解了外来文化,还吸收了不少文学创作题材和具体情节。其三是宗教典籍中有特色的文学片断,如相当数量的童话、传说、故事、诗歌等体裁的作品,通过翻译,在民间广泛流传,成为维吾尔族民间文学的重要内容,具有广泛而持久的生命力。①

二、察合台汗国与铁木尔王朝时期的
维吾尔文学发展状况(1227—1507)

12 世纪初,契丹人创立的西辽王朝,归并了高昌回鹘王国和喀喇汗王朝在内的疆域辽阔、种族和语言成分繁杂的政权。高昌、别失巴里、和阗、喀什噶尔和阿里麻里这些回鹘人和其他突厥语民族聚居的地区是西辽最重要的社会经济和文化区。回鹘人和其他各民族共同为该地区的社会经济和文化发展作出了贡献。在这个时期,中亚突厥语各部基本实现了"伊斯兰化"。②

西辽末期,西辽统治者加剧对高昌回鹘和天山南路各绿洲百姓的政治压迫和经济掠夺,他们希望摆脱西辽的奴役。此时,成吉思汗已经统一蒙古各部,正积极拓展自己的疆域,希望摆脱西辽的奴役,高昌回鹘王国成了蒙古汗国的属国。13 世纪初,成吉思汗统一蒙古诸部后,进一步向西扩张,建立了庞大的蒙古帝国。1225 年,成吉思汗将蒙古汗国的领土分封给他的四个儿子,其中次子察合台分得西辽故地辽阔的草原和农业地区,史称察合台汗国。察合台汗国地域辽阔,民族和语言成分复杂,伊斯兰教、佛教、景教、摩尼教、天主教等都有流行,文化差异较大。③

---

① 参见姑丽娜尔·吾力甫:《9—19 世纪的维吾尔族翻译文学》,《中国比较文学》2008 年第 1 期。
② 参见任一飞、亚森·吾守尔著:《维吾尔族》,民族出版社 1997 年版,第 48 页。
③ 参见任一飞、亚森·吾守尔著:《维吾尔族》,民族出版社 1997 年版。

从中古维吾尔语书面语过渡到近现代维吾尔语书面语的过程就发生在这一时期。14—16世纪,在这一广大地区生活的使用突厥语诸语言的人民中通行一种共同的书面语言,学术界称为察合台语。以此种语言写成的文学作品被称为察合台文学。被称为察合台语的维吾尔族书面语,一直使用到20世纪初。共同的书面文学语言使得文学作品在更广阔的范围内的传播有了可能,从而密切了相互间的联系。高昌汗国并入察合台汗国后,也逐步伊斯兰化,南北维吾尔文学合二为一,逐步使用共同的书面语,从而出现了一种从语言、题材、内容、体裁到风格都具有共同特色的察合台维吾尔文学。①

在察合台汗国时代,喀什噶尔依然是当时中亚经济文化发展的中心,依然有一批专门从事文学创作的文人和从事历史、哲学、宗教等研究的著名学者。从文学创作来看,察合台汗国时代喀什作家群的文学创作文学主要表现在诗歌创作领域,特别是抒情诗的创作,成为整个察合台汗国维吾尔文学的主要创作特征,其中几位诗人的创作具有代表性意义。

鲁提菲(1366—1465)的诗歌创作、赛依丁·喀什噶里(1377—1456)、拉勃胡孜(约1279—1351)等是察合台汗国时期喀什作家群中的代表。

三、叶尔羌汗国与和卓时代的维吾尔文学(1514—1759)

15世纪,新疆南部又出现了一个以维吾尔族为主体的地方政权,史称喀什噶尔汗国,又因其统治者后来常驻叶尔羌,也称之为叶尔羌汗国。叶尔羌汗国时期,天山以南地区的居民大都成了伊斯兰教徒,以古代维吾尔文学语言为基础发展起来的察合台文成了叶尔羌汗国的通用语言,被运用到社会的各个领域。这时期维吾尔族文化艺术有了较大发展,对近代维吾尔族的文化艺术产生了深远影响。同时,这一时期有大量文学历史艺术著作问世。叶尔羌汗国时期的文学,我们称之为叶尔羌文学。②

---

① 参见姑丽娜尔·吾力甫:《9—19世纪维吾尔族翻译文学》,《中国比较文学》2008年第1期。
② 参见姑丽娜尔·吾力甫:《9—19世纪维吾尔族翻译文学》,《中国比较文学》2008年第1期。

拉施德汗在位时,重视汗国的文化教育事业。在喀什噶尔扩建了哈卡尼亚①经学院,在叶尔羌办起了高等学府,培养了不少学者、诗人和乐师。在也而强还修建了迪万哈纳,②称为当时的高级学术中心,国立图书馆负责抄写和传送维吾尔古典著作,进行学术交流。教育事业的发展和学术活动的开展使得叶尔羌汗国的文化事业得到迅速发展。因此,史家认为,"在汗国时期,汗国文职官员中诗人较多"③。叶尔羌汗国时代的文学艺术发展状况大致如下:

其一,由于叶尔羌汗国前期的统治者开明惜才,重视知识,擅长作诗,汗国境内作诗成风。据记载,赛义德汗、拉施德汗、卡迪尔汗和王妃阿曼尼莎均有诗集。

其二,叶尔羌汗国时期统治者喜好音乐,汗国涌现出不少著名乐师。这些乐师享誉中亚,为发展维吾尔族音乐艺术作出了卓越贡献。他们还培养学生,整理维吾尔族传统组曲木卡姆。他们在研究木卡姆的同时,还自己创作木卡姆歌词,充实和整理其内容,使得维吾尔木卡姆艺术得以定性和书面化,这是维吾尔族音乐艺术发展的关键时期。

其三,著书立说成风。这一时期维吾尔族的科学文化事业成果都被记载保留下来。这一时期著有农书、医药书、史书等,其中史传著作具有较高价值④。

在叶尔羌汗国时期的和卓时代,文学有了很大发展,诗人辈出。赫尔克提在喀什噶尔的萨吉亚经学院攻读 16 年,翟黎里(1674—1759)就读于叶尔羌经学院;诺比提(1690—1747)先后在和田、喀什噶尔的几个农学院读书。《和卓传》的作者穆罕默德·萨迪克·喀什噶里(1725—1849)就在喀什噶尔著名学府之一哈米迪亚(Hamidiye Madrisi)经学院细听学习过伊斯兰教、历史、文学和阿拉伯语、波斯语等知识,后来接任皇家经学院(Hanlik Madrisi)院长一职。这表明在很长一段时期喀什噶尔和叶尔羌的经文学院

---

① 哈卡尼亚:古维吾尔语,意即王朝的、官方的。哈卡尼亚经学院即指皇家经学院。
② 迪万哈纳:Diwanhana,古维吾尔语,意即汗国图书馆。
③ 参见《拉施德史》(维吾尔文)。
④ 参见海热提江·乌斯曼:《维吾尔古代文字研究》,新疆大学出版社 1996 年版。

就是新疆和中亚的文化教育及学术研究中心,其中最为令人注目的是维吾尔文学和哲学得到进一步发展。维吾尔族学者对此作如下总结:这一时期的文学的特点是大量抒情诗和叙事诗涌现,传记文学发达,翻译文学繁荣,将许多优秀文学作品翻译成维吾尔文;劝诫诗歌和歌颂故乡的诗文较多;作家文人数目大增;维吾尔语成为文学主要创作语言,波斯语仍然被使用。①抒情诗是这一时期诗歌创作的最高成就。

赫尔克提、翟黎里、赛义德、王妃阿曼尼莎、拉施德等,都是当时喀什著名的抒情诗人。叶尔羌汗国时代维吾尔文学的又一特征是大量史传作品的出现,如米儿咱·海达尔(1499—1551)的《拉施德史》在中亚及新疆历史研究中具有特殊的地位,维吾尔族翻译文学在此时也迅速发展,成为那个时代文学的又一个亮点,其中最具有代表性的是喀什作家群中的几位如毛拉穆罕默德·铁木尔译自波斯语的《卡里来与的木乃》、帕孜里·哈姆西·叶尔坎迪的译作《王书》、穆罕默德·阿不都勒·马合苏木的译作《一千零一夜》、穆罕默德·萨迪克·喀什噶里的译作《拉施德史》、毛拉玉努斯·叶尔坎迪的译作《玉素甫与祖莱哈》等,汇成维吾尔翻译文学的洪流,对维吾尔书面文学的发展产生了一定的推动作用。

史传创作在叶尔羌汗国时代维吾尔文学中取得飞速发展,成为维吾尔文学的一个独特样式。喀什学者穆罕默德·萨迪克·喀什噶里以语言大师和翻译家著称于当时操突厥语各民族中,是著名的诗人、作家和历史学家。除了翻译《拉施德史》等历史著作,他还模仿译作的体例创作了《和卓传》和《霍吉占传》,成为清代维吾尔族最著名的传记作品。

四、清代喀什作家群

18世纪,清政府平定了准噶尔叛乱和和卓骚乱,稳定了新疆的局势,恢复了新疆和祖国大家庭的统一。在这种和平的形势下,新疆与内地在政治、经济、文化上的联系更加密切。

清朝时期维吾尔文学是指从清朝1759年统一新疆到1911年辛亥革命

爆发期间的维吾尔文学,可分为1759—1864 年和1864—1911 年两大发展阶段。这个时期的维吾尔文学虽然继承了维吾尔文学的创作传统和发展规律,但是在作品的思想内容和艺术创作方法等方面有了很大的创新和发展。从作家、作品、题材、体裁和创作方法等方面,我们可以看到这一时期的喀什作家群主要特点和规律:

其一,作者队伍的扩大。此时维吾尔文学创作队伍涌现了许多优秀的文学创作者。在喀什作家群中就有穆罕默德·萨迪克·喀什噶里、尼扎里、艾里比、赛布里、毛拉·夏科尔、毛拉·比拉力等一批诗人。

其二,文学作品的容量扩大了。题材、体裁和形式多样化了。这个时期出现的文献比其他任何时期的著作都多,而且篇幅大、题材多样、内容丰富多彩。《尼扎里抒情诗集》、《爱情长诗集》、《娜祖古姆》、《长帽子玉素甫》、《艾黎比之书》都是这个时期文学创作的有力见证。传记作品创作始终处于旺盛状态,穆罕默德·萨迪克·喀什噶里的《和卓传》、《霍吉占传》,夏木西丁·艾力的《阿尔斯兰汗传》,毛拉·阿吉的《布格拉罕传》等。传说、故事、叙事诗、歌谣等民间作品得以搜集、整理和保存。民间口头流传的歌曲和歌词都有了一定的创新。叙事诗歌《亚齐伯克》、《娜祖古姆》、《阿不都热合曼·和卓》、《勇士沙迪尔》等得到搜集和记录,掀起了学习、抄录、印刷、整理、收藏乃至背诵优秀文艺作品的浪潮。在这一方面,穆·萨迪克、尼扎里、努·孜亚依、图·艾黎比、乌买尔·巴克·叶尔坎迪、毛拉·斯迪克·叶尔坎迪、穆·法孜里等人的新成就最为突出。

其三,文学作品在思想内容上有很大变化。这一时期创作者的思想有了明显转变,大多数文学创作者都站在被压迫人民一边,为他们摇旗呐喊。这时期创作的文学作品共同的风格就是反映起义、反映被压迫人民的意愿。农民起义作为一个专题在文学作品中得到反映,毛拉·夏科尔的《凯旋书》(1860)、毛拉·比拉力的《在秦国土地上的战争》(1876)、赛依提·穆罕默德的《苦难纪行》(1882)等历史叙事诗。这一时期还出现了塑造女英雄形象的作品,如毛拉·比拉力的《娜祖古姆》,塑造了为争取自由、消灭血腥的阶级压迫和民族压迫而奋起斗争的妇女形象。

其四,文学创作的方法有了很大改变。以前维吾尔文学创作多以浪漫主义倾向为主,这些文学作品总是反映幻想的世界,塑造理想化的人物。而这一时期尼扎里、比拉力、萨迪克等诗人用现实主义和批判现实主义的创作方法,真实地反映了现实美和艺术美。

其五,古典主义文艺思潮是这一时期文学的主流。这种思潮是一部分文学家学习、研究和模仿纳瓦依等古典文人文学作品的产物。例如法孜里的《莱丽与麦吉侬》、尼扎里的《莱丽与麦吉侬》、《帕尔哈德与西琳》、艾黎比的《拜合拉姆·古尔》、赛布里的《文章集》等作品,都以伟大诗人纳瓦依的诗作为蓝本。

其六,集体创作意识增强。这一时期许多作家除了个体创作外,还开始了一些作为基础的创作活动,成立了文学创作机构,出现了许多作品合作集。在19世纪前半叶,在祖乎尔丁·阿奇木伯克的主持下,喀什噶尔出现了许多文人创作团体,其中以尼扎里、孜亚依、艾黎比、赛布里等人组成的文人创作团体最为有名。尼扎里与孜亚依合作了《四个托钵僧》。在文学创作团体成员的努力下,于1841—1849年创作完成了一部由39篇篇幅不等的作品组成的名为《贫苦人的故事》(又译作《恋人的故事》)等。

从上述几点我们可以看到清朝时期的维吾尔文学繁荣昌盛的一面。它在思想内容、艺术特色等方面继承了古代文学的传统,为后继的维吾尔文学的发展和繁荣打下了良好的基础。其中,喀什作家群体显出了较为鲜明的地方特色和作为维吾尔文化中心的喀什传统特色。

喀什的著名诗人阿布都热依木·尼扎里被称为维吾尔文学的第三个里程碑式的人物。此外,萨迪克全名毛拉·穆罕默德·萨迪克·喀什噶里、孜亚依、艾黎比、赛布里、泰杰里等喀什诗人,是清代维吾尔诗人中的杰出代表,他们的诗歌创作几乎涵盖了清代维吾尔文学的全部内容,代表了那个时代维吾尔文学的最高成就。诗人孜亚依在诗作《忧伤的训言》中关于喀什的一首抒情诗也抒发了诗人们对家乡喀什的无比眷恋之情。

> 喀什噶尔,你可是一座芳草萋萋的花园?
> 抑或你是花园中特意修葺的名园?
> 过往的行人闻到你芬芳的清香,

　　　　　　　　流连忘返而不管有没有客店。

　　　　　　　　连流水也不顾盼别处的花草，

　　　　　　　　无论何时都只想领受你的恩典。

　　在维吾尔文学的古典时代,叶尔羌汗国时代和清代的喀什作家群较之以往体现了喀什作家群的鲜明特色:诗人队伍庞大、诗歌水平较高且成果丰富、文学体裁样式内容丰富多样,在多元文化背景下进行的具有民族特色和地域特色翻译文学、史传文学是诗歌创作之外的两大成就,值得作进一步的研究探讨。由于篇幅所限,本书在此就维吾尔文学中一直没有得到研究的叶尔羌汗国时代和明清时代的维吾尔翻译文学作一梳理概括,以期能够对相关专业研究者有所帮助。①

　　明清之际的维吾尔族翻译文学作品我们可以列出一长串译者和翻译作品的名单:毛拉穆罕默德·铁木尔在翻译《卡里莱与笛木乃》的同时,还翻译了波斯著名诗人阿不都热合曼·加米的叙事长诗《玉素甫与祖莱哈》,穆罕默德·萨迪克·喀什噶里和毛拉孜亚孜·叶尔坎迪曾先后将《拉施德史》由波斯文译为维吾尔文。18—19世纪一些佚名译者的译著流传了下来,如《大流士传》、《斯坎德尔书》、《赛福里木吕克长诗》、《马立克·艾吉代尔长诗》、《米赫鲁玛赫长诗》等。1800年,霍加亚古柏·叶尔坎迪将生活在印度的突厥诗人埃米尔·霍斯佬·德黑里维用波斯文写成的《四个托钵僧》译成了维吾尔文。

　　综上所述,明清之际的维吾尔翻译文学较之唐宋时代有很大不同,形成了明清时代的特色。这首先表现在由于思想文化逐渐伊斯兰化,因此翻译文学作品由多种语言和多种文化背景转向翻译阿拉伯、波斯文学作品,由介绍多种背景的文学转向集中介绍伊斯兰教文化中有影响的文学作品。

　　其次,翻译作品的文体多种多样,有小说、叙事长诗、史传作品,为此时的维吾尔文学创作开辟了新的创作领域。其中,非常值得关注的是维吾尔

---

　　① 关于明清时代的维吾尔族翻译文学具体内容请参见姑丽娜尔·吾力甫:《9—19世纪的维吾尔族翻译文学》,《中国比较文学》2008年第1期。

族翻译者对史传作品的翻译和解读。如前文所述波斯古典传记作品《大流士传》、《斯坎德尔书》等的翻译,使此后清代维吾尔文学中的传记文学迅速发展,出现了传记创作的热潮,促成清代维吾尔文学创作中传记文学蓬勃发展,出现传记创作合集体例(维吾尔语称为"巴雅孜")。穆罕默德·萨迪克·喀什噶里以语言大师和翻译家著称于当时操突厥语各民族中,是著名的诗人、作家和历史学家。除了翻译《拉施德史》等历史著作,他还模仿译作的体例创作了《和卓传》和《霍集占传》,成为清代维吾尔族最著名的传记作品。《和卓传》又译作《尊贵世家传》,这是一部专门叙述众和卓历史的著作,反映新疆14—18世纪历史的真实情况,同时也是一部文学作品。清代另一位著名诗人赛布里的《赛布里之书》,上溯至人祖亚当,逐一记叙代圣人、先知、穆圣四友、苏菲贤达以及各朝君王的宗谱,一直到18世纪为止,是一部宝贵的历史著作,在维吾尔文学史上也开创了特殊的表现形式和写作风格。毛拉·穆萨·赛拉米是清代维吾尔族著名的历史学家和诗人,他创作了《圣贤传》(1885)和《安宁史》(1903),并在《安宁史》的基础上,又创作了《伊米德史》(1908)。《伊米德史》在表现手法上超越了历史叙事的局限,采用了讲故事的方法,一方面用文学艺术手法叙述历史事件,另一方面在叙述某一事件时在适当场合加进自己的议论,表明作者对所讲述事件的评价和看法。有时,作者还引用民间传说和神话故事,帮助阐述自己的观点。在每一历史事件叙述完之后,在结语里作者要加上几行充满哲理的诗句,以概括全篇,画龙点睛。因此,《伊米德史》不仅是一部史书,同时也是一部十分精彩的文学作品。这些作品的问世,得益于大量历史及传记文学翻译作品的影响。由此可知,文学创作的繁荣与发展,与文学翻译紧密相连。翻译文学越发展,对文学创作的促进就越大,而文学越发展,就越需要更多更好的翻译作品来满足创作者和读者的需要,因此,文学创作和文学翻译是相互渗透,相互促进的。

最后,此时的维吾尔族翻译者大多是作家、诗人或学者,除精通母语外又精通波斯语或者阿拉伯语,因此他们没有仅仅停留在一般的翻译上,而是开始注意翻译的技巧等有关翻译理论的问题,而且,作为译者,他们的理论思考和研究建立在扎实的翻译实践基础上,这是十分难能可贵的。

维吾尔族翻译文学的产生和发展与该民族所生活的地域及多元文化背景有很大关系。西域这块翻译实践的沃土为维吾尔族的翻译活动提供丰富的养料,使维吾尔族自9世纪以来至今的翻译文学成果,成为不同时代的文学交流的陈列馆。维吾尔翻译文学概括起来有这样几个特点:

第一,文学作品的翻译,内容涉及多种文字、多样文学体裁、题材。9—19世纪的维吾尔族翻译文学,在唐宋时期翻译的语种涉及梵文、吐火罗文、汉文、藏文等,在明清之际主要有波斯文和阿拉伯文。翻译文学涉及的文学体裁有诗歌、戏剧、小说、传记等。翻译文学成为维吾尔族了解外来文化的重要窗口,维吾尔文学创作者吸收了不少文学题材和具体情节,丰富和发展了维吾尔文学,这是维吾尔文学在漫长的历史时期能够保持旺盛生命力的原因之一。

第二,双语人或多语人创作中隐含的翻译文学因素引人关注。由于西域民族众多,文化多样,西域本身就成为翻译文学的沃土和翻译人才的摇篮。由于与各民族的接触,维吾尔族中涌现出不少双语和多语人才。这些人有的是宗教学者,有的是文学家、诗人,有的则是历史学家或语言学家。由于双语和多语人身份,使他们在文学创作中,能引进一些别样的题材、人物、情节,丰富自己的文学创作,从而不断开拓维吾尔族的文学创作领域。喀喇汗王朝时期的维吾尔族著名学者法拉比(870—950),是一位享誉世界的哲学家。由于他在哲学方面的突出贡献,很少有人提及他在翻译方面的功绩。实际上他的一个突出贡献是翻译和诠释亚里士多德的著作《修辞学》、《范畴篇》、《解释篇》等,将亚里士多德的著作介绍给阿拉伯世界,因为法拉比将亚里士多德的著作译成阿拉伯文,后来西方学者从他的著作中找到了亚里士多德失传的作品。① 察合台汗国时期学者拉勃胡兹(1279—1351),精通波斯语、阿拉伯语,文学、哲学,并爱好史学,他创作的传记《先知传》(又译作《拉勃胡兹故事集》),在维吾尔文学传统基础上,创造性地吸收了阿拉伯、波斯文学的特点。这一特点在明清翻译文学的影响下,经过众多作者的创作实践,成为维吾尔文学中的传记文学传统。有趣的是,他用察

---

① 参见热扎克·买提尼亚孜主编:《西域翻译史》,新疆大学出版社1994年版,第140页。

合台文创作的《先知传》,在 1310 年被波斯人翻译为波斯语,命名为《拉勃胡兹故事集》,到了 1796 年,又由泽普人从波斯文翻译为喀什噶尔方言,书名仍为《拉勃胡兹故事集》并流传至今。一部文学作品在不同民族间重复翻译的情况作为一种文学现象值得研究。又如察合台汗国时期维吾尔族的桂冠诗人纳瓦依(1441—1501),将波斯叙事长诗"海米赛"(Hamse,波斯语,五卷、五部之意)的模式引进维吾尔族诗歌创作,开创了一个维吾尔族诗歌创作的时代,他用波斯语创作《四卷诗集》,用突厥语创作了《五卷诗集》(海米赛),他还模仿波斯神秘主义作家诗人帕立丁·阿塔尔的《鸟语》而创作了同名作品《鸟语》。纳瓦伊的创作中所包含的翻译文学因素,他所借用的题材、体裁、人物和情节以及对波斯、阿拉伯诗歌创作技巧的引进和创新,在他所生活时代的作家中,较为普遍,这与当时出现的模仿文学、承袭文学中所含有的翻译文学因素等,都是翻译文学应研究的问题。

第三,翻译与再创作相结合的翻译方法,是维吾尔族翻译文学的又一特点,这在明清时代的维吾尔族翻译文学中体现得尤为突出。由于翻译家大多是自身修养较高、造诣较深的诗人和学者,他们的文学翻译活动并不局限于翻译异域文学作品,而是依靠自己的语言功力,使翻译尽可能贴近本民族文化和语言习惯,这就使与再创作相结合的翻译方法成为一种主要的文学翻译方法。如由印度梵文《五卷书》译成波斯文的《卡里莱与笛木乃》,已有了波斯本土化特点,在此基础上的维吾尔文译本,语言生动流畅,穿插于其间的诗歌体现了维吾尔文学的民族特性,因此,作品中的很多故事很快口耳相传流传深广,其中有相当一部分划入维吾尔族民间口头文学,如果从维吾尔民间故事的题材、情节、人物等方面进行认真研究,就能发现外来民族文学的影响在民间口头文学中所占的比重。

第四,9 世纪以来的维吾尔族翻译文学传统,不仅培养了一大批翻译者,同时也造就了研究者。明清时代的维吾尔族翻译者对翻译文学有较清醒的自觉意识,他们既是译者又是研究者,这使维吾尔族翻译文学在这一时期进入理论探讨时期。翻译文学作品的语种、翻译方法、体裁和题材等问题,都是文学翻译活动中的理论问题,而对这些理论问题的研究正是翻译文学的研究领域。如毛拉穆罕默德·铁木尔在其译作《卡里莱与笛木乃》的前言里对该作品的问世、作者、原文译成阿拉伯语和波斯语等语言的概况做了全面介绍,探讨了阿拉伯语和波斯语译作的风格,特别是他对阿拉伯语译本和波斯语译本的风格的比较和评价,是维吾尔族翻译文学理论探讨的早期成就。

对维吾尔族翻译文学梳理中得出的一个启示,就是翻译文学研究应该从翻译实践自身去审视它。从这个意义上来说,近千年的维吾尔族翻译文学实践经验没有得到应有的重视,一些相关的实质性问题如译者、版本、翻译风格以及翻译活动的社会文化背景等问题,都是尚待研究的空白点。笔者在此提出维吾尔翻译文学的研究之路的目的也正在于希望通过专家学者的研究,以此打通维吾尔翻译文学通向中国翻译文学研究之路。

第二章　作为古典诗人的
　　　　艾合买提·孜亚依的
　　　　个案意义

艾合买提·孜亚依是 20 世纪维吾尔文学史上处于古典时代落幕与现代文学肇始之交界点的几位诗人之一。虽然古典、现代文学都只是人为的时间或文学概念，但 20 世纪之初的文化转型确乎存在，并赋予他思想与创作的双重意义。

在 20 世纪的维吾尔族诗人当中，艾合买提·孜亚依具有十分独特的生活经历和创作成就。由于他不同的人生经历与身处的地域文化因素，决定了他独特的思维方式，使他拥有与同时代作家不太相同的心路历程。

艾合买提·孜亚依是 20 世纪维吾尔文学史上的著名诗人之一，他的创作时间为 1928—1989 年，几乎贯穿整个 20 世纪。他的创作过程，见证了维吾尔文学在世纪之交由古典时代进入现代时期的文化转型特征，同时，他在维吾尔现代、当代和新时期文学等不同时期代表性作品的问世本身，也是 20 世纪维吾尔文学发展历程的见证。

第一节　艾合买提·孜亚依生平概述

在维吾尔文学研究中，诗人或作家的个案研究是一个相对薄弱的环节，处于起步阶段。对 20 世纪 40 年代和 80 年代诗坛具有代表性意义的诗人艾合买提·孜亚依(Ahmet Ziyayi,1913—1989)的生平和创作研究也同样如此。目前国内关于艾合买提·孜亚依的研究主要有克力木江等的论著《艾合买提·孜亚依》和阿吉·艾合买提的传记《两个时代文学的纽带——艾合买提·孜亚依》,这两部专著为研究者提供了较为全面的资料。但由于这两部专著均为维吾尔文,本书在此将这两部专著的主要内容概括如下:

喀什师范学院教师克力木江是维吾尔现当代文学研究界成就卓著的年轻学者之一,他曾潜心于艾合买提·孜亚依创作研究,在《喀什师范学院学报》、《新疆大学学报》等发表相关论文多篇,《艾合买提·孜亚依》一书就是这些研究成果的总结。该书的另一位作者艾比不拉不仅是活跃在维吾尔文学批评界的年轻评论者之一,尤其是他与艾合买提·孜亚依的亲戚关系为他对艾合买提·孜亚依的研究带来了得天独厚的便利条件。这两位青年学者的专著《艾合买提·孜亚依》是目前维吾尔学术界关于艾合买提·孜亚依研究的较为全面和深入的一项研究成果。他们的研究围绕艾合买提·孜亚依的生平和创作展开,创作研究又以对《热比亚与赛丁》的研究为主。另一位关于艾合买提·孜亚依的传记作者阿吉·艾合买提是喀什的老一代知识分子,且与艾合买提·孜亚依有相似经历,曾担任《喀什噶尔文艺》编辑,本人亦从事诗歌创作。他与艾合买提·孜亚依相识很早,两人之间有大量的关于文学的讨论和书信往来。他发表的题为《永不凋谢的花朵》的文学评论,是关于艾合买提·孜亚依文学创作研究中较有代表性的一篇,艾合买提·孜亚依在世时读到过这篇文学评论。阿吉·艾合买提创作的传记《两个时代文学的纽带——艾合买提·孜亚依》虽是只有百余页的读物,但由于作者本人的经历及与艾合买提·孜亚依之间的交往,他对艾合买提·孜亚依的传记写作有两方面的特点值得注意:一是他所使用的材料多为自己的亲历或艾合买提·孜亚依本人的讲述;二是作为编辑、诗人和学者,该传记的学术价值值得我们借鉴和学习。

除了上述两本专著之外,艾合买提·孜亚依本人的口述、①未完成的自

---

① 艾合买提·孜亚依在 1986 年关于自己生平的口述录音被迪丽达尔·艾则孜记录整理后发表在《新疆文史资料》第 28 期(维吾尔文)。笔者已将已发表的前半部(至 1949)全文译为汉文,并将其作为本书的附件(三),以供参考。本书中所论及的"作者的口述",就是以此为依据,本书引用艾合买提·孜亚依的口述均采用引文格式标示,在以下的行文中不再作注释。

传体小说《九死一生的人》①以及笔者在社会调查中得到的资料,成为本书写作的主要依据。② 艾合买提·孜亚依本人的口述以及虽未完成但却有较高研究价值的自传体小说《九死一生的人》,是艾合买提·孜亚依关于他自己的表白。尤其是他的口述,我们甚至可以将其看做是作者所生活时代社会思想研究的文本。他对自己所经历的时代作了细致的描述,期间发生的每一次大的政治动荡,他都作了分析。从他的复杂经历中我们可以感到,艾合买提·孜亚依是一个始终处于社会生活的风口浪尖,关注时代、关注国家命运多于关注自己、与自己所生活时代息息相关的人。因此,本书试图以被研究者的口述、自传及笔者本人所进行的调查为主,借鉴上述研究专著,尽可能贴近研究对象,从而更客观地把握其思想及其文学创作。从口述中我们得知艾合买提·孜亚依的早年生活情况:

> 我 1913 年 4 月 17 日出生于喀什地区疏勒县哈尼勒克乡。我爷爷名叫阿洪喀孜阿訇,是这个乡的有名人士。在我父亲 4 岁时,爷爷便去世了。我奶奶为了将我父亲培养成为一个有学识的人,将其原名阿洪阿訇改为毛拉阿洪,在他 14 岁时,将他托付给去朝觐的亲戚到麦加。他在麦加和麦迪那等地学习伊斯兰教和其他科学知识,12 年后,在他 26 岁时回到阔别多年的家乡,回到母亲的身边。③

在喀什地委史志办公室查阅的疏勒县县志中有对艾合买提·孜亚依的介绍,在论及其出生的时间,有这样的描述:

---

① 此作品的汉语直译为《死去四次,第五次又活过来的人》。这是作者在医院病床上开始创作的一部未完成稿。作者 1989 年去世后,由新疆社会科学院民族文学研究所艾比不拉发表在《遗产》(维吾尔文)1991 年第 3 期。

② 确定选题后,笔者曾就论题在艾合买提·孜亚依的故乡喀什和解放后他长期工作的乌鲁木齐做过两次(2004 年夏和 2005 年夏)社会调查。

③ 本书中出现的引文均为艾合买提·孜亚依的口述,在此后的引述中将不再注明。另,20世纪 80 年代,经艾合买提·孜亚依本人同意,艾合买提·孜亚依的口述由迪丽达尔整理后发表在《新疆文史资料》(维吾尔文)第 28 期。笔者已全文译为汉语。

20世纪后疏勒又出了一名著名文学家艾合买提·孜亚依(1913——1989)，库木西热克乡喀拉墩村人。他10岁时开始写诗，22岁步入文坛，开始发表大量作品。①

关于艾合买提·孜亚依的出生到底是哈尼勒克乡还是库木西热克乡，笔者做了多方询问，多数人认为是在库木西热克乡。后来找到生活在库木西热克乡的艾合买提·孜亚依的弟弟玉素音·阿吉，他告诉我这两种说法并不矛盾，原来的哈尼勒克乡近几年来分成两个乡，一个是哈尼勒克乡，另一个是库木西热克乡。

回到故乡后，毛拉阿洪阿吉曾到喀什的经学堂任职：

当时，喀什的经学堂采用布哈拉式的教学方法，用波斯语解释阿拉伯语课本，所以教学进度缓慢，学生要真正掌握知识得用功读书十几年。由于对这种不讲实效的死板教学方法和教学内容不满以及对守旧势力的无策，他辞去工作，回到家乡喀拉墩，购买土地100亩，修建了20间教室、寝室，苦心创办自己的麦德立斯。他用维吾尔语编写教材并亲自教授，他还编写了《维阿对照词典》，一方面让学生背记词典，另一方面教授维吾尔语语法，学生仅用三四年时间就能掌握阿拉伯语，同时也能学到其他知识。……由于他施教得法，育才有方，远近闻名，许多家长将孩子送入他的麦德立斯，仅住校生就达200多人。民国二十二年(1933)，哈密农民起义的风暴席卷整个喀什地区，仍有500多塔里甫在他的麦德立斯求学。②

毛拉阿洪阿吉的经学堂的一个特殊之处在于他在经学堂的旁边还修建了一所在当时来说称得上是很大的图书馆，馆中藏书有三千多册，有历史、哲学、宗教、文学等方面的书籍。另外还有土耳其、伊朗、阿富汗、沙特阿拉

---

① 疏勒县地方志编纂委员会编：《疏勒县志》，新疆人民出版社2001年版，第932页。
② 疏勒县地方志编纂委员会编：《疏勒县志》，新疆人民出版社2001年版，第932页。

伯等国出版发行的书报杂志。这样一所图书馆的存在,在当时无疑是一件重大的事件。

毛拉阿洪阿吉不仅学识渊博,还是当时喀什的较有名气的诗人之一,他以"胡木里"(蹲坐在角落的人)为笔名,用维吾尔文、波斯文、阿拉伯文写下了不少诗歌。他还是当时喀什的书法家之一,也写过历史及其他方面的书。虽然他自认为是一个生活于"角落"之人,但作为当时一位具有进步的启蒙思想的知识分子,他与当时维吾尔族文化精英人物阿不都卡德尔·大毛拉、著名诗人泰杰里等人交往密切。他在自己创办的经文学校里开设各种文化课程,以图书馆和自己渊博的知识、先进的思想影响了一大批青年求学者。

毛拉阿洪阿吉对子女的教育是十分严格的。艾合买提·孜亚依 5 岁时就成了父亲学堂里的最小的学生。从他学会识字直到 15 岁(1928),他在父亲的学校受到了系统的教育。除维吾尔古典文学和波斯、阿拉伯语文学外,还学习历史、哲学、逻辑、数学等知识。在这样一个有特殊文学氛围的家庭,一个诗人父亲,藏书丰富的图书馆,都对孩子幼小的心灵产生了难以估量的影响。他被引向知识的殿堂、诗歌的殿堂。

根据他在自传中的叙述可以得知,他当时所学知识的范围十分广泛。有关突厥语文学,他所阅读的书籍有纳瓦依(Nazamidin Ailxir Nawayi,1441—1501)的《五卷诗集》(Hamsa,1483—1485)、《四卷诗》(Qar-Diwan,1492—1499)、《群英荟萃》(Majalsun Nafa-is,1491)、《两种语言的论争》(Muhakimatu'l Lughatayn,1499—1500);有关阿拉伯语言及文学的书籍有《阿拉伯语动词使用规则手册》、《修辞学》、《语法补充读物》、《伊斯兰教法规知识简注》、《文学钥匙》、《知识珍宝》、《关于故事的故事》等;有关波斯语及其文学历史的书籍有《蔷薇园》、《果园》、《王书》、《历史珍宝》、《伊斯兰世界概况》、《世界征服者史》、《巴布尔传》、《史学史》等。

在父亲的严格要求下,他掌握了丰富的古典文学知识,读到了许多文学作品。在阅读的文学作品中给他印象最深的还是父亲自己创作的诗歌。这些诗寓意深刻,语言优美,他常常反复背诵这些诗歌,为他日后走上诗歌创作之路起到了非常重要的作用。父亲创作的诗中他最喜欢的是《花儿断想》,这是一首对玫瑰的颂歌。他反复朗读,这首一百多行的颂歌,他能倒背如流：

> 清晨花香醉人令我想起心中的花儿，
> 但让恋人心生涟漪的花是古丽扎尔。
> 我无意遍赏争奇斗艳的园中百花，
> 只因独钟情于花中之冠艳压群芳。①

　　有一次，艾合买提·孜亚依从外面回来，听见父亲在朗读刚创作完成的一首诗，为了不影响父亲，艾合买提·孜亚依便站在一旁静静地听着。这首诗和以往他学过的格则勒②诗体完全不同，他感到很新鲜，待父亲朗读完便上前询问。他表现出的对诗歌的浓厚兴趣引起了父亲的注意，便告诉他这是一首五行诗（Muhemes），父亲详细地向他解释五行诗的写作要求和押韵规则。

　　艾合买提·孜亚依在 10 岁时（1923）用波斯语创作的诗歌，使父亲认为他确实有诗人天赋。每年的冬季和春季父亲都要在学生中举行诗歌竞赛，而且这种竞赛是要在户外观察之后，由父亲命题，学生即兴创作。在一个美丽的冬天，父亲组织学生外出，要求学生仔细观察雪后的群山，再用诗将自己的感觉写下来。艾合买提·孜亚依也参加了这次活动。他当时吟出的诗中的两句尤其受到父亲的赞扬：

> 群山的身躯被白雪掩藏，
> 恰似棉籽躲进棉花中央。

　　在这次的诗歌竞赛中，艾合买提·孜亚依的诗获得第一名。在这第一

---

　　①　译自阿吉·阿合麦提·库里特肯著：《两个时代文学的纽带——艾合买提·孜亚依》（维吾尔文），新疆人民出版社 2003 年版，第 8 页。另：后面所引的艾合买提·孜亚依的诗歌均由笔者译自维吾尔文，此后不再作说明。

　　②　"格则勒"一词是阿拉伯语，为维吾尔族诗歌的一种形式。其诗体韵律严谨，每两行为一段，押韵方式为 aa,ba,ca,da……依此类推，一韵到底。每首"格则勒"多为 6—8 个双行，在最后一个双行往往出现作者的名字或笔名。

名的鼓舞下,他真正开始了诗歌创作。父亲对他的要求更严格,为他专门讲授诗歌创作技巧,告诉他要想成为诗人首先应具有高尚的品质。父亲为他精心修改、点评习作,要求儿子在创作中不断摸索出适合自己的诗歌创作道路。

1928 年当艾合买提·孜亚依 15 岁时,他用波斯语写成了自己的处女作《花儿与百灵》。这首诗以在维吾尔族民间流传的关于花儿与百灵的传说为原型,塑造了以花儿和百灵为象征的一对忠贞不渝的恋人形象。该诗结构严整,灵巧活泼,玛斯纳维形式的叙事中,不时穿插于其间的以花儿与百灵对话形式出现的格则勒,点缀了这首长诗。这首诗的手抄本在学生中迅速传开,大家争相阅读。在这个手抄本的首页,他第一次使用了"孜亚依"(Ziyayi 意为光、光明)这个笔名。从 1935 年开始,他正式以"艾合买提·孜亚依"为名发表作品。而此时他的哥哥以派孜(Peyzi 意为值得骄傲的、高尚的)为笔名开始其创作。母亲去世后不久,父亲创作了悼念亡妻的挽歌,其中收入兄弟俩合写的诗,这首诗不仅表达了兄弟二人对母亲的依依惜别之情,他们的诗人才华也跃然纸上:

> 阿依仙,你是女性中的太阳,
> 为什么不等天黑就过早陨落?
> 难道你不曾以派孜为你的骄傲,
> 孜亚依是你智慧放射的光芒。①

他们对父亲的感激之情在艾合买提·孜亚依的口述中表达的十分真切:

> 在此后的岁月里,如果说我为祖国和人民做过一些有益的事,父亲

---

① 此诗选自阿吉·艾合买提·库里特肯著:《两个时代文学的纽带——艾合买提·孜亚依》(维吾尔文),新疆人民出版社 2003 年版,第 13 页。另:在维吾尔族传统观念中,女性常被比喻为月亮。在这首诗中,为表达对母亲的赞美,诗人没有按照常理将她比做月亮,而以太阳比拟,足见想象之独特。

早年的严格的培养和教育起着十分重要的作用。在一个乡村长大的我，能够成长为一个诗人，在以后坎坷的政治生涯和文学生涯中能够坚持我的理想，父亲的教育起到了关键性的作用。

他在自传体小说《九死一生的人》中对父亲的感情再一次得到宣泄：

父亲回到喀什后，在喀什市里待了一段时间，了解到如果不向喀什的巴依（富人）们低头就没有自己的位置，他以此为耻，便回到自己的家乡，在这里修建了一所经文学校。这个经文学校有来自哈密、吐鲁番、和田、莎车等地的学生，他们在这里学习三四年后返回家乡。他将自己的所有时间和精力都用在学问之事上，几乎足不出户，一年只进城一次。他给自己起的笔名是胡木里（humuli），意为"蹲坐在角落的人"。他自己为学生编写阿拉伯语、波斯语和维吾尔语字典，并专门编写了维吾尔语语法给学生讲授，这样就意味着打破布哈拉、喀什的讲学传统，使学生很快掌握波斯语和阿拉伯语。他还写过很多诗，但因没有经费都没有发表。他用父母留给他的地产依靠务农为生，从没有依靠过任何人。他有 8 个儿子，6 个女儿。1951 年，他因心脏病去世……①

在艾合买提·孜亚依的早年生活中，除了父亲之外，影响他思想的又一个人是他的哥哥穆罕默德·派孜。在他们家的所有孩子中，他和哥哥是受父亲教育最充分、也是最有成就的。艾合买提·孜亚依在自己的自传体小说《九死一生的人》和口述中对哥哥的尊敬和爱戴溢于言表。他在小说中说哥哥是维吾尔语—阿拉伯语专家，是一位学者，不仅有很高的翻译造诣，而且还从事文学创作。这一点在笔者对艾合买提·孜亚依的亲戚朋友的采访中得到了证实。了解情况的人告诉我，艾合买提·孜亚依是波斯语专家，其兄穆罕默德·派孜是阿拉伯语专家，兄弟二人的性格完全不同，哥哥沉稳睿智，弟弟则开朗机敏。父亲在他们小时候就曾预言，穆罕默德·派孜将来

---

① 参见《九死一生的人》，载《布拉克》（维吾尔文）1996 年第 3 期。

可能会成为一名学者,艾合买提·孜亚依一定是一个诗人。

直到20岁,艾合买提·孜亚依在母语文化、波斯阿拉伯语文学的熏陶下,怀着文学梦,在浪漫的遐想中成长。就像他自己所说,他所受的语言文学教育是充分而扎实的,父亲对他诗歌天赋的发现以及在诗歌方面的熏陶和培养,为他日后成为优秀的诗人打下了基础。哥哥的语言天赋和诗歌才华也在潜移默化地影响着他。他虽然出生在20世纪,但他依然生活在父亲营造的古典文学的氛围中,他在继承古维吾尔语言和文学传统的同时,又熟练掌握波斯、阿拉伯语言和文学,加之父亲的指导,使他对古典时代和古典文学有着自己直接而深刻的感受,这也为他日后的《福乐智慧》研究打下了坚实的基础。

随后发生的一些事,打破了他平静的生活,也使他作出了一生中最重要的选择。1933年在哈密爆发的反对封建军阀农民的暴动并很快席卷各地,喀什、和田也相继爆发了反抗压迫的农民运动。一时间,紧张的气氛笼罩着原本书声朗朗的学校。父亲的学堂停课,其他学堂也相继停课。像所有的热血青年一样,艾合买提·孜亚依也受到时代的感召,他希望自己投入这场革命浪潮,做浪潮中的一滴。为此他来到喀什,希望得到在喀什工作的哥哥的帮助。当哥哥得知他未经父亲允许私自来到喀什时,要求他立即回去征得父亲的同意。而他却不想空手而归,就留在了喀什。在喀什的这几天发生的一件事影响了他的一生。

一天,我路过艾提尕尔清真寺旁的银楼(Tilla Sarai)(银楼——现在的艾提尕尔清真寺的北边。当时此楼的一层为维吾尔协会的会址,第二层一半为教育局,另一半是库图鲁克阿吉·肖克创办的《新生活报》报社所在地——原作者)。墙上贴着的一份启事引起了我的注意。启事中写到:"我社需聘一名字写得好、有一定写作能力的编辑。"这份启事重新点燃了我心中渐渐熄灭的希望之火。我拿起笔,迅速写成一篇短文交给门卫后离开了。第二天当我再次经过银楼时,门卫叫住了我,带我到库图鲁克阿吉·肖克的办公室。就这样我开始在新生活报社工作。这个报社当时只有三个人,库图鲁克阿吉·肖克是社长、总编兼编辑，有一个名叫玉素甫阿洪的负责管理报社的财务，另一位名叫塞来阿吉的负责与印刷厂联系、管理报纸之类的事。当时喀什地方政府由于没有印刷厂，有一所由瑞典传教团建的印刷厂（当时这个印刷厂也被称做斯文赫定印刷厂），当地的报纸就在这里印刷。印刷厂地址就在当时的喀什库木德尔瓦孜，报社向这里交纳印刷费。

艾合买提·孜亚依在这里提到的库图鲁克阿吉·肖克（Kutluk aiji Xauki，1876—1937），是除了父亲和哥哥，对他思想影响较大的又一个人物。库图鲁克阿吉·肖克出生于喀什的一个官吏家庭，后来跟其父亲到麦加朝觐，成了阿吉①。随后在埃及开罗市的加米奥里艾孜哈尔师范学校、土耳其的伊斯坦布尔与布哈拉等地接受高等教育。在他求学期间，正是世界范围内的民族民主运动风起云涌之时，阿拉伯各国、中亚西亚各国以及苏联东欧资产阶级民主革命和民族解放运动相互此起彼伏。长期身处国外的库图鲁克·肖克深受影响，回到家乡后，与其他进步知识分子一道，积极开展反对封建愚昧、反对阶级压迫和民族压迫的宣传活动，大力宣传新科学新思想，在社会上引起很大反响。他一方面创办各种刊物，另一方面亲自动手撰写有很强战斗性的文章，号召人们起来反对封建统治，改变自己的处境命运。

1918 年，库图鲁克·肖克在喀什创办了《思想报》。虽然报纸只出版了几期就被迫停止，但它在当时的影响却不可低估。1934 年，库图鲁克·肖克又在喀什创办了《自由生活报》，同年底改名为《新生活报》，1936 年又改名为《喀什新疆日报》。他先后创办的这些报纸，都以宣传爱国主义、民主思想、科学技术和反对封建愚昧，求自由、平等、发展为宗旨。为此，库图鲁克阿吉·肖克受到当时新疆历届统治者的迫害。

库图鲁克阿吉·肖克结合自己的社会宣传活动积极进行文学创作。他的主要成就在抒情诗的创作上，"肖克"是他的笔名。他在 1918 年发表在《思想报》创刊号上的一首抒情诗中这样写道：

---

① 在伊斯兰文化习俗中，凡到过麦加朝觐者，返回后都被尊称为"阿吉"，意为"去麦加朝觐者"。

> 求上帝赠给我一把剑，
> 并命令它坎掉人民身上的锁链。
> 如果祖国人民的命运还是那么苦，
> 我愿用这把剑砍下我的头。
> 肖科死也不愿看到，
> 祖国命运的悲惨。①

作为维吾尔现代文学史的先驱者之一，库图鲁克阿吉·肖克在诗作中向封建统治、愚昧落后大胆宣战，号召人民起来推翻旧世界，呼吁人民从旧世界醒来，掌握先进的科学知识，用自己的双手创造美好未来。他在《一切已醒来》的诗中这样写道：

> 我们只有战斗，才能获得自由，
> 睁开眼睛看啊，我的人民，
> 四周的一切早已醒来。
> 是醒者而不是睡者才能活在人世，
> 清醒吧，沉睡的时候已过，
> 由于科学，整个四周已醒。②

库图鲁克阿吉·肖克的诗被选入了 20 世纪 20 年代初在喀什铅印发行的《有关觉悟和革命的诗篇》和《向羁绊与迷惘开火》等诗集。他通过自己的诗歌创作、新闻出版活动大力提倡新型教育事业，尤其对维吾尔现代文学的形成和发展，作出了不可磨灭的贡献，成为维吾尔族文化启蒙的先驱人物。

艾合买提·孜亚依的步入报业及其在报业的进步，除了当时的国际国内环境对他的影响，使他积极投身于进步活动之外，库图鲁克阿吉·肖克在

---

① 参见阿扎提·苏力坦等著：《二十世纪维吾尔文学史》，新疆大学出版社 2001 年版。
② 参见阿扎提·苏力坦等著：《二十世纪维吾尔文学史》，新疆大学出版社 2001 年版。

当时喀什的社会活动及社会威望对他的感染是很重要的。艾合买提·孜亚依在自己的口述中提到这段经历时,说父亲与当时的社会名流、著名诗人等都有很深的交往,与库图鲁克阿吉·肖克也颇有交情。所以,当他得知艾合买提·孜亚依是毛拉阿洪之子时,对他的多种语言能力和写作才华毫不怀疑。而艾合买提·孜亚依能受到这样一位名人的赏识,的确也激发了他的工作热情和创作激情:

> 当我开始报业生涯后,我带着极大的热情投入这项工作,成为库图鲁克·肖克的好帮手。在报社,我既是抄写秘书,又是编辑兼作者,其他的工作我也是有求必应。我个人的能力和积极工作的精神,得到库图鲁克·肖克等人的认可和尊重。当时,报社有来自伊朗的《伊朗日报》、来自阿富汗的《和平阿富汗》,由于我有较好的波斯文基础,就把这些报纸上的一些重要文章译成维吾尔文,在我们的报纸上发表。库图鲁克·肖克为此十分高兴。当时报社还有来自乌兹别克斯坦的《红色乌兹别克斯坦报》,我不懂拉丁文,看不懂原文,因此我利用所有可以利用的时间刻苦学习,在很短的时间里掌握了拉丁文,将报纸上的一些内容译成维吾尔文,为我们的报纸提供新的信息。不久,我便成为一名得力的编辑、翻译和撰稿人,我的写作水平也有了显著提高。

但到了1937年,新疆的局势发生了很大变化。盛世才发动了他上任后的第一次政治大清洗,喀什的政局也十分紧张。由于库图鲁克阿吉·肖克本人及其创办的报纸积极宣传进步思想,首先成为被迫害的对象。库图鲁克阿吉·肖克和他的弟弟木沙阿洪同时被捕并在一夜间销声匿迹。报社的工作都落在艾合买提·孜亚依的肩上,他成了报纸的主力。这时的报纸也改名为《喀什新疆日报》。

> 这时正是抗日战争时期,也即世界范围内的反法西斯战争时期,我尽自己所能通过报纸和手中的笔,向人民宣传战争的性质,用可信的证据向人民证明人民战争必胜,法西斯分子必败,为此,我写了大量文章

和评论,当时的《喀什新疆日报》的订阅量达到 3800 份(当时《新疆日报》的订阅量没超过两三千)。

　　关于艾合买提·孜亚依在 20 世纪 30 年代末 40 年代初(至 1943)的工作,笔者在喀什地委档案局查阅资料时,发现存有 1941—1942 年的《喀什新疆日报》。此时,正好也是如艾合买提·孜亚依所说是他任编辑的时期。笔者翻阅了这些报纸,发现这些报纸有这样两个特点:一是报纸的时代性很强,所有报纸几乎都是反映世界反法西斯战争的国际国内消息和评论文章,其中的几个专题,是当时国际社会共同关注的话题,如有关太平洋战争报道的连载、有关印度战争、苏德战争的消息等。从这些文章的结尾后的括号中可以看到如"来自塔什干的消息"①等说明可知,其中的大部分文章直接来自苏联和中亚一些国家的报纸。当时的《喀什新疆日报》的又一特点是报纸的革命色彩较浓,不论是评论报道还是诗歌作品,都反映中国抗战和世界反法西斯主题。在 1942 年 1 月 28 日以后出版的每天的报纸中,头版都有被翻译成维吾尔语的盛世才的语录,而这些语录的内容是号召新疆各族人民团结起来,反对日本帝国主义和世界法西斯。此时正是盛世才伪装进步,积极宣传联俄联共的政策之时,因此报纸的革命色彩很浓。与此相应,发表在当时报纸上的诗歌等艺术类作品也紧紧围绕着这一主题。如在 1941 年和 1942 年发表在《喀什新疆日报》上的诗歌,多为歌颂时代、歌颂世界人民的反法西斯正义战争、积极关注社会的诗歌。如《我看到》(1941,作者为阿吉莫甫)、《年轻人》(1941,作者为阿吉莫甫)、《战斗》(1941,作者为孜亚依),这些诗歌都有强烈的时代气息。其中较有代表性的是题为《在新时代》的诗,作者署名为"孜亚依"。② 其中有这样的诗句:

　　　　　　　在新时代我们要奏响新乐章,
　　　　　　　在我们的心中播种新的希望。

---

① 参见喀什地区档案局藏:《喀什新疆日报》(维吾尔文)1941 年 11 月 16 日,总第 467 期。
② 参见喀什地区档案局藏:《喀什新疆日报》(维吾尔文)1942 年 3 月 7 日,总第 495 期。

当新疆各族进步知识分子积极宣传抗日救国、形成强大的抗日统一战线之时,盛世才破坏了联俄联共政策,投靠了蒋介石,露出了本来面目。1943 年开始了针对共产党人和进步人士的第二次大清洗。为了表示他真心投靠蒋介石,盛世才于 1943 年 5 月解散反帝会,停止出版《反帝战线》,代之以国民党新疆省党部机关刊物《新新疆》,马列著作和盛世才的《六大政策教程》均被封存。《三民主义》和蒋介石的《中国之命运》以及其他国民党出版物则大量印行,这些都标志着新疆政治风向的变化。盛世才下令逮捕杜重远、赵丹等知名人士,秘密杀害陈潭秋、毛泽民、林基路等在新疆的共产党人。① 许多少数民族进步人士被逮捕入狱甚至迫害致死。艾合买提·孜亚依在这一次大搜捕中也未能幸免。

1943 年 2 月,他被下令要求在最快的时间内"调到"乌鲁木齐,和他同行的还有喀什教育局的局长麦买提·玉素甫和其弟阿不都热依穆。1943 年 4 月 10 日到乌鲁木齐,他被分配在省《新疆日报》,担任文艺版的编辑。著名维吾尔族现代诗人黎特甫拉·穆塔里甫这时正好也在报社,他是文艺版的负责人。艾合买提·孜亚依恰好又与他同住一室,这虽然纯属巧合,但却对艾合买提·孜亚依革命思想的形成起到了重要作用,黎特甫拉·穆塔里甫是第四个在他一生中对他产生重要影响的人。

黎·穆塔里甫(Lutpulla Muttelip,1922—1945)是 20 世纪在中国共产党的培养下成长起来的著名维吾尔族爱国诗人,是维吾尔现代文学的一面旗帜。黎·穆塔里甫 1922 年出生于伊犁地区尼勒克县,1932 年来到伊宁市,在塔塔尔族小学读书,1936 年考入伊宁市俄罗斯中学,在这里学会了俄文,读了大量的俄罗斯古典作家普希金、莱蒙托夫、涅克拉索夫、托尔斯泰等著名作家的作品,同时还阅读了苏联现代俄罗斯文学家如高尔基的小说、玛雅可夫斯基的诗歌及当时生活于苏联的塔塔尔族诗人阿不都拉·托卡依、阿迪、塔合塔西,维吾尔族诗人乌麦尔·穆罕莫迪等人的诗歌。在这些诗人的影响下,他开始诗歌创作,1937 年起开始在《伊犁日报》上发表诗歌。1939 年

---

① 参见白振声、[日]鲤渊信一等编著:《新疆现代政治社会史略》,中国社会科学出版社 1993 年版,第 282—302 页。

秋,穆塔里甫从伊宁来到迪化(今乌鲁木齐),考入省立师范学校,1941 年还未毕业就离开学校到新疆日报社工作。穆塔里甫在乌鲁木齐读书和工作的时期正是全中国人民的抗日战争时期。为了扩大抗日民族统一战线,陈潭秋、毛泽民、林基路等一大批优秀的共产党人到新疆开展工作。穆塔里甫当时就读的省立师范学校和后来工作的新疆日报社的主要领导工作都是由共产党人担任。在中国共产党人的领导下,新疆各族人民展开了轰轰烈烈的抗日救亡运动,这对穆塔里甫思想的提高和创作风格的形成产生了决定性影响。这时穆塔里甫的创作正值黄金时期,他写下了许多优秀的诗作,如《给岁月的答复》、《直到红色花朵铺满宇宙》、《五月——战斗之月》、《当突破黑夜,留下足迹的时候》等。他于 1938 年创作的《中国》,是他的代表作之一,全诗激情澎湃,充分表达了诗人对祖国的深情和对新中国的期待、向往:

> 中国! 中国!
> 你就是我的故乡!
> 因为我们成千上万的人民,
> 生长在你温暖
> 纯洁的怀抱里。
>
> 在世界上
> 要建立起
> 唯一的、崭新的、独立的新中国!
> 在你的土地上,
> 我们要树立起
> 永久飘扬的
> 始终不倒的
> 解放的旗帜!①

①　阿扎提·苏力坦等著:《二十世纪维吾尔文学史》,新疆大学出版社 2001 年版,第36 页。

1943 年,盛世才揭去进步的伪装,露出狰狞真相并投靠国民党反动派。国民党在新疆建立省党部,四处安插特务,进行大规模搜捕和屠杀,白色恐怖笼罩了新疆。面对严峻的形势和尖锐的斗争,诗人创作的《给岁月的答复》,对当时国民党制造的黑暗岁月作出了鲜明的回答,表现了奋斗到底、视死如归的决心:

> 时间太匆忙,一点也不肯停留,
> 岁月便是时间最快的脚步。
> 湍急的流水,破晓的黎明依然清晰,
> 疾驰的岁月却是窃取生命的小偷;
> 窃取后,头也不回地,
> 一个追着一个,匆忙逃走。
> 在青春的花园里听不到黄莺拍翅,
> 树叶枯萎凋零,树枝变成秃头。
> ……
> 战斗的人们追随着战斗岁月,
> 一定会留下他战斗的子孙;
> 昨晚为幸福而牺牲的烈士的墓上,
> 明天一定会布满悼念他的花丛。
> 尽管岁月给我带来了胡须,
> 但我会在岁月的怀抱里锻炼自己。
> 在我面前败走的每个岁月里,
> 早已铭刻了我的创作——不朽的诗篇。
> 在战斗最激烈的时候我不会衰老,
> 我的诗,像天空的繁星在我面前闪耀。
> 我时时不能忘记,坚韧、果敢就是胜利,
> 在战斗重重的陡坡上,死亡对我是何等渺小。
> 我要跟射手们牵起手来,
> 在前进的道路上紧紧跟随旗手。
> ……

岁月,你别得意地擂胸狂笑,

在你面前我宁肯断头,决不受你凌辱。

你别为催我衰老而枉费心机,

我会把我的儿子许给最后的战斗。

岁月之海,尽管你的浪涛那样汹涌起伏,

我们的舰队一定会突破你的浪头。

尽管你以飞快的速度想恫吓我们,

但是创造必定会使你衰老——

这就是我们对你的答复![1]

在创作充满激情战斗诗歌的同时,他积极参与大众的戏剧创作,在1941—1943年,创作了剧本《战斗的姑娘》、《奇曼古丽》、《暴风雨后的太阳》、《青牡丹》、《萨姆萨克阿哥要发脾气》,并根据维吾尔民间叙事长诗《塔伊尔与佐赫拉》编写了一部歌剧,还亲任该剧的导演和男主角。这些剧作上演后在群众中引起强烈反响。

由于他积极从事革命活动,他的诗歌和剧作对国民党反动政府的猛烈抨击和在群众中的号召力,1945年他被国民党反动派杀害,年仅23岁。1952年8月,毛泽东主席签发了给黎·穆塔里甫家属的“革命牺牲工作人员家属光荣纪念证”,对黎·穆塔里甫给予高度评价:“黎·穆塔里甫同志在革命斗争中光荣牺牲,丰功伟绩永垂不朽……”[2]

艾合买提·孜亚依在《新疆日报》工作期间,与黎·穆塔里甫同居一室,他们常常会在一起讨论时势、文学,虽然孜亚依比穆塔里甫年长,但他对穆塔里甫非常崇敬,他的思想在这时发生迅速变化。面对日益复杂的社会现实,穆塔里甫诗中的战斗精神感染和教育着他,使他认识到作为一名知识分子,要用自己手中的笔为全国各民族人民的解放而奋斗。这时,新疆日报社也是中共党人开展工作的一个重要阵地。“王小川等十多名中共党人分

---

① 阿扎提·苏力坦等著:《二十世纪维吾尔文学史》,新疆大学出版社2001年版,第37—38页。
② 阿扎提·苏力坦等著:《二十世纪维吾尔文学史》,新疆大学出版社2001年版,第41页。

别负责采稿、编审、出版等部门的工作,使《新疆日报》在宣传抗日救国和革命思想、介绍和转载中国共产党领导人的文章、讲话方面发挥了重要作用。报社印刷厂还印刷了一批马列主义毛泽东著作,为推动新疆社会政治的进步做了大量工作。"①中国共产党人给《新疆日报》带来的这些变化,也影响着艾合买提·孜亚依的思想。他此时的诗歌虽然保持了他自己特有的古典抒情诗人风格,但在思想内容上却有了很大变化。他在1943年到乌鲁木齐后创作的诗歌如《与人民同欢笑》、《寻找》等,记录了他思想变化的轨迹。其中《与人民同欢笑》一诗中有这样的诗句:

> 要与人民同哭泣也一同欢乐,
>
> 在这条路上孜亚依你别无选择。

在那个年代,作者目睹了一大批爱国知识分子为祖国和人民而歌,却惨遭盛世才杀害,诗人们就像伤心的百灵,即使心已伤痕累累,但对祖国和人民的依恋,就像百灵依恋花枝,永远不可分离。当祖国和人民遭遇不幸时,就是诗人最大的悲哀。诗人表达了自己对祖国和人民的爱。

在这一阶段的创作中,最能代表他思想变化的是歌剧《热比亚与赛丁》的创作。这部歌剧创作完成后,先后在乌鲁木齐和喀什舞台上演出百余场,在社会上引起很大反响,鼓舞了人民为反抗封建与国民党专制而战斗,在当时起到了非常好的宣传和教育作用。②

艾合买提·孜亚依回忆这段经历时说道:

> 从1943年4月起,我开始写作《热比亚与赛丁》。每天晚上,宿舍写字台的一边是穆塔里甫创作他的诗歌,另一边是我在写作《热比亚与赛丁》,每写完一部分我便在《新疆日报》上发表。剧本发表后,新疆

---

① 厉声主编:《中国新疆历史与现状》,新疆人民出版社2003年版,第160页。
② 参见克力木江等著:《艾合买提·孜亚依》(维吾尔文),新疆人民出版社2001年版,第16页。

各地的舞台上都先后上演了该剧。后来我听说刊登有《热比亚与赛丁》剧本的报纸也传到了狱中,看过报纸的囚犯们说艾合买提·孜亚依不久就要和我们做伴了。我知道说这些话的囚犯当年也和我一样是有积极追求的知识分子。

过了没多久,黎·穆塔里甫被调到阿克苏,艾合买提·孜亚依接替了他的文艺版负责人的工作。在六个多月的时间里,他开辟了一个名为"扶助青年作家"的专栏,旨在帮助有志于文学创作的青年。每期他都要写一篇关于这方面的评论文章,受到了社会的广泛赞誉。《维吾尔民间文学的艺术精华》一文,就是其中具有较高学术价值的一篇。当时写成的以探讨创作者的思想品德与创作之间的关系为主题的文章成为他后来政论集《论良知》的基础。他创作的歌剧《热比亚与赛丁》所产生的社会反响和他在《新疆日报》工作期间的"扶助青年作家"栏目的撰稿,使他的知名度迅速提升,但这也带来了他的不幸。

> 我所担心的事终于发生了。1944 年 4 月 17 日(这是一个星期一,恰好是我的生日),我和阿曼图尔正在编辑部,还有一个名叫阿不都热依穆的同事。这时有人来告诉我们三人:"盛督办在自己的住所邀请你们为剧本提出修改意见。"接着我们就被带上一辆车。起初我们甚至相信那个邀请,上了车没走多远我们就发现自己上当了。阿曼图尔开始撕掉所有衣袋里的信件,因为星期天(16 日)他在街上听到抓人的叫喊声。据说,我们被捕那天,同时被捕的各民族知识分子有 1240 人。

在监狱里,他不断反省自己到底做错了什么,为什么自己会进到这里,为什么盛世才的言行如此反复多变:

> 出了审讯室,我想了很多。这些天来回旋在我脑海中的没有想清楚的一些问题有了答案,因为当时世界有两大阵营,一个是法西斯阵营,另一个则是反法西斯阵营。我是一名受日本帝国主义侵略的中国

的公民,而且还是一个追求进步的青年,在当时由塔什干、阿拉木图出版的书籍我看的比较多,我自认为是"反法西斯革命战线的一分子",和其他许多知识分子一样,满怀信心地在报纸上发表文章向人们表达法西斯必败、世界反法西斯战争一定会胜利的信念,我这样做没有任何人的指示,而是我自己认为是正确的。当时盛世才在自己的"六大政策"中,不也号召全新疆人民反对法西斯、联俄联共吗?我们的所作所为正好符合他的号召。"既然这样,我们为什么会被捕入狱?"仔细想来,由于我当时的社交范围太窄,对那时发生的许多事情并不知晓:宋美龄、吴忠信等人专程到新疆与盛世才谈判,盛世才立刻换了一副嘴脸,改变了态度,背叛了朋友,逮捕了一大批进步青年、民主人士和共产党员,甚至一些援助中国的外国专家。省政府大门上悬挂着的六星旗也已换成了国民党的青天白日旗。当我想到这一切后,从我内心深处迸发出了"我们被骗了!"的哀号。

他终于想清楚了,这是他两年狱中生活的一个收获。两年后他拿着监狱给他发放的3000元(旧币),决定用这些钱作路费回到故乡喀什并于5月中旬上路。当时已有开往喀什的公共汽车,但孜亚依没有乘汽车,而是搭了一辆马车回去,因为他不想让家里人看到他出狱时的模样而难过。而从乌鲁木齐乘马车到喀什需途经30个驿站。在这30天的旅途中,他想调养好自己的身体,不至于面黄肌瘦地出现在家人面前。

他在回喀什的路上反思了自己这些年的思想和生活,他认为自己在狱中有两个收获,一个是上文我们提到的对盛世才丑恶嘴脸的认识,包括对自己在这个时代的诗歌创作的认识,另一个就是如何做一个诗人和如何作诗。他将这一段回忆命名为"狱中获得的智慧":

直到入狱为止,我都自认为是革命战线上的人,我入狱的原因也正因为如此。但被投入盛世才的监狱之后我发现自己还没有真正的成熟。其实智慧是随着阅历逐渐臻于完善的。当我放下课本正要融入社会时,听到的是盛世才虚假诱人的政治口号,就以为文学创作或写文章的目的,就是要赞美时代,比如盛世才或斯大林及其政策,或是揭露法西斯和旧社会,所以近几年来的创作都是围绕这一中心进行的。

我的箱子里有波斯著名诗人阿不都热合曼·加米的诗歌,在狱中的无聊的日子是靠读这些诗打发的,从中我得到了无比的艺术享受。反复读过这些诗歌后,我才领悟到,诗歌只有这样去写才会有生命力。为什么一些诗,今天写了明天就变成了垃圾?为什么阿不都热合曼·加米的诗歌历经五六百年人们还是那么爱读?其中的奥秘究竟在哪里?……我开始研习加米诗歌的艺术风格。当我反复揣摩之后我真正了解了究竟什么是诗歌。我不久以后写成的《永不凋谢的花朵》、《论良知》等作品,比起以往的作品,不仅思想内涵和艺术性有所提高,而且也没有了以前为填充诗行而强加的套话和空话。这是我在狱中两年的最大收获。

当时他虽然出狱回到喀什,但一直受到国民党特务的监视。他厌倦了总在被盯梢中度日的生活,开始了他生涯中的商旅体验。他决定离开喀什一段时间,一方面可以体验商旅生活,了解一些异域生活以开阔眼界,另一方面可以暂时摆脱国民党的盯梢。他决定到拉达赫①经商。从1946年8月开始准备,直到12月才得以起程,经过26天的艰难跋涉,他到了目的地。此行对他的思想和创作都产生了很大的影响。他的《拉达赫之路上的商队》就是他记载沿途所见所闻的游记散文,这应该是维吾尔现代文学史上的第一部游记。日后他也曾口述了《拉达赫之路上的商队》中的一些有趣见闻:

有时蜿蜒如蛇的小路将我们带进深谷之中,有时又把我们带到山

———————————

①　从喀什的叶城县到印度去的山路被称为拉达赫路。该路全程1100多公里。根据孜亚依自己回忆,当时由于正值中国的抗日战争时期,美国援助了中国一批急需的汽车轮胎。原来这些轮胎都是经由香港运往前线的。但日本占领香港后,这些轮胎就由美国运到印度,再由印度运到西藏,由西藏运到拉达赫,最后由新疆的驼队运到新疆,由新疆运到中国前线。孜亚依就是在此时与喀什土产公司商定,组织商队带着毡子等新疆的土特产到拉达赫,然后将这些所需的轮胎运往喀什。

巅，从深谷到山顶的蜿蜒山路，险象环生，令人难忘。《拉达赫之路上的商队》就是我记载沿途所见所闻的游记。后来我的这部作品被翻译为汉文和英文，所以我在回忆里就不多做说明，只是举几个例子。

一天，我们策马而行，马儿脖子上的铃声在山谷间发出绵绵不断的回响。这时发生了这样一件有趣的事：当我们行至一处时，遇到了许多坟墓。依照穆斯林传统方式，我习惯性的举起了双手默默祈祷（duwa）。我的总管名叫卡斯穆，他见我这样笑了起来。我生气地对他说：

"难道你就永远不死吗？"

"我当然也会死。"他笑得更厉害，好不容易对我说出这几个字。

"你没有想想自己万一死在这人迹罕至的荒野时的情景？"

"当然，有时候我也会想起。"

"那你为什么不祈祷，反而要笑我呢？"

"主人，这不是坟墓，这是叫 Lantang 的毒草。以前从这里经过的旅人，为了不使马误吃这种草，就用一些石头盖了起来，日子久了，就变成这样像坟墓似的石头堆。"

听他这样说，我也大笑起来。

有一匹马背上驮着的纸箱里有专门为我而备的烤包子，我把它冻了起来准备在路上吃。有一天当我们走到一个山崖边时，一匹马将装有烤包子的箱子咬开了，箱子里的烤包子一个接一个的掉落在山崖下，发出一阵阵巨大的轰鸣声，听来让人心颤，马儿更是惊得乱撞，好在路不是太窄，不然，真不敢想象会发生什么可怕的事。即使如此，它们还是因受惊滑倒在冰面上。一匹马四脚朝天倒在地上，背上驮着的毡子在地上打滑，它无奈地舞动着四条腿怎么也站不起来。此情此景，不但没有使我失意或生气，反而乐得我大笑起来。因为烤包子的原因，马儿们倒的倒，跑的跑，过了好一阵我们才将它们归整，这也费了很大一番工夫，天色已晚，我们只好在路上过夜。第二天我们正行走在山谷间，山顶上的一只黄羊可能是因为听到商队铃声吓得跑了起来，被它踢下的石头滚落下来时与其他石头相撞，激起块块石头纷纷落下，迎头落下的石头风暴让马儿也吃惊不小，当场就有七八匹马摔倒在地，好在并没有给我们带来太大的损失……

在通往拉达赫的行程中，要过四十多次叶尔羌河。因为从没有修过一条通往拉达赫的道路，商队就沿着叶尔羌河蜿蜒而行，走的人多了，就形成了这条商旅之路。这条路极为崎岖不平，有时还需沿河绕到山上去。走一阵后，我们面前又出现了一条三四米宽的没结冰但又没有桥的河，河大约有5米深。如果不从这里过河，我们就得绕得很远，要增加好几天的路程。这时我恰好想起以前读过的一个苏联的童话故事，说的是一个为猴子治病的医生，被一个杀人犯追赶，当他跑到山崖时，无路可走，这时，猴子一个抱一个连成一座桥，医生因此得救。猴子搭桥智慧给了我启发，我们如法炮制得以渡过难关。

……

商旅生活虽有很大风险，但也会给人带来极大的利益满足。不仅有颇为可观的收入，而且对一度失去自由的他来说，是一次很好的精神放松。摆脱国民党特务的监视，离开那个动荡不安的生活环境，特别是像他这样有创作欲的人，这又是一个绝好的体验生活、开阔视野的机会。所以他做成一笔生意之后，并没有就此罢休，而是想接着干。

1944年，由于盛世才的残暴统治激起了全疆各族人民反抗，新疆爆发以伊犁、塔城、阿勒泰三地区为主、有各族各界人民参加的民族民主解放运动，波及全疆，这就是新疆历史上著名的三区革命。三区革命爆发后，盛世才不得不离开新疆，接替他的新疆省主席职位的是吴忠信。1945年9月，第二次世界大战结束，中国人民的抗日战争以中国人民的伟大胜利而宣告结束。三区革命也在同年达到鼎盛时期。① 1945年，正式成立了伊、塔、阿三区革命政府。三区革命政府采取了一系列措施，发展三区经济、文化和教育事业。在三区革命所辖区域内逐渐完善了各级公安和司法制度，发行了

---

① 参见白振声、[日] 鲤渊信一等编著:《新疆现代政治社会史略》，中国社会科学出版社1993年版，第346—445页。

自己的货币,恢复和发展了对苏贸易,发展社会经济,发放农贷,减轻赋税,鼓励农牧业生产;增设中小学校和技术学校,建立图书室、俱乐部、文工团,活跃人民的文化生活等。这些措施的执行,在经济文化事业方面都取得了一定成绩,人民生活状况较国民党反动统治的地区大有改善。① 三区革命的胜利使国民党反动派惊慌失措,在苏联的调停下,国民党政府不得不在1945 年 10 月与三区方面进行谈判,1946 年与三区方面签订了《十一项和平条款》,并且组成了由双方参加的省临时联合政府。这时期喀什的专员是阿不都克力木汗·麦合苏木,是艾合买提·孜亚依熟识的朋友,他执意要求艾合买提·孜亚依回到喀什,重操旧业,担任喀什新疆日报社社长一职。他起初坚决不同意,因为他虽热爱这个职业但也为此吃了不少苦。但他最终还是回到了报社,继续他的报业生涯。

      重返报社后,我又开始了夜以继日的艰苦工作。当时喀什正在进行选举,为监督选举,以包尔汗、赛福鼎·艾则孜、买卖提明·布格拉等人组成的工作组到喀什、莎车、和田三地监督选举,我被选为喀什选举委员会的副主任。……我们的报纸的宗旨是大力宣传革命思想和理论,这样的目的因与国民党的政策相违背,1947 年国民党方面关闭了《喀什新疆日报》。阿不都克力木汗·麦合苏木听说此事后,在他的倡议下,我们又出版了《思想报》,通过这个报纸我们继续宣传进步的革命思想。报纸直接由行署负责,经费从行署下辖的草湖农场的收入中支出。我每天都整理自己听电台记录下的最新国际新闻并及时报道。除此之外,我创作的《拉达赫之路上的商队》、《论良知》、《永不凋谢的花朵》等作品也在此时发表。

不久,他被要求在国大代表和国民党立法委员这两者之间挑选一个,无奈之下,他只好挑选做立法委员,按照他自己的说法"这也许可以为人民做一些有益的事"。但去了南京后他发现自己只是做了国民党的玩偶,他想

---

① 参见任一飞、亚森·乌守尔著:《维吾尔族》,民族出版社 1997 年版,第 94 页。

以立法委员的身份为新疆人民做一些事的想法化为泡影,他决定离开南京。

1948 年 5 月,他回到喀什,依然担任《喀什新疆日报》的社长、主编等职。当时正值全国解放前夕,他在报纸上积极撰文,为人民解放军进疆和喀什的和平解放,做好舆论宣传。

不久,喀什解放了。对我们这些后来人来说,他对当时情况的描述对我们了解当时的喀什是有帮助的:

> 解放军部队的七八十辆汽车第一次从阿图什方向开过来。解放军到喀什后,喀什专员阿不都克力木汗·麦合苏木号召民众为人民解放军收集柴草。解放军听说后不仅将这些柴草都退了回去,而且向人民宣传解放军不向人民群众收税,战士们还到地主的树林砍树枝背回去自己解决问题。男女解放军战士还挑着扁担拾粪,这是喀什历史上从未见过的事,所以我们都很惊奇。在这期间,关于如何使《喀什新疆日报》符合新的形势的要求,我一方面向人民解放军在喀什的最高长官王恩茂同志请示,另一方面则尽我所能,在报纸上大力宣传解放军的思想。并且,我利用自己在喀什的社会地位为喀什的和平解放进入新时代而努力。

新中国成立后,艾合买提·孜亚依依然在报业工作,直到 1957 年调到自治区文联从事创作和研究工作。在调到自治区文联后,他有了更多的时间从事维吾尔古典文学的研究。在维吾尔学界首次刊布了由阿不都热依穆·尼扎里创作的叙事长诗《热比亚与赛丁》,确定了他在尼扎里研究和《热比亚与赛丁》中的权威地位。另外他还出版译作《友人之花园》、《大匈奴帝国史》、《伊斯兰哲学史》等①。他在 1957 年新疆作协成立大会上的长篇论文《我们应该如何认识和学习维吾尔古典文学》。这是较早的一篇维吾尔古典文学研究的学术论文,在这篇论文里我们可见到他对维吾尔古典文学的理论把握和对文本细读的扎实功力。

---

① 参见疏勒县地方志编纂委员会编:《疏勒县志》,新疆人民出版社 2001 年版,第 932 页。

1980 年他被调到新疆社会科学院少数民族文学研究所从事文学研究工作。在这期间,他的最重要的工作是作为主要成员之一,完成了维吾尔古典名著《福乐智慧》的古体今译。现代读者和研究者是通过他们的努力才得以阅读和研究这部维吾尔文学经典作品。与此同时,他凭借自己的语言特长,翻译了当时许多国外《福乐智慧》研究成果,为《福乐智慧》的研究和维吾尔古典文学的研究,打下了坚实的基础。艾合买提·孜亚依在这里依然起到了桥梁和纽带作用。

20 世纪 80 年代,这位见证了 20 世纪维吾尔文学的知识分子,在即将走完生命的旅途时,又为我们留下了宝贵的文字:重新整理出版了诗集《永不凋谢的花朵》(1984),出版叙事长诗《热比亚与赛丁》(1985),创作完成长篇历史叙事诗《民族文化遗产的奠基人——马赫穆德与玉素甫》(至今还未正式出版)。也就在此时,他在医院的病床上开始创作自传体小说《九死一生的人》。但这位用笔奋斗了一生的老人,没能赢得与时间的最终较量,留下了小说的未完成稿,在 1989 年 10 月 27 日离开了人世。

第二节　20 世纪三四十年代喀什的社会状况

从艾合买提·孜亚依的口述和其他相关材料中我们可感知 20 世纪初喀什的社会文化环境对他思想和创作的影响。他自 1935 年从家乡库木西热克来到喀什,在库图鲁克阿吉·肖克创办的报纸开始其报业生涯,也开始了文学创作。他的生活也随之大起大落,从做囚犯到成为国民党立法委员,从开着小汽车去上班的报社负责人到远走异地他乡的商人,从爱国青年到著名诗人,在这并不算长的十多年里,他经历了一些人一生都不可能经历的事。同样由于复杂的经历和如泉而涌的诗情,使他在一年内发表了自己重要的三部作品:《永不凋谢的花朵》(诗集,1947)、《拉达赫之路上的商队》(游记,1947)、《论良知》(1947),这在当时维吾尔诗坛传为佳话。

艾合买提·孜亚依本人在自己的口述和未完成的自传体小说《九死一生的人》中,也十分强调三四十年代对自己的重要意义。而此时,也正是维吾尔族文化处于一个新旧交替的转型时期。维吾尔族的古典文学在 19 世纪末 20 世纪初结束，其代表人物是阿不都热依木·尼扎里等一批具有强烈现实主义倾向的诗人，他们的创作在继承维吾尔古典文学传统的同时，也孕育了新的文学时代。但这一文学时代的到来，更多的是需要社会的、政治的和文化大环境的催生。在这一节，拟从三个方面讨论形成艾合买提·孜亚依文学创作的时代背景和文学背景。

（一）20 世纪初国际环境下的喀什

现代新疆社会历史，是从辛亥革命开始。新疆地处我国西部边陲，也是祖国的西大门。自 19 世纪中叶起，随着西方殖民主义的入侵，西部门户早已洞开，逐步成为帝国主义尤其是俄英两国角逐的场所。他们既互相勾结，又互相争夺，不断采取军事进攻、政治讹诈、经济控制和思想文化上的奴役、渗透等手段，步步紧逼，致使 20 世纪初中国人民同帝国主义的矛盾在新疆表现得十分突出。另一方面，腐朽的封建统治阶级，在外国资本主义的刺激下，也日益增长了封建主义和资本主义的贪欲，加倍压榨各族劳动人民，这又激化了新疆内部的阶级矛盾。这是 20 世纪初新疆的社会总况。从 20—40 年代，新疆经历了军阀更迭的时期，先后经历了杨增新、金树仁、盛世才统治时期。艾合买提·孜亚依是这个动荡年代的亲历者和见证者。

一些研究者使用国际化了的新疆这一说法来说明当时围绕着新疆的复杂的国际局势。① 20 世纪初新疆出现社会动荡和政局混乱，与英国、苏联、日本等国的活动联系在一起。20 世纪英国驻新疆的总领事馆设在喀什，"因为那里距印度较近，有非常多的英领印度人以喀什为据点在新疆南部经商的缘故。正因为如此，英国在新疆南部有较强的影响力，并拥有一部分特殊权益。"苏联势力渗透新疆的方式与英国不同，"它是利用中国地方军阀割据一方的政治野心，帮助他们在新疆构筑一个不得不接受经济渗透的政治体系和财政体系。因此，苏联能够通过在新疆的苏联国家贸易机构独占新疆市场，在与英国的较量中占到较大优势。几乎所有的人都一致认为，

---

① 参见王柯著：《民族与国家——中国多民族统一国家思想的谱系》，中国社会科学出版社 2001 年版，第 238 页。

苏联在新疆获得最大了利益。"①除此之外还有来自日本的威胁。

造成国际社会对新疆瞩目的另一个原因是 19 世纪末 20 世纪初西方探险家的发现。在新疆地区的大部分探险活动发生在 19 世纪末叶和 20 世纪初。英国、德国、法国、俄国、瑞典等国的考古学家和东方学家将新疆尤其是南疆的喀什作为他们研究的中心,斯坦因、斯文·赫定等都是我们最常见到的名字,而这些人到喀什时,喀什的外国人社交圈中早已有俄国人、荷兰人、波兰人、英国人和瑞典人。他们中有的是总领事,有的是科学家如动物学家、考古学家等,有的是传教士,还有的是亡命徒。这些人用不同的方式记录了喀什,并因此而影响着喀什,使这里成为备受瞩目的国际化的城市:

1898 年我来到喀什噶尔时,秦尼巴克(中国花园)的"欧洲化"工作在此之前早已开始了。

——《一个外交官夫人对喀什噶尔的回忆》②

宴会上人们使用的语言极为复杂。汉族人用俄语同维族人交谈,与我们坐在一起的一位美国客人又把他们的谈话为我译成英语;俄国人讲着流利的维吾尔语,而维吾尔客人又讲一口流利的俄语;一位上了年纪的维吾尔人则用法语交谈。

——《古老的土地》③

喀什噶尔老城有个与众不同的地方,即所谓的安集延区,使用乌兹别克斯坦的安集延城命名。在那个时代,安集延是苏联向新疆出口物品的始发地。喀什城的安集延区没有巴扎,也没有带有天棚的巷子。商人们在那里修建了一幢又一幢带有俄罗斯风格的砖房子,这些房子往往有两层。在这里你可以买到各种各样的欧洲货,大部分都是俄国

---

① 参见王柯著:《民族与国家——中国多民族统一国家思想的谱系》,中国社会科学出版社 2001 年版,第 240 页。
② [英]凯瑟琳·马嘎尼特、戴安娜·西普顿著:《外交官夫人的回忆》,新疆人民出版社 1997 年版,第 29 页。
③ [英]凯瑟琳·马嘎尼特、戴安娜·西普顿著:《外交官夫人的回忆》,新疆人民出版社 1997 年版,第 296 页。

制造的,但经常也有印度出产的东西。这是一个新时代即将来临的信号,也是喀什噶尔会很快现代化的标志,但暂时还只仅仅是一种迹象而已。

——《重返喀什噶尔》①

艾合买提·孜亚依在 1935 年进入喀什报业后,他所在的《新生活报》所出版的报纸就是在瑞典传教团的印刷所印刷,直到 1937 年喀什噶尔地方政府在喀什噶尔建立了自己的印刷所。②

(二)俄国革命和中国五四运动的影响

在 20 世纪初,对新疆各族人民有重大影响的事件是俄国十月革命和中国国内的五四运动以来的革命思想。

由于地域的接近,在 19 世纪末 20 世纪初在苏联出现的社会主义革命和无产阶级文学对维吾尔族知识分子产生了很大影响。在苏联爆发的十月革命中,一些侨居在苏联的维吾尔族知识分子亲历了这次伟大的革命,目睹革命给各民族人民带来的变化,他们将自己的所见所闻带回新疆,新疆的知识分子的思想中进步与发展的认识逐渐形成。在当时,苏联红军在阿勒泰和阿图什等地开展工作,在广大群众中宣传社会主义和共产主义的思想。在 20 世纪 30 年代,盛世才实行联俄联共的政策时,新疆出现了短暂的统一和稳定的局面,反对帝国主义侵略,与封建旧势力斗争,推广新文化和新型教育,向苏方派出留学生,如派往塔什干中亚学院的新疆各民族学生,他们不仅学习专业知识,还接触了苏联无产阶级文学家如高尔基等的作品。学成回国后,为马列主义思想在新疆的传播中起到了先锋和表率作用。

1917 年苏联十月革命爆发后,在 1918 年 2 月,伊犁、塔城等地的群众在进步知识分子的倡导下上街游行,祝贺苏维埃共和国的成立,散发了革命传单。据说,在塔城从此开始了 8 小时工作制。

苏联十月革命胜利所带来的巨大变化,影响着维吾尔民众,开始出现反

———————

① [瑞典]贡纳尔·雅林:《重返喀什噶尔》,新疆人民出版社 1999 年版,第 63 页。
② [瑞典]贡纳尔·雅林:《重返喀什噶尔》,新疆人民出版社 1999 年版,第 277 页。

映人们的思想观念变化、歌颂苏联十月革命的新歌谣。当时流传有这样的
歌谣：

> 男男女女都投身于启蒙，
> 列宁使我们心明眼亮。①

维吾尔族的著名民间诗人赛依提·诺奇（Seyit-Noqi，1875—1926）在
1920—1924 年在苏联阿拉木图、伏龙芝等地游历返回家乡后，创作了诸如
《孤儿歌谣》、《列宁名言》、《我们要战斗》、《舒拉是我们的朋友》等歌谣。
他在《列宁名言》中这样写道：

> 在面板上擀面，
> 赶紧去做好饭，
> 在列宁父亲的时代，
> 穷人欢乐开怀。
>
> 天上的星星，
> 说自己是月亮的花朵，
> 列宁时代的穷苦人，
> 说自己要在新时代欢歌。
>
> 白宫殿里有白窗棂，
> 红宫殿里有双窗棂，
> 如今如果不劳作，

---

① 阿不都秀库尔·穆罕默德伊敏著：《维吾尔哲学史纲要》（维吾尔文），新疆人民出版社
1998 年版，第398 页。

就别想穿上花格衫。①

民间诗人赛依提·诺奇经过在苏联的游历后，明白了"不劳动者不得食"，并认为这是新旧时代的区别。他将能够给穷苦人带来幸福和欢乐的时代称为"列宁父亲的时代"，非常有代表意义。"可以说，赛依提·诺奇是维吾尔现代文学史上第一个用诗歌歌颂无产阶级政权的伟大、歌颂社会主义制度的优越并成功塑造列宁光辉形象的诗人。"②

自1933年以来，中国共产党的优秀分子如邓发、林基路、陈潭秋、毛泽民等到新疆，在新疆积极开展了革命活动。1934年8月，在何雨竹等进步知识分子的倡导下，盛世才政府批准成立群众性的政治团体——新疆民众反帝联合会，并通过《反帝联合会章程》。反帝联合会的宗旨之一就是实现各民族的自由发展，用民族固有文化创设平民学校，发展一切文化工作，如办理印刷业，出版书籍、报刊及各种杂志事项。反帝联合会出版了《反帝战线》、《新疆青年》等刊物，开展了声势浩大的反帝爱国宣传教育活动和支援前线运动，中国共产党人为发展维吾尔族和新疆其他各族的现代文学事业做了很多工作。1939年年初，著名爱国人士、《生活周刊》创办人杜重远应盛世才之邀来到新疆工作，之后，著名文学家茅盾、著名马克思主义翻译家张仲实、著名经济学家沈志远、著名报人萨空了等人随杜重远来到新疆。杜重远任新疆学院院长后，这些进步人士都被请到新疆学院去讲课，大大提高了该校的声誉和质量。同年8月，著名演员赵丹和一批进步的文艺工作者抵达迪化（乌鲁木齐），大大促进了新疆文化艺术活动的开展。③ 他们将内地的进步的文学艺术思想带到新疆，许多维吾尔族青年诗人和作家深受其影响，创作了许多优秀作品，激励人民积极参加抗日爱国运动，反对卖国投降及反对盛世才和国民党反动派的暴政。在这些维吾尔族作家中，阿不都

---

①　阿不都秀库尔·穆罕默德伊敏著：《维吾尔哲学史纲要》（维吾尔文），新疆人民出版社1998年版，第398页。

②　阿扎提·苏力坦等著：《二十世纪维吾尔文学史》，新疆大学出版社2001年版，第4页。

③　参见白振声、[日]鲤渊信一等编著：《新疆现代政治社会史略》，中国社会科学出版社1993年版，第278页。

哈力克·维吾尔是最有代表性的一位。

阿不都哈力克·维吾尔（Abduhalik Uygur，1901—1933）出生于吐鲁番的一个富商家庭，其父足迹遍及中亚，谙熟维吾尔古典文学，祖母和母亲能歌善舞，擅长讲维吾尔神话故事和传说。他幼时进经文学校学习经文和阿拉伯语、波斯语，阅读了大量维吾尔古典文学作品。1916 年他随父亲去俄国经商，在一年多的时间里，他学会了俄语。回国后在吐鲁番的汉语学堂学习汉语，以优异的成绩毕业，并取汉名哈文才。这期间他阅读了汉语古典文学名著《水浒传》、《红楼梦》等，后来又读了孙中山、鲁迅等人的文章、作品。1923 年他与一批青年去苏联学习了 3 年。学习期间他阅读了俄罗斯文学的代表作家普希金、莱蒙托夫、列夫·托尔斯泰、高尔基等人的作品，目睹了苏联社会主义国家的现状，开阔了视野，激发了创作激情，他在当时就写下了《十月赞歌》一诗。

1926 年，阿不都哈力克·维吾尔回到灾难深重的祖国，看到半封建半殖民地中国的文化发展的落后，人民在政治上受压迫，经济上被剥削。这一切使他认识到要使广大人民摆脱穷困受压的处境，必须推翻封建军阀的反动统治，扫除封建势力。他开始关注农民的反抗，支持他们的斗争。他建立"教育联合会"，捐资办学，选送一批学生到苏联留学。1931 年哈密爆发了反对军阀金树仁的农民起义，阿不都哈力克·维吾尔积极联络各方人士参与，由于叛徒出卖，阿不都哈力克·维吾尔等 17 人被军阀政府逮捕，并于1933 年 3 月被杀害，年仅 33 岁。

阿不都哈力克·维吾尔的诗歌创作始于 20 世纪 20 年代初，从此时到他牺牲的十多年的时间里，诗人共写下了二百多首诗。他早期的诗歌主要表现了他的启蒙主义思想。创作于 1921 年的《我的维吾尔民族》是诗人最早的一篇具有启蒙主义色彩的政治抒情诗：

> 我们对今日的世界一无所知，
> 只知道选一位乡约，随之吵闹一番。
> 读书不知道致力于寻求知识，
> 只知道死背经文，像咬嚼泥丸。

　　掌握科学知识的人们已在蓝天遨游，

　　我们却连头驴都没有，只凭两片脚板。

　　见到了汽车则狂呼"主啊，这是何物？"

　　不知动脑筋，只知傻眼惊叹。

　　我们已满足于自己的"精巧"工艺，

　　喝玉米粥时有瓦窑里烧出的漂亮土碗。①

　　诗人以痛心疾首的笔触揭示了那些阻碍维吾尔民族进步与发展的陈腐的社会陋习和昏聩的民族心理。除此诗外，围绕启蒙主义这一主题，诗人同时创作的《痛苦的时代》、《不愿》、《麻木不仁》等诗，对民族和时代发出强烈呼唤，呼吁人民摆脱愚昧，改变民族的现状。表达了一位启蒙主义者强烈的忧患意识。

　　阿不都哈力克·维吾尔后期创作的诗歌，在思想和艺术上更为成熟，摆脱了前期诗歌如《我的维吾尔民族》等诗中的较浓重的忧伤情调，对人民的斗争和民族的未来充满信心。此时，揭露与抨击反动统治阶级的罪恶、讴歌农民的反抗斗争、表达革命情怀成为诗人创作的主题，放射出时代的光辉。他在 1927 年创作的《反对暴政》是讨伐反动军阀的宣言书，在当时群众中广为流传。同一时期他还写有《千刀万剐》、《唤醒民众》、《心的向往》、《能见到的山决不遥远》、《愤怒与痛呼》等诗歌。他在《心的向往》中写道：

　　人民在暴君的压迫下痛苦呻吟，

　　好男儿就应该矢志从苦难拯救他们。

　　哈力克呀，即使会失去头颅也莫回头，

　　为了解放人民，愿你用敌人的血把战刀染红。②

　　他的另一首诗《明灯》中对革命的向往和坚定决心：

---

　①　阿扎提·苏力坦等著：《二十世纪维吾尔文学史》，新疆大学出版社 2001 年版，第 23 页。

　②　阿扎提·苏力坦等著：《二十世纪维吾尔文学史》，新疆大学出版社 2001 年版，第 25 页。

变黑夜为白昼的是这盏宝贵的明灯,

汲取太阳中最亮的光的是这盏明灯,

黑夜里光明的源泉是这盏明灯,

照亮前进道路的火炬是这盏明灯。

倘若没有这盏明灯,夜里断难笔耕,

无论写下多少,无边的痛苦总在沸腾。

阿不都哈力克哟,你日夜难以成寐,

如夜间飞旋的灯蛾总绕着灯的光明。①

诗人自觉地把诗歌创作同作为民族的先进分子的社会责任感结合起来,应和着历史前进的步伐,在天山脚下唱出了强劲有力的启蒙的战歌。他的诗是当时人民情绪与时代精神的鲜明体现,反映了20世纪二三十年代维吾尔人民在中国民主革命大潮中的觉醒。作为先行者,阿不都哈力克·维吾尔开创了一个后来由黎·穆塔里甫所发扬的、在维吾尔现代文学史上的启蒙传统。

(三)中亚文化启蒙思想的影响

维吾尔族文化启蒙运动的思想背景是在上述苏联十月革命和中国内地辛亥革命、五四运动及中国共产党、马列主义思想这一国际和国内大环境之下孕育而生的。与此同时,中亚在19世纪末20世纪初的以伊斯兰教改革为发端的新文化启蒙运动带来的喀什文化中新旧派的斗争,带来了包括喀什在内的维吾尔文化启蒙运动,也促成了维吾尔文化的转型。大批爱国知识分子积极投身于这一活动,用自己的笔,用各种形式的文学创作,宣传新科学新思想,他们自己也成为维吾尔现代文学奠基者。这一时期被学者们称为20世纪初的维吾尔启蒙运动和民主思想时期。

19世纪末20世纪初中亚新文化启蒙运动首先受到欧洲宗教改革的启发。欧洲中世纪以来的宗教时代,日益成为欧洲经济和资本主义发展的束缚,导致了欧洲大规模的宗教改革运动,为经济的发展造成了良好的思想环境,其结果是资本主义经济的飞速发展和相应的资本的扩张和领土的扩张,

---

① 阿扎提·苏力坦等著:《二十世纪维吾尔文学史》,新疆大学出版社2001年版,第27页。

将其势力发展到东方。西方对东方国家物质和文化的掠夺,使伊斯兰教中的进步人士认识到要摆脱西方经济和文化上的殖民统治,必须在经济上得到独立,而发展经济的首要前提,就是要像西方人那样首先进行宗教改革,在思想上求得进步和发展,以此促成新观念的出现。他们大胆提出伊斯兰教的现代化主张。在中亚以塔什干、撒玛尔罕、布哈拉、安集延为中心的一些城市开始出现资本主义宗教改革活动,一些宣传新思想报纸出现,宣传新的教育理念的新型学校出现,在这些学校里,在上宗教经文课的同时,也教授自然科学知识,在塔什干、撒玛尔罕、费尔干纳等城市开始出现印刷事业,对新科学思想的宣传起到了推动作用。这些改革思想和实践,对新疆信仰伊斯兰教的民族产生了很大影响。[①] 新疆的喀什、阿图什、吐鲁番、伊犁、塔城等地出现了资本主义萌芽和新型学校、新型体育活动出现。这些思想和主张对维吾尔族的进步人士在思想上带来了极大的促进,批判封建落后思想,建立新型学校成为当时文化启蒙的主要任务。尤其是在19世纪末20世纪初在以喀什为中心的社会改革与启蒙运动中,出现了一大批思想先驱,揭开了维吾尔思想文化的启蒙和新的文学篇章。

维吾尔族学者阿不都秀库尔·穆罕默德伊敏(Abdxukur Muhemmat Ehmin)在其维吾尔哲学研究中,将维吾尔文化启蒙思潮纳入到中国19世纪末20世纪初的文化启蒙运动的整体框架中加以研究时指出,当时中国文化启蒙运动有三大思潮,分别为:(1)东南沿海一带主要为欧美和日本科学民主思潮影响下的文化启蒙运动;(2)苏联思想影响下的东北地区文化启蒙运动;(3)苏联思想影响下的西北地区文化启蒙运动。他认为以阿不都哈德尔大毛拉(全名 Abukadir Binini Abduwaris Ezizi,1863—1924)[②]为代表的维吾尔文化

[①] 参见阿不都秀库尔·穆罕默德伊敏著:《维吾尔哲学史纲要》(维吾尔文),新疆人民出版社1998年版,第364—385页。

[②] 关于此人在不同的版本有不同的解释,本书取阿不都秀库尔·穆罕默德伊敏著:《维吾尔哲学史纲要》的解释。阿不都哈德尔有时使用"喀什噶里"为笔名,有时又以"艾则孜"为笔名。他在这里使用的"艾则孜"是使用很久以来至今诗人学者所广泛使用的"知识之乡喀什或值得珍贵的喀什"之意,其意依然与"喀什噶里"同。在当时的民众中由于其渊博的学识、大力倡导文化启蒙、宣传新思想而被尊称为"大毛拉",所以许多有关他的著作及口头表述中他常被称为"阿不都哈德尔大毛拉",本书在此后的论述中也采用此称谓。

启蒙运动是苏联影响下的文化启蒙运动在西北地区的主要表现。

阿不都哈德尔大毛拉 1862 年出生在喀什地区阿图什县（当时阿图什为喀什专区的一个县）。他在家乡读完小学后在喀什经学院就读，后又到布哈拉、印度等地学习。在 1920 年之前，他游历了麦迪那、埃及、伊斯坦布尔、库法、喀赞、塔什干等地，他在埃及、塔什干、喀赞等地有作品发表并引起广泛关注。游历时各地的反对帝国主义的民主革命特别是中国辛亥革命的影响和苏联十月革命的影响，使他确立了完全不同于以往的既反对帝国主义同时也反对宗教迷信宣传的思想观点。1920 年回到喀什时已 53 岁。他回到喀什后在当时喀什最大的经学院——阿不都维力（Abduweil）经学院任主持。他走遍了喀什的街道和乡村，看到人民生活的艰辛，宗教首领欺诈人民，地方封建势力在依附英帝国主义，而从国外学成归来的"大毛拉"们竞相变成反动统治者的一部分。在这严酷的现实面前，阿不都哈德尔大毛拉在经学院对教学内容和方法进行了改革。他一改在经学院只教授阿拉伯语的传统，为新型教学编写了一套以宣传科学民主、反对愚昧落后的书籍如《维吾尔语法与句法》、《朗读》、《数学》、《幼儿教育》、《给少年儿童的劝告》、《文学迷宫的钥匙》、《必要的信仰》、《给人民群众的劝告》等。这些著作的主要特点是通俗易懂，因而在当时和以后的很长一段时间内新疆的一些新式学校都以其为必要教材，这对新疆的教育改革和社会进步都起到了积极的推动作用。

阿不都哈德尔大毛拉的启蒙思想与他的人道主义和爱国主义紧密相连。作为才华出众的诗人，他的积极进步的思想体现在他的社会活动、著述和诗作中。

他在对话体著作《必要的信仰》中写道：

问：人类贫穷和受苦的原因是什么？
答：一是愚昧和野蛮，二是分裂和斗争。
问：尊严、威信以及力量由什么构成？
答：知识和团结。①

① 阿扎提·苏力坦等著：《二十世纪维吾尔文学史》，新疆大学出版社 2001 年版，第 12 页。

他不仅以著述的方式号召人民求知团结,摆脱愚昧,他还以知识分子特有的自我批判精神,分析和批判了当时知识分子中存在的恶习,指斥那些沦为封建势力代言人而伤害人民的大毛拉们。当时的喀什社会现实比较复杂,外国侵略势力在喀什十分猖獗,他们用各种办法拉拢蛊惑当地民众和社会上层人物。阿不都哈德尔大毛拉看穿了他们的本质,指出他们表面上似乎在为人们做善事、办学校、设医院,但目的是为了以后的掠夺和侵略。以阿不都哈德尔大毛拉为代表的进步知识分子为了发展新文化、实行新教育而进行了反帝反封建的民主革命。帝国主义分子与封建统治者串通一气,于1924年阴谋杀害了阿不都哈德尔大毛拉。① 他的死讯传开后,整个喀什都沉浸在悲痛之中,在南疆一首悼念他的挽歌迅速传开:

山摇地动,电闪雷鸣了吗?

河水染红,河流今日倒流了吗?

大毛拉牺牲了,愿他所葬之地成天堂,

为他痛哭的喀什人,失去了知觉。②

我们在上文提到的对艾合买提·孜亚依思想产生重要影响的喀什的著名诗人、《新生活报》主编库图鲁克·肖克为阿不都哈德尔大毛拉写下了悼亡诗,诗中誉他为自己的导师,歌颂他为民众的启蒙、社会的改良正义直言,视人民的忧患为一己之忧患,是善的源泉。

综上所述,国外帝国主义对我国新疆地区的政治和经济侵略,对新疆封建宗教势力的大力扶持,造成的新疆各族人民与帝国主义和民族封建统治者之间的双重矛盾,激起了革命思想;苏联十月革命和中国共产党在新疆的革命活动,对新疆各民族文化教育事业所带来的积极推进,使新疆的文化事业的发展与中国革命紧密相连;中亚资本主义宗教改革所提倡的科学思想

---

① 阿扎提·苏力坦等著:《二十世纪维吾尔文学史》,新疆大学出版社2001年版,第13页。

② 笔者根据阿不都秀库尔·穆罕默德伊敏著:《维吾尔哲学史纲要》(维吾尔文),新疆人民出版社1998年版,第274页的节选翻译。

和新型宗教观对新疆境内的维吾尔族进步人士的启发、并由此而开展的文化启蒙运动与维吾尔族传统宗教势力之间的矛盾,发展到20世纪三四十年代,造成了当时维吾尔社会极为复杂的社会状况,也带来了维吾尔社会从未有过的文化创新。上述尖锐的矛盾和创新,在当时的喀什呈代表性体现。艾合买提·孜亚依革命进步思想,就在这样的纷呈复杂而又充满革命色彩的时代孕育而成。

(四)20世纪三四十年代的喀什文化事业发展状况

由于维吾尔文化启蒙先驱们的努力,到了20世纪三四十年代,新疆的各民族文化有了迅速发展。以喀什为例,民族文化事业的发展主要体现在维吾尔文化促进会所从事的大量工作和新型教育的普及。

1933年,继杨增新、金树仁之后,军阀盛世才上台。为维护自己的独裁统治,伪装进步,他于1934年提出"八大宣言",即实行民族平等、保障信教自由、实施农村救济、整理财政、澄清吏治、扩充教育、推行自治、改良司法。1935年5月提出"九项任务",即贯彻厉行清廉、发展经济提高文化、避免战争维护和平、全省动员努力春耕、便利交通、保持新疆永久为中国领导、反帝反法西斯、永久维持中苏亲善政策、建设新新疆、绝对保护各王公阿訇喇嘛的地位和权利。"八大政策"和"九项任务"后来发展为新疆历史上著名的六大政策,即反帝、亲苏、民平、清廉、和平、建设。在盛世才进步政策的领导下,在苏联共产党、中国共产党人和进步知识分子的帮助下,20世纪30年代新疆教育出现了从未有过的繁荣局面。

1934年8月,在何雨竹等进步知识分子的倡导下,盛世才政府批准成立群众性的政治团体——新疆反帝联合会,并通过《新疆反帝联合会章程》。反帝联合会的宗旨之一就是实现各民族文化自由发展,用民族固有文化创设平民学校,发展一切文化工作,如办理印刷事业,出版书籍、刊物及各种杂志事项。① 反帝联合会的各项主张主要是通过在各地建立各族文化促进会来实现。自1934年开始相继成立了维吾尔、哈萨克、柯尔克孜、蒙

---

① 笔者译自阿不都秀库尔·穆罕默德伊敏著:《维吾尔哲学史纲要》(维吾尔文),新疆人民出版社1998年版,第71页。

古、塔塔尔、回、锡伯、索伦、汉、归化等族文化促进会。维吾尔文化促进会成立于 1934 年 8 月 5 日,通过《维吾尔文化促进会章程》。维吾尔文化促进会在民众中的活动,首先表现在维吾尔现代戏剧的发展。

1934 年 2 月在迪化(乌鲁木齐)曾演出过一场由汽车司机、维吾尔族青年剧作家穆明创作的独幕话剧《勇敢的青年》,反映一个维吾尔族青年奋起抗争封建礼教、争取爱情自由的故事。该剧的演出,受到了广大维吾尔族群众的欢迎,由于新疆当局正在提倡"发展各民族固有文化",所以受到了政府的鼓励和舆论的支持,影响很大,从维吾尔现代戏剧史上来看堪称维吾尔族现代戏剧事业的萌芽。1934 年新疆维吾尔族文化促进会成立后不久,穆明率领的那个临时性剧团被编入维吾尔族文化促进会,并以他们为基本力量成立了新疆维文会剧团。此后,维吾尔族现代戏剧事业得到推广。1935年,全疆各行政区和各县相继成立了维吾尔文化促进会。喀什也成立了维吾尔文化促进会和维吾尔艺术团体——喀什维文会艺术团。喀什维文会艺术团广召一批优秀文化人参与了演出活动。艺术团首先把在中亚一带流行的《帕尔哈德与西琳》、《阿依汉》、《色丽曼》等剧目译成维吾尔语,配上了十二木卡姆的音乐,成功地移植为一批维吾尔族歌剧并在艾提尕尔广场搭建起舞台公开演出,引起广大群众的极大兴趣,曾引起轰动。1937 年之后,中国人民的抗日战争全面展开,新疆成为抗日后援基地。在喀什抗日救援分会的领导下,维吾尔现代戏剧在抗日宣传中担当了向广大维吾尔族人民群众宣传抗日救国的重任。当时,喀什维文会艺术团排演了一批维吾尔语话剧和歌剧,如《卢沟桥事变》、《东京的命运》⋯⋯这些大胆的尝试,给喀什各族人民群众带来强烈的新鲜感。尤其是由维吾尔族剧作家阿不都秀库尔·亚力昆用维吾尔语创作、以内地汉族人物为角色的《上海之夜》;由黎·穆塔里甫创作,描述内地汉族农村姑娘玉兰由一个普通农村妇女成长为抗日游击战士的歌剧《战斗的姑娘》;由穆依丁·霍加根据中共人士林基路讲述的故事改编的歌剧《游击队姑娘》,以及《九一八事变》和《战斗的岁月》等剧目的上演,使喀什各族群众第一次形象地了解了日本帝国主义的凶残本性和中国人民誓死抗战到底的决心,在群众中引起了强烈的反响和共鸣。

戏剧演出离不开舞台,三四十年代,伴随着维吾尔族现代戏剧艺术的发展,喀什各地城乡兴起了修建俱乐部的热潮。喀什维吾尔文化促进会成立以后由于戏剧艺术蓬勃发展,城乡俱乐部也应运而生。1936 年,由于受了汉族文化促进会的启示,为了发展民众娱乐和宣传抗日,喀什维吾尔文化促进会在喀什最热闹的地段——艾提尕尔广场选址,于 1940 年修建了一个俱乐部,定名为喀什维文会俱乐部。这个建有旋转舞台、电影放映厅、休息室、办公室的俱乐部高达 12 米,设备齐全,不仅是南疆最大最好的俱乐部,也是南疆当时首屈一指的建筑物。喀什维文会艺术团,各县、乡、村的文艺演出队常常在这里登台献艺和举行各种文艺比赛,有力地促进了喀什戏剧艺术的发展。此后,修建俱乐部的热潮在喀什和莎车的各县风行起来,1945 年又修建了相当规模的室内俱乐部,并成立了学校文艺演出队,成功地演出了《热比亚与赛丁》、《蕴倩姆》、《塔伊尔与佐赫拉》等剧目,还上演了《卢沟桥事变》、《战斗的浪潮》等抗战戏剧。①

喀什维吾尔文化促进会不仅使维吾尔现代戏剧得以催生并迅速发展,它还成为喀什电影事业的摇篮。喀什的电影的出现可追溯到 20 世纪 20 年代。喀什最早的电影放映活动出现在沙俄驻喀什领事馆内。1930 年夏,中法联合学术考察团由法方团长普安、中方团长诸民谊率领入疆探险考古。这个考察团的雪铁龙爬行车队里,配备有两辆特制的电影专车,携带着全套电影设置和放映设备以及一批电影拷贝。考察团到喀什也曾放映了电影,喀什人由此看到了西方电影。② 1933—1934 年,喀什出现了历史上的第一家电影院。这家电影院设在喀什的一个马车店,是由喀什维吾尔人塔西·麦买提创办的,这是喀什历史上的第一个由中国人自己开办的民间电影院,为喀什人民的文化生活带来了新的面貌,成为了解外面世界的一个窗口。初期放映的电影大多为苏联影片如《恰巴耶夫》等。

如前所述,喀什维吾尔文化促进会俱乐部建成后,喀什维文会动用宗教扎卡提(宗教机构征收的宗教税),花费巨款从苏联购回一套新式的 KPT 型

① 参见马树康著:《百年喀什》,喀什维吾尔文出版社 2005 年版。
② 参见马树康著:《百年喀什》,喀什维吾尔文出版社 2005 年版。

35 毫米弧光电影放映机,配备给该俱乐部,这是喀什电影史上的第一部弧光电影放映机。当时放映的影片大多为苏联影片如《美丽的华西丽莎》、《青蛙公主》、《如斯兰与留德米拉》等神话影片,也有《十三人》、《夏伯阳》、《带枪的人》、《列宁在十月》等革命影片及大量的新短闻片和卡通片。许多电影介绍了苏联的社会主义革命和建设,对喀什的抗日宣传和文化事业产生积极影响。1938 年,为纪念"七·七"抗日周年和"九·一八",喀什回汉两城都举行大型集会,当晚两城都在广场公演了电影。这时,一批国产抗日题材的进步影片也进入喀什,标志着喀什早期电影事业的繁荣与发展。这一阶段当是新中国成立前喀什电影事业的一个黄金时代。①

全疆范围内的各民族文化促进会成立后,对民族教育事业的推进是最值得一提的收获。全疆的教育开始得到统一管理,乌鲁木齐成立了省教育厅,在各地区有教育局,各县有教育办公室。所有的学校都有两种教育系统,由政府办的学校称为"省立学校",而由维吾尔文化促进会(由民众)创办的学校称为"回立学校",前者的教育经费由政府解决,而后者的教育经费则从扎卡提(宗教赋税的一种)中提取。②

在喀什的依克萨克村③,当时属喀什管辖。该村以在新疆最早出现新式教育闻名。早在 1883 年,当地见多识广的开明人士巴吾东·穆沙巴耶夫就在此地修建了南疆最早的一所正规的、非宗教的新式学校——玉赛尼亚学校。这所新型学校标新立异,大胆冲破封建枷锁和宗教束缚,一改旧时宗教学校只由阿訇教授阿拉伯、波斯语文和伊斯兰教经文的陈旧模式,积极效仿沙俄等国和祖国内地的先进教育方法,率先开放女禁,建立班级,招聘教师,改革教学。分设了民族语文、俄语、数学、历史、地理、自然、体育等课程,开始传授现代科学文化知识。该校还聘请过汉族教师,开设过汉语课。玉赛尼亚学校的出现和依克萨克村新式教育的兴起,在当时是一创举,为新疆的现代教育事业作出了重要贡献。

---

① 详细内容可参见马树康著:《百年喀什》,喀什维吾尔文出版社 2005 年版,第 203—210 页。
② 参见马文华著:《新疆教育史稿》,新疆大学出版社 1998 年版,第 129 页。
③ 依克萨克村,即今克州阿图什县上阿图什乡依克萨克村。

喀什新型教育的又一重要地方是喀什市浩罕乡的喀孜热克村。是新疆教育和文艺等事业最早开始和发展的地方之一。喀孜热克村的文化教育状况和作为喀什重要民俗活动的中心，艾合买提·孜亚依在达斯坦《热比亚与赛丁》中也有详细描述，可见这里在喀什现代文化史上的重要意义。

喀孜热克村的教育是从宗教教育开始的。喀孜热克村的三仙洞是个佛教遗址，是佛教史上最早的庙宇之一。根据佛教历史的记述，三仙洞不仅是佛教徒们焚香拜佛的地方，同时也是传播佛教的场所。喀孜热克村很早以前就出现过佛教教育。从喀喇汗王朝时期起，一直延续到1935年，这里一直都是伊斯兰教育的中心，不仅培养宗教人士，也培养知识人才。其中，热巴提清真寺就是苏图克布格拉汗时期修建的，是新疆修建的最早的清真寺之一。

喀孜热克村的新式启蒙教育开始于19世纪末。而喀孜热克村的一位著名人物阿不拉·依玛木接受了巴吾东·穆沙巴耶夫创办的新式学校的教育，回到了喀孜热克村。为了给各级地方长官培养秘书等人员，在喀孜热克村的铁列可阿里迪大清真寺扩建了一处宗教活动场地，其中包括一座秘书大院。秘书大院其实是一所学校，该校的学生与其他学校的学生相比，能力比较高。从那里毕业的秘书们分散到喀什各地，讲授维吾尔语言文学，发挥了一定的作用。①

喀什维吾尔文化促进会在喀什文化艺术发展及提高民众的文化教育水平起到了十分重要的作用，无疑也为艾合买提·孜亚依的文学创作提供了新的内容和素材。

艾合买提·孜亚依在自己的口述中讲到自己在1948年从南京回来后，在任报社负责人的同时，还担任喀什维吾尔文化促进会的领导职务。他对喀什文化发展变化了如指掌。而在此之前，他在1938年创作的两部话剧《叛徒汪精卫》、《黑暗的岁月，闪光的人生》和在1943年创作的《热比亚与赛丁》，都先后在当时的舞台上演，是那个时代的产物。歌剧《热比亚与赛丁》的主人公表现出的强烈的反抗精神和对自己权利的追求，无疑是有鲜

---

① 喀什地区政协工委：《喀什文史资料选辑》第四辑（维吾尔文），第89页。

明的时代痕迹的。以至于后来的叙事长诗《热比亚与赛丁》，更进一步将目光更多关注于热比亚的反抗传统礼俗对女性的束缚，讴歌纯真的爱情。20世纪三四十年代维吾尔文化促进会在喀什民众中造成的文化浪潮，从政府到民众对文化艺术的热情，使艾合买提·孜亚依以其创作的天赋和激情，投身于全疆人民的革命文化浪潮中。

　　艾合买提·孜亚依的思想主要体现在他创作于1943年的歌剧《热比亚与赛丁》和20世纪40年代后期创作的如《为了祖国和人民》(1947)、《与民众同忧患》(1947)、《美丽的家乡》(1947)、《与人民同欢笑》(1947)，表达了诗人将自己的命运与祖国和人民的荣辱紧密相连，并为此不惜付出一切的决心。他的《为了祖国和人民》一诗是至今仍被吟诵的佳作：

> 为祖国和人民遭受苦难，
> 可与至高无上的皇帝宝座相比。
> 在为人民之路上所悲痛的一分钟，
> 抵得上千百年的享受。
> ……
> 与其狐狸般狡黠苟活，
> 莫如雄狮般慷慨而死。
> 孜亚依要为人民谋幸福，
> 与他们同欢笑、同哭泣。①

　　作者视祖国和人民的利益高于一切，为争取祖国的解放和人民的自由幸福，宁愿牺牲自己的幸福；同时也表现了他为人民宁愿慷慨而死，不愿苟且偷生的高尚气节。

　　继承维吾尔族文化启蒙先驱的精神，艾合买提·孜亚依同样强调知识的重要性和在开启人民的思想，使他们摆脱贫困和被奴役的地位。依然是

---

　　①　阿不力米提·司马义、马合木提江·斯拉穆著：《当代维吾尔文学家》(维吾尔文)，新疆人民出版社1993年版，第15页。另：艾合买提·孜亚依的这首诗笔者根据该书内容翻译。

写于 1947 年的《教育》一诗,指出要以知识来武装人民的思想:

> 教育是幸福天空中的太阳和星星,
> 教育是黑暗世界里的白昼和光明。
> ……
> 孩子们是生命的最美好的果实,
> 持之以恒的教育是他们的导引。
> 孜亚依要明白祖国正遭受不幸,
> 教育才能使祖国富强人民欢欣。①

20 世纪三四十年代的喀什文化教育事业作为喀什当时时代背景的一个重要内容,对艾合买提·孜亚依思想的塑造有着直接的影响,不仅孕育了他的创作,而且规定了他创作的人民性方向和独特的风格。

第三节 中国现代文学中的维吾尔文学

维吾尔现代文学是指从辛亥革命、五四运动以来至中华人民共和国成立这一历史时期的维吾尔文学,是中国现代文学发展史的一个有机组成部分。

维吾尔现代文学在形成与发展过程中,经历了三个阶段:从 1911 年的辛亥革命至 1933 年 4 月,由当时新疆统治集团金树仁手下青年官吏发动的"4·12"军事政变为第一阶段,这是维吾尔现代文学的开端;从 1933 年的"4·12"政变至 1944 年 9 月三区革命爆发为第二阶段,这是维吾尔现代文学的繁荣期;从 1944 年爆发的三区革命至 1949 年中华人民共和国成立为第三阶段,这是维吾尔现代文学的进一步发展并走向成熟的时期。

---

① 艾合买提·孜亚依:《阿合买德·孜亚依作品选》(维吾尔文),新疆人民出版社 1987 年版,第 21 页。另:笔者根据此书的原文节译。

　　辛亥革命前后的新疆各族人民和当时全国各地人民一样,与清政府的腐败统治的矛盾日益激烈,斗争不断出现。随着1911年辛亥革命的胜利,新疆先后爆发了1911年12月的迪化起义、1912年的伊犁起义和哈密起义、1912年6月的和田策勒起义。这些起义和斗争大大加速了资产阶级民主革命的蓬勃发展和封建势力的崩溃瓦解。人民起义不仅把革命斗争推向高潮,同时也促进了维吾尔文学的发展。这时期的维吾尔文学在批判地继承和发扬古典文学传统的基础上,勇于揭露和批判社会生活中的丑恶现象,反对压迫,反对封建迷信和愚昧落后,宣传启蒙教育,追求自由、平等、解放、进步和发展。在革命和斗争的浪潮中,维吾尔文学逐步进入了现代发展时期。从辛亥革命到五四运动前后的十年间,可以视为是整个维吾尔现代文学的起点。

　　任何一个民族的文学要不断发展,就必须既要继承和发扬本民族的优秀文学遗产,又要吸收和借鉴其他民族文学中有益于自己的东西,才能促进本民族文学的提高。维吾尔现代文学的发展也经历了这样一个过程。当时在维吾尔知识界,以阿不都哈德尔大毛拉等为代表的先进知识分子代表了20世纪初维吾尔思想水平,他们都先后从国外留学归来,成为20年代在新疆兴起的新启蒙教育的代表人物。他们为了使人民摆脱贫困愚昧,大力宣传救国救民的思想,进行教育改革,并在自己的文学作品中广泛提倡学习新文化,学习外国的先进科学技术。诗人阿不都哈力克·维吾尔用文学的形式宣传五四新文化运动和俄国十月革命以唤醒人民。尽管这些进步的文化活动受到当时新疆统治者杨增新的禁止和镇压,但新疆各族人民的日益高涨的对革命、民主、自由、平等的热情却已势如破竹。

　　1928年7月7日,要求改良旧政的一些青年发动政变,刺杀了杨增新。当时任政务厅长的金树仁乘机夺取了新疆的最高统治权。随后,起义扩大到南疆各地。1933年4月12日金政府中的青年官吏发动政变,推翻了金树仁政权。之后不久,盛世才成为新疆的统治者。盛世才为了巩固其统治,采取了亲苏拥共的政治政策,这对当时新疆局势的稳定和经济、文化事业的发展起了积极作用,对维吾尔现代文学的发展在客观上也提供了有利条件。处于20世纪30年代的维吾尔新文化运动、启蒙运动、消除文盲运动除了受到当时反动政治的禁止外,还受到旧传统旧思想等顽固势力的阻挠。所以,既要与反动统治者作斗争,又要与旧势力作斗争,是当时维吾尔进步文化人士的艰巨任务。黎·穆塔里甫在此时创作的《萨姆萨克阿哥要发脾气》、祖农·卡迪尔创作的《愚昧之苦》、阿不都拉·若孜创作的《继母》等戏剧作品就是针对旧思想、旧势力的。这时期的维吾尔文学作品通过艺术形象,充分反映出了人们的精神世界。

1937年的卢沟桥事变,标志着中国现代历史进入了抗日战争时期。当时全中国人民的主要任务就是将日本帝国主义赶出中国,反对日本侵略者、高扬爱国激情的歌声响彻天山南北。黎·穆塔里甫、尼米希依提、哈斯木江·康巴尔、赛福鼎·艾则孜、阿不都热依穆·乌提库尔、买卖提力·托合塔吉等一代年轻作家和诗人从时代的要求出发,在创作中体现了对法西斯行径、日本侵略者的强烈声讨,作品中渗透着高昂的爱国情感。正是在全国和新疆的各族人民的抗日爱国热潮中,维吾尔现代文学从开端期进入繁荣期。

1937—1942年,盛世才的政治态度不断发生变化,最后彻底站在反共、反苏、反人民的立场上。1942年盛世才亲赴重庆向蒋介石"述职",完全投靠了国民党。1944年8月国民党政府把盛世才调离新疆,并开始直接统治新疆。

由于不堪忍受国民党的黑暗统治,1944年9月开始,伊犁、塔城、阿勒泰的农牧民发动了三区革命。1945年1月,三区革命取得了重大胜利,三区各地起义群众代表在伊宁市召开代表会议,正式组成了伊、塔、阿三区革命政府。

三区革命政府十分重视文化教育、文学艺术和新闻出版事业的发展,因而三区的文化事业兴旺发达。当时三区的新闻报道把中国共产党的新闻机构"新华通讯社"作为直接的新闻来源,随时介绍中国人民解放军的战况。同时,苏联的中亚各地加盟共和国的报刊书籍也纷纷被介绍过来,其中包括大量的文艺作品,这对维吾尔现代文学的发展产生了很大影响。例如祖农·卡迪尔、黑里里·沙塔尔、依不拉音·诺肉孜、艾尼瓦尔·纳斯尔、努尔买卖提·布萨阔甫、阿不力孜·纳孜尔、铁依甫江·艾力耶甫等有影响的作家和诗人就是在这一社会文化环境中走上文坛的。处于三区的维吾尔文学具有体裁、题材多样化的特点，作品内容新颖丰富，艺术上也越来越完善。这一时期，三区的文学翻译和民俗研究也很显著。由于上述积极因素的推进，此时的维吾尔现代文学得到了进一步发展并更加成熟。三区革命的胜利极大地影响到仍处于国民党统治下的吐鲁番、鄯善、托克逊、哈密、乌鲁木齐、阿克苏、喀什、莎车、和田、塔什库尔干等地。这些地区的具有进步思想的作家向往延安、向往三区。他们身处白色恐怖之中，冒着生命危险，写下了很多揭露国民党罪行和歌颂民主运动的作品。

维吾尔现代文学，正是在中国现代文学的历史长河中，不仅体现出鲜明的民族特色和地域文化特征，同时又不断接受中国汉民族文学的影响，受中华文化大环境的影响，不论是在辛亥革命时期，还是在抗日战争、解放战争时期，维吾尔现代文学都体现了中华民族的时代主旋律，与中国现代文学同步发展，成为中国现代文学的一个有机组成部分。

艾合买提·孜亚依的《永不凋谢的花朵》、《论良知》、《拉达赫之路上的商队》正是在此时发表的。

第三章 艾合买提·孜亚依的
文学创作与文学研究

在艾合买提·孜亚依的生平考察中,对他的创作已做了粗略的描述。可以说,他是维吾尔现代史上创作时间最长的诗人之一,他近60年的创作生涯,包括了维吾尔现代文学、当代文学和新时期文学三个阶段。他在现代文学阶段,尤其是20世纪40年代末,是诗歌创作的领军人物,在当代文学阶段,则是当代诗人们的可敬的指导者,在新时期,作为跨越了现当代时期、以沧桑的经历和饱满的诗情笔耕不辍,为维吾尔当代诗坛留下杰出诗作的贡献者,因此他也成为最受人民群众尊重的人民诗人之一。对他创作的整体研究还没有全面展开。

第一节 艾合买提·孜亚依的文学创作

艾合买提·孜亚依的文学创作始于1928年用波斯语创作的长诗《花儿与百灵》,并在此时第一次使用"孜亚依"这个笔名。综观他20世纪的创作,很明显地呈两个高峰期,一个是40年代,另一个是80年代。

20世纪40年代在艾合买提·孜亚依的一生中是一个非常重要的时期。命运使他饱尝生活的各种滋味,积累了丰富的经验。在这一段时间里,虽然生活多有变动,但学习和创作占了其中很大一部分内容。这一时期的创作,不仅在他个人的生涯中,在维吾尔现代文学史上也同样具有重要意义。

这一时期他的创作的引人注目的一个明显特征是他对多种文体的积极

尝试,如戏剧、诗体小说、游记及文学评论。但总的来说他在40年代的创作是以诗歌创作为主并以抒情诗见长,因而也获得了抒情诗人的美誉。如他在1947年创作的《为了祖国和人民》、《与民众同忧患》、《美丽的家乡》、《与人民同欢笑》等。这些诗作成为当时抒情诗创作的代表性作品。此外,他还创作了话剧和歌剧,如《黑暗的岁月,闪光的人生》、《叛徒汪精卫》、《热比亚与赛丁》等。特别是歌剧《热比亚与赛丁》自问世以后多次在舞台上演,鼓舞了人们反抗压迫者的斗志。有研究者还特别指出艾合买提·孜亚依在40年代创作了《生活的颤音》、《志愿者的奖章》等叙事诗,诗体小说《热比亚与赛丁》,但是由于种种原因这些作品没有传下来。① 他在此时撰写的学术论文有《维吾尔民间口头文学的特点和艺术珍宝》等文章,发表了小说《方糖的悲剧》,后来又发表了政论集《论良知》②以及游记散文《拉达赫之路上的商队》。1947年在《喀什新疆日报》印刷厂出版了他的三部作品:诗集《永不凋谢的花朵》、游记《拉达赫之路上的商队》和政论集《论良知》,震惊当时文坛。作为代表性作品,本书将通过《永不凋谢的花朵》,集中讨论艾合买提·孜亚依的诗歌创作成就。

诗集《永不凋谢的花朵》在1947年出版40年之后,1987年由新疆人民出版社再版。1987年再版后的《永不凋谢的花朵》的内容包括诗歌(抒情诗)55首、歌剧《热比亚与赛丁》、学术论文5篇。该书中编者的一段话恰当地概括了艾合买提·孜亚依在维吾尔学术界的地位:

　　作为维吾尔古典文学的结束、现代文学开始时期的代表性作家之

---

① 参见克力木江、阿不都沙拉穆合著:《艾合买提·孜亚依》(维吾尔文),新疆人民出版社2001年版,第12页。

② 关于这部政论集,维吾尔文直译为《良心与论争》,但笔者在2005年8月24日采访艾合买提·孜亚依的儿子阿尔斯兰时,他拿出这部政论集的珍藏本,书上有一汉文译名《论良知》,据他说这是他父亲在世时准备找人将其译为汉文,但没有如愿,只留下书的译名。艾合买提·孜亚依在口述中说道他在《新疆日报》工作期间在他主持的《辅助青年作家》栏目中,就创作以及作者的思想、品德修养等方面与青年作者的讨论构成了他日后这部政论集的主要内容。因此笔者认为《论良知》较符合作者的意图,同时作者自己也以《论良知》为汉译书名,故在本书所涉及该著作时笔者都取作者自己的译法。

一的艾合买提·孜亚依,其诗作兼具古典和现代双重色彩,在 20 世纪维吾尔诗坛十分独特。他以其优秀的创作被广大读者所熟知,他用自己半个多世纪的文学创作,在人民的心中享有崇高地位。收入诗集中的 55 首诗歌,均为抒情诗,主要诗创作于 40 年代,尤其以 1947 年的诗歌居多。他在 30 年代和 40 年代初创作的诗歌大多都已丢失。作者的抒情诗通过各种艺术手法,抒发了他对社会、对人生的思考。①

从艺术的角度来看,艾合买提·孜亚依诗集《永不凋谢的花朵》中的诗歌有这样两个显著特点:一个是在诗歌形式上,对维吾尔古典诗体的继承和发扬。在艾合买提·孜亚依 40 年代创作的诗歌中,他对各种古典诗歌文体都有尝试,如颂歌(Keside)、格则勒(Gazal)、叙事长诗(Dasitan)、柔巴依(Rubay)等。除此之外,还有一些民歌创作。艾合买提·孜亚依虽是一位现当代诗人,但从他的成长背景我们可看出,由于他的古典文学学养,他将自己所生活于其中的现代生活赋予古典韵味,从诗歌体裁的选用到韵律的使用,他都一律以古典诗为主,这就使当代读者读起他的诗来自有一种古典诗歌的享受。《永不凋谢的花朵》中创作于 40 年代的诗歌,主要为格则勒。这些诗歌的特点是塑造古典的象征性形象来抒发现代人情怀,甚至他的一些充满启蒙色彩和战斗精神的诗歌,依然以花儿、百灵、恋人为象征,将人民比做鲜花盛开的百花园,而个人,则是依恋花儿的百灵:

> 所以飞落在这花坛的所有百灵,
> 在这里长久吟咏忧郁的达斯坦。
>
> 明白了这一要点的孜亚依,
> 甘愿让自己的心从此伤痕布满。②

---

① 参见艾合买提·孜亚依:《阿合买德·孜亚依作品选》(维吾尔文),新疆人民出版社 1987 年版。

② 艾合买提·孜亚依:《阿合买德·孜亚依作品选》(维吾尔文),新疆人民出版社 1987 年版,第 13 页。

　　这首名为《寻觅佳人》的诗创作于 1943 年。如前所述,此时盛世才背叛他自己之前提出的联俄联共原则,大肆杀害共产党人和各族进步青年。艾合买提·孜亚依因自己在《喀什新疆日报》的抗日宣传和对反法西斯高潮的报道引起反动当局的痛恨,被调到乌鲁木齐。他在《新疆日报》与维吾尔族革命诗人黎·穆塔里甫并肩工作,受到革命思想的影响,更坚定自己为人民而歌的信念,祖国和人民成为萦绕在他心中的永恒主题。而祖国和人民的不幸遭遇,也是所有人的不幸之源,百花园中让百灵心仪的恋人愁容满面,百灵唱出的也只有悲痛缠绵的达斯坦。不仅如此,为人民而甘愿使自己的心伤痕累累,是孜亚依从前代诗人们的诗歌中得到的重要启示。

　　维吾尔古典诗歌出现"恋人"的象征性形象。这个恋人可意指作者心中的渴求,如知识、知己、美好时代、广大人民。"恋人"在维吾尔语诗歌中使用的词汇也很丰富,如:dilber,dildar,yar,dilyar 等,这些词都有"恋人"之意,大都意指女性。这些词在现代则已成为维吾尔女子常用的名字。如 dilber 一词,是由两个词合成,即名词"心"(dil)和动词"给"组合而成,"把心交给某人"就是非常贴切的关于恋人的自然解释。所以,在这里我们也可以看到,在维吾尔语中,这样一类词汇本身就能自我诠释,不需要外在的其他解释,其中已包含典故和多重含义。如艾合买提·孜亚依《寻觅佳人》一诗中作者多次用到"dilber"一词,读者不会认为这是一首关于一个叫"迪丽拜尔"的女子的爱情诗,而是表达对祖国和人民的依恋或思考祖国和民族命运的诗。同样还有关于恋人的其他一些词,也有同样的特点。如 dildar 这个词,也是指的恋人,也是由一个名词心(dil)与另一个名词后缀 dar("拥有者"之意),这些词常出现在维吾尔族诗歌尤其是古典诗歌中,直译为"心之所有者",代指诗作者所追求之物。由于在维吾尔语中,恋人的性别身份很清楚,如用 axik 或 mebub 指男性恋人,而 mexik 或 mebube 则指女性恋人,这种诗歌用语所表现的性别文化特征,是维吾尔族古典诗歌的典型表现。

　　维吾尔族古典诗歌中常用的诗歌形象和意象,如花儿与百灵、灯火与飞蛾以及各种女性恋人形象以及秋叶等意象,是维吾尔族诗歌传统的一个重要特征。这些在艾合买提·孜亚依的诗中都有所体现。如维吾尔古典诗歌中常用的意象如落叶(或黄叶、秋叶),常被古典诗人用来表达哀伤失意的情怀。这个意象在艾合买提·孜亚依的抒情诗中多次出现。它有时象征黑暗的时代,有时代表某种失落的心境等。如《恋人》(1947)一诗中就有:

> 心仪于你,恋人就要来到,
> 落叶的季节已过,春天就要来到。①
> ……

艾合买提·孜亚依在诗歌创作中,根据维吾尔古典诗词格律的需要,会使用一些波斯、阿拉伯语借词及其典故。这些典故包括维吾尔、波斯、阿拉伯文学与历史中的人物、故事、特殊意象等,这使他的诗歌呈现出斑斓的色彩,充分显示了他的多种语言的功力和娴熟的古典诗歌技巧而在现当代维吾尔诗坛独树一帜,以抒情诗人著称。

《永不凋谢的花朵》中诗歌的另一个显著特点是强烈的抒情性特征。他将许多严肃的社会问题,他对人生的思考都用十分曲折的艺术形式加以表现,读来耐人寻味。他的大量的诗歌都是抒情诗,这些诗歌选择了不同诗体、从不同角度表达作者丰富的内心世界和对社会人生的敏锐把握。从内容上看,主要有这样几个内容:对祖国和人民的挚爱之情、对知识和美好人生的追求、对不良现象的批判和劝喻。这些内容,由于采用古典诗体格律,通过一些古典诗歌常用的意象、典故以及抒情性的词语,他的诗歌的思想便深藏于艺术色彩中,需要辨别、深究,一遍遍细读、玩味之后,才能了解作者所指,感受到他的诗歌的别样的艺术魅力,这是许多读者推崇艾合买提·孜亚依诗歌的原因。当他在思考诗歌创作问题时常采用抒情诗的形式,抒发他对民族文学传统的思考,对民间文学的重视。如他的《像民歌那样……》(1947)一诗,作者虽完全采用维吾尔民歌的轻快直接的形式,但却是对当时的诗人创作倾向的思考:

> 能否让雄鹰飞落在你门前的白杨枝上,

---

① 艾合买提·孜亚依:《阿合买德·孜亚依作品选》(维吾尔文),新疆人民出版社1987年版,第24页。

晚上想要我去,但能否赢得我的芳心。①

诗人你要仔细思考这是民间的诗歌,
你能否用这样的诗句抒发爱的真情。

这就是他们的诗,有意味而简练,
其中所蕴涵的艺术性你能否解释得清?
……
每读到民歌时我就会陷入此类思考,
孜亚依,你能否写出这样美妙的诗句?②

在这首诗中,作者用 Beyit(双行诗)来指称诗歌,而没有采用诗人常使用的 Xeir(诗歌)。Beyit 产生于维吾尔民间文学传统,内容生动丰富,形式灵活。孜亚依虽是位以创作古典见长的诗人,但他对民歌却十分重视,认为民歌中蕴涵着哲理性和民族文学特性是值得诗人认真思考的问题。

诸如此类对社会现象、人生问题思考的诗作,通过诗人抒情性表达,深刻而感人。如另一首《希望之花》(1947):

不经磨难希望之花就不会开放,
没有勤奋无法赢得世人的敬仰。

如果发不出清香就做缕缕和风,
不经吹拂花儿怎能散发芳香。③
……

---

① 艾合买提·孜亚依直接引维吾尔民歌入诗。
② 艾合买提·孜亚依:《阿合买德·孜亚依作品选》(维吾尔文),新疆人民出版社 1987 年版,第 39 页。
③ 艾合买提·孜亚依:《阿合买德·孜亚依作品选》(维吾尔文),新疆人民出版社 1987 年版,第 29 页。

　　正如维吾尔学者所指出的,维吾尔古典文学是以浪漫抒情为主要基调,诗歌带有强烈的抒情色彩。艾合买提·孜亚依继承了维吾尔古典诗歌的抒情性传统,并使之带上了鲜明的时代特征,所以他不仅是一位抒情诗人,还是一位时代的歌者。因而维吾尔学术界对他作出了这样的评价:"在艾合买提·孜亚依的文学作品中,既有对维吾尔古典文学优秀传统的继承,在意象创造上常用的表现方法、修辞手法、形式韵律等,也有根据现代题材的要求进行的开拓与创新。这就使得艾合买提·孜亚依在连接古典和现代、促进维吾尔现代文学发展方面起到了桥梁作用与推动作用。"①

第二节　艾合买提·孜亚依的古典文学研究

　　20 世纪较为系统的维吾尔古典文学研究始于 70 年代末 80 年代初。但早在 40 年代,艾合买提·孜亚依就开始了他的维吾尔古典文学研究。

　　在 20 世纪维吾尔族学者中,艾合买提·孜亚依被誉为"连接两个时代文学的纽带"(阿吉·艾合买提,2004),还有学者这样总结:"艾合买提·孜亚依不仅是维吾尔现当代文学中有重要地位的诗人,同时也是著名的文学家和语言学家"(克力木江·阿不都热依木,2001)。学者们一致认为,艾合买提·孜亚依在维吾尔文学中的地位,是他的古典文学研究和由此在现代文学中所起的桥梁作用。艾合买提·孜亚依在进行文学创作的同时,还进行了大量卓有成效的古典文学研究,尤其在《福乐智慧》研究中他有自己独特的研究视角,为我们留下了可资借鉴的研究经验。对艾合买提·孜亚依的古典文学的研究,应该成为艾合买提·孜亚依研究中的一个重要内容。

　　1957 年,艾合买提·孜亚依调至乌鲁木齐,在自治区文联工作,此时,他主要从事维吾尔古典文学的研究工作。他的一个重要工作就是整理刊布了一些自创作以来就没有公之于世的维吾尔古典文学作品,其中最值得一

---

① 　阿扎提·苏力坦等著:《二十世纪维吾尔文学史》,新疆大学出版社 2001 年版,第 92 页。

提的是阿不都热依木·尼扎里（Abduihim Nazayi,1770—1848）的达斯坦《热比亚与赛丁》（Rabiya-Sa'din）和毛拉·夏科尔（Molla Xakir binni Molla Tahir,1802—1870）的《凯旋书》（Zeper Name）。

尼扎里的作品从 20 世纪 50 年代以后开始在我国搜集和发表。第一次发表的作品是《热比亚与赛丁》，由艾合买提·孜亚依发表在《新疆文学》1957 年第 6 期。[①] 但早在 40 年代，艾合买提·孜亚依在自己创作的歌剧《热比亚与赛丁》中就已指出："热比亚与赛丁的爱情故事是由一个中国的维吾尔族诗人写成并流传给我们。距今 110—120 年以前，当时喀什的行政长官祖乎尔丁·阿奇木伯克有一位才华横溢的秘书，名叫阿不都热依穆·尼扎里。他模仿艾黎希·纳瓦依的海米赛也写了一部海米赛。他在自己的著作中删去了爱情长诗《帕尔哈德与西琳》（Parhad Xirin），而加上了《热比亚与赛丁》（这是一个手抄本，我见到的在南疆暴动中丢失）。这部长诗写得美好而抒情，其中最有价值的是，作者将自己家乡所发生的这个故事，没有进行任何加工虚构，如实地写了下来……"[②]时年，他还发表了论文《我们如何认识和学习维吾尔古典文学及其发展》（1957）。这篇论文的发表，对引导当代读者认识和了解维吾尔古典文学的发展过程、代表作家和作品等方面起到了很好指导作用，为研究者对这一时期文学研究工作的进行打下了较好的基础。

80 年代，无论是文学研究还是文学创作，艾合买提·孜亚依都进入了一个新的时期。这一时期，他对维吾尔古典文学中享誉世界的伟大诗作《福乐智慧》（Kudatghu Bilik,1069—1070）进行重点研究。

《福乐智慧》是创作于 11 世纪的一部诗作。距今有近千年的这部传世名作，当时只是被国外的研究者所关注，如俄罗斯、土耳其、德国、瑞典等，但当代维吾尔族的广大民众，却没能读到它。这样，20 世纪 80 年代维吾尔学界的一个重大突破，就是将这部作品由古维吾尔语翻译为现代维吾尔语，但

---

① 参见欧阳可惺等主编：《洪湖论学》，新疆大学出版社 2004 年版，第 74 页。
② 艾合买提·孜亚依：《阿合买德·孜亚依作品选》（维吾尔文），新疆人民出版社 1987 年版，第 74—75 页。

又要保留原诗的古体风格。这需要译者有非常扎实的古维吾尔语、波斯语和阿拉伯语的基础,同时要有相应的历史文化知识、古典文学尤其是古典诗歌造诣。艾合买提·孜亚依以其语言和文学功力,成为主要译者之一。在翻译过程中,他参阅了大量国外研究者的研究专著,他认为有必要将这些国外研究资料加以整理和介绍,以推进中国的《福乐智慧》研究。因此,他将这些国外研究论著翻译为维吾尔语,成为当代维吾尔研究者的重要参考资料。这部译作的完成,在维吾尔当代学术史上的作用是不言而喻的。不仅维吾尔族的广大读者、研究者可直接读到这部伟大的作品,而且也为汉译本的出现提供了便利。自80年代汉译本的出版,为中国的各民族读者和研究者打开了一扇了解和研究维吾尔古典文学的窗口。中国各兄弟民族的研究者从各自不同的角度对《福乐智慧》进行了不同的阐释,为维吾尔族学者的研究提供了大量可资借鉴的研究方法和经验。

与此同时,艾合买提·孜亚依连续发表了几篇有关《福乐智慧》的重要学术论文,不仅显示了他在维吾尔文学研究中独特的研究视角和文本分析原则,而且还提出了自己的维吾尔文学史观以及对中世纪以来的维吾尔知识分子的认识。

文本细读,作为文学研究的重要术语,是欧美新批评的主要内容之一。是指用语义学的方法对作品的语言、结构和细节进行细腻而深入的感知、诠释和分析,这是研究作品的前提和条件。因此,文本细读的研究方法有这样几个特点值得总结:

第一,以文本为中心。文本细读强调文本本身就是一个自主独立的存在,认为文学批评就是对作品本身的描述和评价。至于作者的真实意图,我们只能以作品为依据。只有在作品中实现的意图才是作者的真正意图。至于作者事前对作品的设想和事后对作品的回忆,都不足为据。文本细读强调文本语言和思想的关系,认为文本语言的功能和意义可以体现为意思、感情、语气和意向四个方面,如果能够准确把握语言的这些因素,我们就能够解读作品的意义。

第二,重视语境对语义分析的影响。文本细读认为语境对于理解文本词汇的深层意义是十分重要的。瑞恰兹反复强调,文本中,是某个词、句或段与上下文之间的联系,正是这种联系确定了特定词、句或段的具体意义,甚至一本书也存在着语境问题。

第三,强调文本的内部组织结构。文本细读还将文本解读重点聚焦到文本内部的组织结构上。韦勒克认为,对文学背景、环境和外因的研究绝不可能解决对作品这一对象的描述、分析和评价等问题。他强调作品就是一个隐含着并需要意义和价值的符号结构,主张解读就应该以具有这样的符号结构的作品为主要对象。

新批评的文本细读是在充分尊重社会历史以及语言等各种相关因素的前提下,对文本的特别关注。它要考虑的是文学的各种外围因素对文本本身的真正价值和意义,而不是一味简单或想当然地将社会学、人类学等内容全部纳入到文学里去,甚至舍本逐末地取代文学本体。它提醒我们应当注意绵延下来的、并且形成了独立传统的文学本身。

在文学研究和文学批评中,文本细读指的就是以“原典实证”进行的文学研究和文学批评。“这是一个认真辛苦的读书和思辨的过程,是一个丰富自己的学术基础、校正自己的知识错乱、提升自己在文本使用和处理上的基本能力、从而形成学术观念的过程。”①

艾合买提·孜亚依是 20 世纪维吾尔文学史上的重要诗人之一。自 20 世纪 20 年代,其创作贯穿于维吾尔文学的现代、当代和新时期,见证了 20 世纪维吾尔文学发展的过程。他以丰硕的诗歌创作成就在维吾尔诗坛享有盛誉,以其丰厚的语言功底和古典文学造诣在维吾尔古典文学研究领域占有重要地位,被誉为“连接两个时代文学的纽带”②。在他的创作中,“既有维吾尔古典文学优秀传统的继承,如意象创造上常用的表现方法、修辞手法、形式韵律等,也有根据现代题材的要求所进行的开拓与创新。这就使得艾合买提·孜亚依在连接古代和现代、促进维吾尔现代文学的发展上起到了桥梁和推进作用。”③“艾合买提·孜亚依不仅是维吾尔现当代文学中有

---

① 严绍璗:《民族文学研究中的比较文学空间》,《中国比较文学》2005 年第 3 期。

② 参见阿吉·艾合买提著:《艾合买提·孜亚依——连接两个时代文学的纽带》(维吾尔文),新疆人民出版社 2000 年版。

③ 阿扎提·苏里坦等著:《20 世纪维吾尔文学史》,新疆大学出版社 2001 年版,第 90 页。

重要地位的诗人,同时也是著名的文学家和语言学家"①。尤其在《福乐智慧》研究中他以独特的研究视野和研究方法,为我们留下了可资借鉴的有益经验。

艾合买提·孜亚依的维吾尔古典文学研究成果体现在他对《福乐智慧》及其作者玉素甫·哈斯·哈吉甫的研究中。其中有三篇重要的论文,体现了他不同阶段对维吾尔文学的学术思考。② 在这些论文中,他不仅对《福乐智慧》文本及作者进行了深入分析,显示了他的独特的文本分析方法,并在这个基础上形成了自己独特的维吾尔文学史观以及对中世纪以来的维吾尔知识分子的认识。艾合买提·孜亚依在文学研究中所使用的文本细读方法来自维吾尔文学传统本身,值得我们继承和发扬。

一、独特的文学研究方法

艾合买提·孜亚依对维吾尔经典文本的研究主要体现在两个方面:一个是对作品本身的精细研读;另一个是通过作品研究生发出一些对维吾尔文学与文化的根本问题的思考。因此,艾合买提·孜亚依古典文学研究的意义不仅在于他的文本细读原则,更在于他运用了我们今天称之为文学发生学的方法,从对《福乐智慧》这部著作的研究入手,解决维吾尔文学的问题。从这个意义上来说,研究艾合买提·孜亚依的文本细读的研究方法,可以帮助我们拓宽维吾尔文学研究领域。

艾合买提·孜亚依在文学研究中所遵循的文本细读原则,表现在他对《福乐智慧》研究的系列论文中。本书主要以论文《关于历史遗产〈福乐智慧〉》(1983,维吾尔文)为主要研究对象。

此篇包括"序"在内一共有 14 部分,80 多页,主要分为三个部分:第一部分为作者研究。孜亚依从作者玉素甫·哈斯·哈吉甫的称谓研究入手,

① 克力木江·阿不都热依木等著:《艾合买提·孜亚依》序,(维吾尔文),新疆人民出版社2001 年版。

② 艾合买提·孜亚依有关《福乐智慧》的研究论文有:(1)《我们如何认识和学习维吾尔古典文学及其发展》(1956);(2)《维吾尔古典文学的古老传统及其受外来语影响的过程》(1983);(3)《关于历史遗产〈福乐智慧〉》(1983);(4)《〈福乐智慧〉的语言及其族属述问题》(1988)。这些论文均被收在《艾合买提·孜亚依文集》中。

分别论述了作者为什么会有如此称谓、作者的出生地、年龄直到作者的去世,其中融入了作者对喀喇汗王朝的历史、文化、思想、艺术等方面的研究心得。第二部分为作品研究。艾合买提·孜亚依从《福乐智慧》的名称、语言、格律、内容分析入手,全面研究了作品被发现的时间、每次失而复得的过程、《福乐智慧》现有的版本及其被发现的过程,研究《福乐智慧》的国家和学者。第三部分是对《福乐智慧》及其作者研究的一个总结,在这一部分艾合买提·孜亚依探讨了玉素甫·哈斯·哈吉甫为什么要写这样一部作品,《福乐智慧》究竟是怎样一本书。艾合买提·孜亚依在最后对该作品的诗学研究,是《福乐智慧》研究的一个总结,《福乐智慧》中的诗学研究代表了维吾尔现代学者对维吾尔文学中有关诗学问题的思考。

从艾合买提·孜亚依本人的口述中,①我们可以了解,自 40 年代第一次见到《福乐智慧》起至 80 年代承担对《福乐智慧》古体今译工作的近 40 年的时间里,他对《福乐智慧》进行了非常深入细致的研读,形成了他对《福乐智慧》的独特见解。作者凭借自己渊博的知识和多种语言能力,从作品的字里行间发现这部作品的含量和信息,除了对作者的生平诸问题提出了十分科学的判定外,最主要的是作者对《福乐智慧》提出了这样一些值得研究者思考的观点:

第一,《福乐智慧》研究中当时没有得到解决的三个问题。其一,《福乐智慧》用什么格律写成;其二,《福乐智慧》用什么文字写成;其三,《福乐智慧》之"序"的作者是谁。艾合买提·孜亚依在自己的论文中提出了自己对这三个问题的看法。他在论文的第四部分对《福乐智慧》的语言进行了专门论述。他认为,《福乐智慧》创作完成至今已有千年,但在喀什,《福乐智慧》中使用的大量词汇依然在当代喀什人的口头语言中使用。如"kut"(福运,幸福)一词,艾合买提·孜亚依说,我们在现在的喀什吐曼河边买卖牲口的人在成交之后说的"kut atsunmu!"(让它带来好运吧!)可以听到。还有"uz"(美丽的,好的)一词,也在民间口头语言中保留,诸如此类,艾合买提·孜亚依给我们列举了很多。

---

① 详见本书附件三。

第二,在论文中,艾合买提·孜亚依认为,《福乐智慧》虽然是当时流传给我们的几乎是唯一的长篇作品,但不是那个时代唯一杰出的作品。当时还应该有更多较高水平的作品出现,学术界对《福乐智慧》应有一个客观的把握。其理由是,《福乐智慧》的成书时代是喀喇汗王朝强盛时期,统治几乎达整个中亚,也是文化最为繁盛的时期。他指出,当时的维吾尔哲学已达较高水准,《福乐智慧》、《突厥语大辞典》和稍后出现的《真理的入门》已证明了这一点。繁荣发展的维吾尔文化的成就不可能仅有这两部著作。艾合买提·孜亚依的这一观点是值得我们思考的。即应该客观地看待《福乐智慧》及其成就,而不应过分拔高。

作者的上述研究成果,得益于他运用自己丰厚的文化功底和对多种语言的驾驭能力,挖掘文字背后的历史文化信息,得出个人独到的见解。这样的研究思路和严谨扎实的治学精神的确值得我们学习。

二、建立在文本细读原则上的维吾尔文学史观

艾合买提·孜亚依对维吾尔古典文学的研究,首先建立在他对大量的原典的精读之上,然后才有自己的一得之见。他关于维吾尔族古典文学史的研究也同样如此。在论文《我们如何认识和学习维吾尔古典文学及其发展》(1957)一文中,他系统阐述了维吾尔古典文学的发展历史,由此提出自己的维吾尔文学史观,也同样值得我们深思。

艾合买提·孜亚依认为维吾尔古典文学发展过程中有四个转折时期。第一个转折时期为10世纪中期,以维吾尔族接受伊斯兰教为转折点。伊斯兰教传入之前的维吾尔文学,主要以韵文为载体,艺术地表现10世纪前人民的生活状况。如碑铭文学就是这种文学的鲜活的范例。他认为,在这一转折时期,有一个文学现象应该引起研究者注意:即,在古代维吾尔人的观念中,所谓知识就是哲学,以谚语和格言等口头形式流传和保存。如果这些口头文本能得以研究,对我们今天研究维吾尔族早期哲学思想会有很大帮助。

在该论文中,艾合买提·孜亚依认为维吾尔文学的第二个转折期是包括伊斯兰教开始在维吾尔族中传播的10—14世纪。他认为这是一个文学

史资料不够详细的时代,除了这两部主要作品外,这一时期创作的其他作品我们还未找到。他指出,伊斯兰教传入之后,虽然维吾尔古典作家学习阿拉伯语、波斯语并用这两种文字书写,但他们却对伊斯兰文化进行本土化和民族化改造。这表现在他们创作的文本保持了传统的民族语言风格和传统文化的精髓,这是维吾尔文学在此时得到繁荣发展的重要原因。

艾合买提·孜亚依认为维吾尔文学的第三个转折期是从 14 世纪上半期直至 15 世纪中期的纳瓦依的时代。这一时期,可以称为维吾尔文学史上修正语言偏差、继承民族文学传统的时期。而纳瓦依用母语进行的完美创作,为这一过程画上了句号。所以,这一时期我们可称之为继承文学传统的时期。

艾合买提·孜亚依认为维吾尔古典文学的第四个转折时期是从 15 世纪末开始。在论文中他指出,我们完全有理由认为纳瓦依用母语进行的文学创作,开启了维吾尔古典文学的第四个时期。所以,纳瓦依在维吾尔文学史上是一个承上启下的人物,他大量优秀的母语创作,使那些过分强调波斯、阿拉伯语的观点逐渐得到遏制,维吾尔文学开始走入一个新时代。他认为纳瓦依用自己的创作证明了马赫穆德·喀什噶里在《突厥语大辞典》中所说的:"突厥语和阿拉伯语是赛场上跑在最前面的两匹骏马"的名言。纳瓦依在此时还专门创作了《两种语言的论争》一书,从理论上对维吾尔语创作加以论述,完成了从理论和实践两方面,探讨了维吾尔文学创作中尊重和继承民族文学创作传统的重要问题。继纳瓦依之后的作家、翻译家、史学家等都不约而同地选择了坚持民族文学传统和吸收外来影响兼容并蓄的方法。

艾合买提·孜亚依指出,当我们考察 15—18 世纪的文学,可以得出这样的结论:这是一个自觉而坚定的继承民族文化传统的时期。活跃在当时文坛的作者都有意识地使自己的创作能被广大群众接受、看懂,并能方便于他们的使用。创作者所使用的语言风格也随之逐渐脱离外来影响而更贴近民间语言。从纳瓦依到阿不都热依穆·尼扎里这段时期,我们可以发现作家文学创作在语言风格上的诸多变化。艾合买提·孜亚依列举著名诗人阿不都热依木·尼扎里在《爱情长诗集》开篇中的诗句:

用适合民众的语言说话，

把语言的珍珠撒向民间市场。

使你的语言简单明了易懂，

让我的内容生动而感人。

艾合买提·孜亚依进一步指出，18—19 世纪的维吾尔古典诗人如翟黎里、尼扎里、伏尔科特、苏勃利和艾黎比等诗人和毛拉萨迪克·喀什噶里、毛拉·斯迪克·如西迪等翻译家，都在自己的创作中坚持了这一贴近民间的原则。

经过纳瓦依及其前后近 5 个世纪诗人的努力，从 15 世纪末 16 世纪初直至 19 世纪，维吾尔古典文学是在坚持民族文化传统、不断在为人民和贴近民间道路上探索前进、为维吾尔文学进入 20 世纪奠定简史基础的时期。

三、建立在文本细读原则上的知识分子观

作为处于古典文学的结束、现代文学开始的交界处的诗人、学者，他本人就亲历了古典文学的时代，他自己就部分地属于那个古典时代。[1] 因此他的文学经验是值得认真研究的。艾合买提·孜亚依的论文《我们如何认识和学习维吾尔古典文学及其发展》发表二十多年后，1983 年他又发表了关于维吾尔古典文学的论文《维吾尔古典文学传统与外来影响研究》。该论文依然运用他在维吾尔古典文学研究中的文本细读原则，探讨维吾尔文学中的外来语（主要是波斯语和阿拉伯语）的影响问题，可以说是对上一篇论文思想的发展。但该论文却选择了一个全新的角度，即从维吾尔族知识分子对外来语的态度和接受方面加以论述。

以维吾尔文学经典《福乐智慧》等作品为依据，艾合买提·孜亚依分别论述了阿拉伯语和波斯语被接受的原因和过程。他认为这两种语言虽然都

---

[1]　在 2005 年 10 月 3—5 日由中央民族大学维吾尔语言学习主持召开的学术研讨会上，新疆大学的教师在发言中就提到艾合买提·孜亚依及其他同时代诗人属于古典文学结束、现代文学开始这样一个文学时代交界处的诗人，他们所受的是古典文学传统教育，沿袭了古典传统。所以对他们的研究之价值在于可以将他们当做活的古典文学教材。

对维吾尔文学产生了影响,但进入维吾尔文学的途径和方式却有不同。他首先论述了阿拉伯语的传入和被接受的情况。他指出,在伊斯兰教传入前后,维吾尔族的书写一直保持故有的语言文化传统。以《福乐智慧》为例,全书共 13290 行,用词 68000 个,但作品中波斯语和阿拉伯借词只有近 300 个,这足以说明当时文学创作的倾向。后来随着伊斯兰教影响的扩大,对维吾尔族的书面文学影响也日渐加深,大多数学者、诗人开始用外来语创作。伊斯兰教的宣传是阿拉伯语推广的主要原因之一。在当时的维吾尔社会,从上至下,包括专家学者和诗人在内,形成学习阿拉伯语的社会风气。这时,诵读《古兰经》和穆罕默德的语录是当时统治者必然要求,这样就逐渐形成了以是否懂得阿拉伯语作为判定一个学者诗人或科学家身份和地位的尺度,能否用阿拉伯语写作也成了衡量作家诗人水平高低的社会尺度。这样,外来语的地位被绝对提高,而对母语的重视程度却大大降低。他认为,还有一个客观事实也不容忽视,那就是作为文学作品的《古兰经》以其语言优美而著称,学习这一优美的语言自然也成了当时的文学者的追求,许多学者还将阿拉伯古典文学作品引进教学领域,作为语文课程的内容给学生讲授。

在论到波斯语的影响时,艾合买提·孜亚依认为波斯语的影响与阿拉伯语的影响几乎是同时产生的,有三种传播途径。在较早时期,伊斯兰教传入使用波斯语的国家时,一些学者将《古兰经》和穆罕默德的语录翻译成波斯语,生活在突厥语民族中的波斯语国家如伊朗、阿富汗等国的学者,以教师的身份在喀喇汗王朝的经学堂(Medrs)用波斯语讲授《古兰经》及其教义。来经学堂学习的孩子们在识文断字之后,语文课上除了学习纳瓦依的诗外,开始背诵霍加·阿皮孜的辞典,在进入中等经学堂后,文学课程的指定教材是学习波斯著名诗人萨迪的《蔷薇园》和《果园》,这样,波斯语也开始进入维吾尔文学中,这是其一;古典时代除了波斯语国家的学者来本地讲学之外,由于地域接近,许多维吾尔族的学者也到这些国家学习,学成回国时,他们也带回了自己熟练掌握的波斯语并成为这种语言的传播者,这是其二;艾合买提·孜亚依认为不同于对阿拉伯语的接受,波斯语在维吾尔族中被接受还有一个重要的方面,即两个民族早已有之的密切的民间往来。从伊斯兰教传入前的古老的时代起,突厥语民族就与波斯有着密切的民间往来,也有文学间的交流。这一情况使得突厥语种很早就有波斯语的渗入,这是语言接触的必然结果。

由于上述原因,波斯语和阿拉伯语迅速而全面影响维吾尔文化教育领域,维吾尔族的传统教育也在波斯语和阿拉伯语的影响之下发生着变化,书面文学原有的相对纯净状况不复存在。这无疑对当时的知识分子的影响是很大的。艾合买提·孜亚依进一步分析到,当时知识分子中逐渐有了不成文的划分:到布哈拉学成归来者被尊为"Damolam"(大毛拉),到印度学成归来者被称为"Mewliwi"(玛乌立维),在喀什本土学成的被称为"Mehsum"(麦合苏木)或"Helpitim"(哈力皮丁)。只会突厥语的人称为"Molam"(毛拉)。第一、第二类人在社会中身居高位,因此其后很长一段时期,外出留学成为当时知识分子目标,而只懂得突厥语的知识分子地位是最低的。

艾合买提·孜亚依指出,一种语言受到外来语的影响,这是很正常的现象。但在文学创作中如何使用语言不仅是文学技巧问题,也是文学风格问题。因为民族文学的重要特征就是使用不脱离人民大众的语言。他认为,使语言的民间口头传统遭受过多的外来语书面语的影响的是上述书写者,那么,要想恢复语言的民间口头特征的也应该是书写者。艾合买提·孜亚依在这里用了一个很形象的比喻,认为这些书写者的思想,恰似在蓝天上飞翔的鸟儿,由于在外来语言的麦场上觅食,对祖国语言的优美视而不见,以为其他语言比自己的更悦耳动听;或者说他们患了一种奇怪的病,如果没有外来语言的装饰,他们就无法炫耀自己的知识分子身份和自己所拥有的高深的学问。①

艾合买提·孜亚依总结说,这些情况最终导致维吾尔文学创作在这一阶段脱离群众,语言变得模糊不清。如果没有纳瓦依等人身体力行,用突厥语创作出大量诗歌,撰写《两种语言的论争》等论著,从理论上阐述突厥语的重要和优越,并以令人瞩目的创作成就证明其观点,就不会有18—19世纪维吾尔文学的进一步繁荣,也就不会有后来诸如翟黎里、尼扎里、诺比提

---

① 参见艾合买提·孜亚依著:《永不凋谢的花朵》(维吾尔文),新疆人民出版社1985年版。

等一批优秀的诗人出现。即使纳瓦依身体力行作出了榜样,铺设了通向民族文学创作的道路,但是长达七八百年的外来语影响史,已形成了维吾尔文学的一种书面语风格,破除起来并非如我们今天所想象的那样容易。艾合买提·孜亚依以纳瓦依的创作为例指出,作为用母语创作的楷模,在自己的创作中,纳瓦依使用的波斯、阿拉伯语比维吾尔语要多,这与玉素甫·哈斯·哈吉甫的创作正好形成了鲜明的对比,足见当时外来语对维吾尔文学语言影响之深。这种影响直到 20 世纪初,在维吾尔族知识分子的书写中依然存在。

艾合买提·孜亚依在全文结束时的总结,对我们今天的维吾尔文学研究不无借鉴意义。他指出,维吾尔族古典文学中的大量作品是用阿拉伯语和波斯语写成的,这些作品有的已翻译成现代维吾尔语出版,有的还在挖掘整理之中。这些作品虽用波斯、阿拉伯语写成,但在表述社会问题的方式和技巧上,却与波斯文学、阿拉伯文学有明显不同。因此,我们在学习和研究维吾尔古典文学时,还应该翻译整理并挖掘这些波斯语阿拉伯语文学文本中作者保持的不同于波斯、阿拉伯文学的技巧和风格,文本中保持的民族文化传统因素,然后用我们今天大家都能读得懂的语言描述当时维吾尔文学发展状况、外来文化及外来语的民族化过程。这样,就能对维吾尔古典文学传统采用批判的吸收的眼光,取其精华,去其糟粕,这是我们吸取古代文学养料的根本原则,而对外来语影响问题更应如此。

艾合买提·孜亚依作为一位介于古典文学语现代文学转型时代诗人、学者,他亲历了古典文学的时代,部分地属于那个古典时代。因此他的文学经验是值得我们认真研究和借鉴的。艾合买提·孜亚依对维吾尔文学发展历史的研究成果是建立在对研究对象的透彻了解和缜密论证上,即运用文本细读的研究方法。在我们今天的维吾尔古典文学研究中,面对大量未经研究甚至未经翻译为现代维吾尔语的文学文本,急需要我们放弃以往的研究维吾尔文学的宏大叙事,改变动辄写文学史,人人都善于列举文学经典,但人人都对此一知半解的研究方法,静下心来,像老一代专家们那样,仔细研读作品,多做缜密考证,善于挖掘作品的深蕴,从而得出自己的独到见解,力争出精品,以推动维吾尔古典文学的研究逐渐向维吾尔诗学规律的总结这一方向推进。

第三节　艾合买提·孜亚依笔下的喀什古典作家群

在长诗《热比亚与赛丁》第 15 章《诗人的聚会》中,艾合买提·孜亚依用诗歌语言对清代的喀什作家群做了极为详细的说明,这是我们了解清代的喀什作家群体的一个很有价值的史料。

孜亚依作为一个时代文学的学习者和总结者,敏锐地洞见了文学赖以发展的一个重要原因,即当权者对文学艺术的支持和对文人的庇护。他在作品《热比亚与赛丁》中描述的清代喀什的行政长官祖呼尔丁就是这样一位既热爱艺术、同时又能将文人紧紧吸引在自己周围的官员。

祖乎尔丁·阿奇木伯克担任喀什最高行政长官时,由于他自己就是当时的著名抒情诗人,精通阿拉伯、波斯语,因此十分注重喀什的文化事业,并将著名的诗人、作家、学者都延揽在自己周围。诗人小组指的就是这时被祖乎尔丁·阿奇木伯克召集的 19 世纪维吾尔诗坛著名诗人尼扎里、艾黎比、孜亚依等人组成的秘书班子。这个班子表面上是起草行政文牍的机构,实际上是一个从事文学创作的小组,其作用却在文学创作和培养新人,对 19 世纪维吾尔文学作出了很大贡献,故又被后人称做诗人小组。祖乎尔丁的亲自过问、倡议与精心部署下,当时有不少作品相继完成。尼扎里的《爱情组诗集》就是这期间的成就之一,另外《和卓传》、《凯兰代尔诗集》、《艾黎比之书》、《斯迪克之书》、《赛布里诗集》、《孜亚依诗集》、《祖乎尔丁诗集》等也都在此时相继完成。祖乎尔丁还非常重视搜集、整理和抄写古典文学作品,如在他的主持下,喀什秘书院的学员抄写编成《纳瓦依全集》。这些活动,对喀什学术文化和文学创作都产生了重大影响,喀什噶尔一时学术风气浓郁,涌现了许多才华横溢的诗人、学者,为维吾尔文学的发展起到了推动作用。

除了对秘书院的精心描述,我们沿着艾合买提·孜亚依为我们提供的材料,逐一了解当时的作家群体:

尼扎里名为阿不都热依木，

他是维吾尔族中的无价之宝。

孜亚依原名毛拉诺鲁孜，

是文学天空中最耀眼的一颗星。

艾黎比原名图尔迪纳孜姆，

他是一位笔耕不辍的诗人、学者。

还有一位诗人依米尔·玉赛因·赛布里，

他是诗歌创作中的桂冠诗人。

还有喀什的学者毛拉萨迪克，

他是一位名副其实的翻译者。

由于祖乎尔丁的邀请，

他们来到王府效力。

艾黎比、孜亚依还有尼扎里，

自愿干起了米尔孜①的工作。

他们为祖乎尔丁担任秘书，

并写下了许多宝贵的巨著。

赛布里婉言拒绝了这个工作，

他担心自己在工作中会出现差错。

毛拉萨迪克·喀什噶里接受了邀请，

他将自己的生命献给了求知和学问②。

作者在诗中列举了当时最为著名的诗人和当时的文学机构即秘书院及其作用的同时，诗人艾合买提·孜亚依还为我们介绍了当时著名的诗人们诗歌创作的方式、时间和地点：

这些著名的学者、诗人，

---

① 米尔孜：mirz，即文书。

② 艾合买提·孜亚依著：《热比亚与赛丁》，民族出版社1985年版，第120页。

他们在一起吟诗、对话。

……

他们的聚会常在冬季进行，

他们的住处也就变成学堂。

当春天来临，拉莱花露出笑脸时，

当碗中滴满晨露，百灵鸟齐声高歌时，

他们便开始在花草中漫步，

在鸟儿的歌唱中创作出奇文异章。①

从诗文中我们可以看出，当时的诗人们同时还是学者，他们承担着教书育人和培养新一代诗人的工作。他们的住处就是学堂，会有很多学生慕名前来，这是当时喀什教育的主要方式。

作者在诗中提到的这六位诗人，都是清代维吾尔文学中的著名诗人、学者、翻译家的代表，都有丰厚的文学遗产流传下来。如我们在上文提到的，清代维吾尔著名诗人阿不都热依木·尼扎里的代表作《爱情组诗集》就是这期间的成就之一，另外其他诗人的作品《和卓传》、《凯兰代尔诗集》、《艾黎比之书》、《斯迪克之书》、《赛布里诗集》、《孜亚依诗集》、《祖乎尔丁诗集》等也都在此时相继完成。这些诗人的诗歌，有的得到研究整理，如诗人阿不都热依木·尼扎里的诗歌创作，在20世纪五六十年代，由艾合买提·孜亚依首先在学界刊布了他的诗歌，并首次指出《热比亚与赛丁》是由阿不都热依木·尼扎里首先创作，然后才在民间流传。由此解开了现代维吾尔文学研究中对诗人阿不都热依木·尼扎里的研究的序幕。

---

① 艾合买提·孜亚依著:《热比亚与赛丁》,民族出版社1985年版,第121页。

第四章　艾合买提・孜亚依与爱情故事"热比亚与赛丁"

第一节　一个流传于喀什民间的真实爱情故事

艾合买提・孜亚依在 1943 年创作的歌剧《热比亚与赛丁》中这样写道:"诸位手中的这部歌剧,讲述的是一对维吾尔族青年男女的爱情悲剧。维吾尔族青年男女热比亚与赛丁的爱的花朵被离别和思念的狂风席卷而凋零,爱情的失败给他们带来的巨大的磨难以至于不得不双双以身殉情……他们在追求爱情之路上所付出的代价,彼此对爱的忠诚,比起虚构的帕尔哈德与西琳的故事、艾里甫与赛乃姆的故事会逊色吗? 他们表现出的为爱而奋斗的勇敢精神,可以从他们现在尚还健在的亲戚的口中得到了解。"

正如艾合买提・孜亚依所说,热比亚与赛丁的爱情故事在维吾尔民众中家喻户晓。两个年轻人对纯真爱情的执著追求,最后宁愿双双以身殉情,在事件产生的时代,不知使多少人为之流泪痛惜,又有多少人从中受到鼓舞。在之后的很长一段时间里,他们两人的爱情悲剧在民间广为流传,他们的陵墓所在地成为年轻人拜谒之地,他们在这里或倾诉爱情,或表达对这两位殉情者的痛惜之情。

这个真实的爱情故事得以流传至今,还要归功于诗人们的创作。首先将它写进自己作品的是 19 世纪维吾尔杰出诗人阿不都热依木・尼扎里。他在其作品《热比亚与赛丁》中详细地讲述了故事发生的时间和地点:

　　　　回历 1248 年,是这个故事发生的时间,

　　　　有一座叫喀什的名城,是悲剧诞生的地点。①

　　从故事中我们可推断这个真实的爱情故事在回历 1248 年,也就是公元 1832—1833 年发生在喀什噶尔。诗人尼扎里还进一步交代了故事发生的具体时间和地点:

　　　　他住在名叫可柯奇的小村子,

　　　　这里远离闹市,格外宁静。

　　　　他们慢慢来到太立维楚克河边,

　　　　湍急的河水拍打着河岸。

　　这一地名现在的位置是疏勒县巴依图卡依乡亚玛雅尔河(又称太立维楚克河)的可柯奇村。这是尼扎里的诗告诉我们的,诗中的描述和实际的位置相吻合。但是在目前的维吾尔学界对此有两种看法:一种观点是由艾合买提·孜亚依首先提出并被研究界普遍认同的观点,认为尼扎里在达斯坦《热比亚与赛丁》中所提到的地点就是故事的实际发生地。维吾尔达斯坦研究界长期以来主要持此观点,这一方面由于阿不都热依木·尼扎里的达斯坦提到了明确的故事发生地,另一方面很重要的原因在于阿不都热依木·尼扎里及其达斯坦的首位研究者艾合买提·孜亚依的观点。在维吾尔古典文学研究中,最早关注《热比亚与赛丁》及其作者的应该是艾合买提·孜亚依。他在 1943 年创作的歌剧《热比亚与赛丁》之序中专门对这个爱情故事的真实性做了介绍,指出记录这个在民间流传的爱情故事并写成《热比亚与赛丁》达斯坦的人是诗人阿不都热依木·尼扎里。另一种观点认为故事的真正发生地应在喀什疏附县。这个观点是喀什本地学者阿不都热依木·沙比提等人提出的。作为一名喀什本土的从事维吾尔历史及古典文学

————————

　　① 阿不都热依木·尼扎里:《阿不都热依木纳扎尔集》(维吾尔文),民族出版社 1985 年版,第 495 页。

研究的资深学者,阿不都热依木·沙比提长期在喀什文馆所工作,对喀什的历史文化有自己独到的见解。由于艾合买提·孜亚依作为阿不都热依木·尼扎里作品的第一个刊布者、研究者和同名作品《热比亚与赛丁》的创作者,他的确证在学术界起了重要作用,使后来的研究者对此毫无怀疑。而喀什的学者阿不都热依木·沙比提则是经过自己的实地调查和考证得出如上结论的。目前这两种观点并未取得一致结果,但大多数学者在各自的研究中取第一种观点。本书在研究中主要依据艾合买提·孜亚依的文本所提供的内容。1943 年艾合买提·孜亚依在创作歌剧《热比亚与赛丁》时指出:"这个剧的另一个特点是,热比亚与赛丁的爱情故事是由一个中国的维吾尔族诗人写成并流传给我们的。距今 110—120 年前,当时喀什的祖尔东阿克木伯克有一位才华横溢的秘书,名叫阿不都热依木·尼扎里。他模仿艾力希尔·纳瓦依的海米赛也写了一个海米赛。他在自己的海米赛中删去了《帕尔哈德与西琳》代之以《热比亚与赛丁》(这是一个手抄本,我看到这个手抄本在南疆暴动时期丢失了)。作者写得非常美好而抒情,其中最有价值的是,对发生在自己家乡的事件,作者没有进行任何虚构地写了下来,作者也不可能虚构,因为当时目睹这个爱情悲剧的尚有人在。"①

除了阿不都热依木·尼扎里之外,当时还有一些诗人根据这个故事写过文学作品:有一个名叫阿不都吉利里的维吾尔诗人以此故事为题材创作了一部叙事诗,但他的诗作因艺术性和思想性诸方面都不如尼扎里的《热比亚与赛丁》,没有引起维吾尔人民群众的注意。②

这个民间的爱情悲剧发生不到十年的时间里,阿不都热依木·尼扎里等诗人就纷纷创作爱情悲剧,使这个在民间广为流传的故事成为作家创作的题材,其重大意义在于阿不都热依木·尼扎里等人在当时以民间生活为题的创作,成为维吾尔文学题材来源于民间的一个重要标志,也成为维吾尔现实主义文学出现的标志:"叙事长诗《热比亚与赛丁》在尼扎里的创作中

---

① 艾合买提·孜亚依:《阿合买德·孜亚依作品选》(维吾尔文),新疆人民出版社 1987 年版,第 74 页。
② 阿布都外力·克热木著:《尼扎里的"达斯坦"创作研究》,民族出版社 2005 年版,第 88 页。

是最辉煌的一部作品,它不仅被视为尼扎里本人的代表作,也被视为19世纪维吾尔文学中最优秀的作品。在尼扎里之前,许多作家、诗人都乐于使用自古传下来的叙事长诗的传统题材,仿照几个理想的人物形象进行一次次的再创作。而到了尼扎里创作《热比亚与赛丁》时,他勇敢地突破了这个框框,从自己生活的时代中,从社会现实中寻找题材,找到了与帕尔哈德、西琳、莱丽、麦吉侬相比毫不逊色的、同样具有典型意义的爱情悲剧题材,从而使人耳目一新。维吾尔现实主义文学出现了一个从未有过的高峰时期,这就是尼扎里的叙事长诗《热比亚与赛丁》所标志的维吾尔文学创作大开拓的时期。"①

这个问题如果从另一个角度来作分析,可能会得出不一样的结论。艾合买提·孜亚依在他对维吾尔文学史的研究中已提出,阿不都热依木·尼扎里及其创作,是维吾尔文学返回母语创作、返回民间的重要标志。艾合买提·孜亚依认为,从喀喇汗王朝时期的文学以后,维吾尔文学进入一个多种语言创作的时代,甚至一度出现了轻视母语创作的现象,但这一现象只持续了很短的一段时间。纳瓦依等文学家注意到这一现象及其可能会有的不良后果,开始身体力行提倡母语创作,纳瓦依的学术论著《两种语言的论争》就是这一时代的产物。到了尼扎里时代,诗人们不仅在语言上甚至在题材上都开始注重母语创作和民间题材,尼扎里创作的叙事长诗《热比亚与赛丁》,从人物、题材到内容都来自维吾尔民间,是这一时期维吾尔文学返回民间的一个重要标志。在诗人尼扎里的生花妙笔下,发生在维吾尔族民众中的真实爱情悲剧是如此美丽、感人,长诗在民间传颂并代代相传,以至于热比亚和赛丁的坟茔成了青年人见证爱情的处所,被称为双坟(koxmak-mazar,koxmak 意即双的、孪生的),这里常有青年人来拜谒,成为一个爱情圣地。人们甚至将其神化,传说这坟头上自然长出了一对红柳,一个开着白花,另一个开着红花。一部文学作品对民众的影响之大也莫过于此。它在民间流传,艺人们弹奏着乐器,将它编成了歌儿,哀婉动听的歌曲和感人的故事打动了一代代维吾尔人。这部爱情长诗从作家流传于民间之后的一百

---

① 阿布都克热木·热合曼主编:《维吾尔文学史》,新疆大学出版社2001年版,第494页。

多年时间里,作家创作的文本以口头的形式在民间流传,在各种聚会、在农闲、在麦西来甫活动中,人们都在歌唱热比亚的美丽忠诚,歌唱赛丁的执著。随着时间的推移,人们甚至忘了其作者,渐渐认为这是由民间艺人编出来的故事。因而,到了 20 世纪初,特别是三四十年代维吾尔现代戏剧勃兴时(关于这个问题笔者在第一章第二节已作过全面介绍,在这里不再涉及)就又有一批维吾尔现代文学的代表人物用当时出现的戏剧的方式将流传在民间的爱情故事搬上戏剧舞台,并赋予它新的时代内涵。在这些剧作家中,就有艾合买提·孜亚依。阿不都热依木·尼扎里创作后流传于民间的热比亚赛丁的故事被孜亚依用歌剧的形式表现出来,热比亚与赛丁的形象第一次出现在舞台上,当时引起了轰动。这部歌剧在当时的现实意义已被研究者分析,笔者认为这部歌剧另有一个值得关注的问题是他在"编者按"中将这个流传于民间的爱情故事的来龙去脉交代得非常清楚,目的是要告诉读者这并非民间流传而是由作家创作之后才流传于民间的。这一点非常重要,正如上面所说,这是维吾尔文学创作由长期借鉴波斯阿拉伯题材内容、表现王公贵族生活转向从民间取材、表达平民百姓生活的一个重要标志。但他当时的说明似乎并没有引起人们太多的关注。此歌剧写于 1943 年,1957年他正式向学界宣布叙事长诗《热比亚与赛丁》系阿不都热依木·尼扎里创作,并首次向学界刊布了由他整理过的阿不都热依穆·尼扎里创作长诗《热比亚与赛丁》全文。艾合买提·孜亚依在他的回忆录里谈到这个问题时说:"我亲眼看到的抄本,在南疆暴动时(1933—1934)已丢失了。"

　　新中国成立后,维吾尔族的戏剧事业有了长足的发展,反映时代歌颂新社会的戏剧作品大量涌现。但关于热比亚与赛丁爱情故事对剧作家依然具有强大的吸引力,他们以此为题材创作的剧本依然是当代最优秀的戏剧。80 年代买卖提力·祖农创作了戏剧《热比亚与赛丁》,不久,作家赛买提·杜尕依里又创作了同名戏剧《热比亚与赛丁》。在近一百年的时间里,这个故事不仅没有被时间的长河所淹没,反而显示出强大的拓展空间,增添了新的时代内容,经由不同的剧作家创作,具有了更旺盛的艺术生命力,其中,艾合买提·孜亚依创作的叙事长诗《热比亚与赛丁》是最引人关注的一部。

第二节　艾合买提·孜亚依与阿不都热依木·尼扎里

　　作家创作主题的选择同经历到的现实素材和传统素材之间的关系、同以往作家的创作的关系以及从这种关系中产生的作家作品的独特的形象，是任何一种文学史关心的中心点。

　　发生在喀什的真实的爱情故事、阿不都热依木·尼扎里创作的叙事长诗《热比亚与赛丁》，将艾合买提·孜亚依与阿不都热依木·尼扎里、维吾尔文学传统紧密相连。探究两位诗人之间的关系，对我们认识维吾尔文学古典与现代的发展继承关系具有重要意义。

　　在维吾尔文学史中，以热比亚与赛丁故事为原型进行创作并取得较高艺术成就的有两位诗人，他们分别是阿不都热依木·尼扎里和艾合买提·孜亚依。艾合买提·孜亚依是在学习研究阿不都热依木·尼扎里的叙事长诗《热比亚与赛丁》后并从中获取灵感才创作了同名作品。不仅是《热比亚与赛丁》，艾合买提·孜亚依的许多文学创作、文学研究都是围绕阿不都热依木·尼扎里及其《热比亚与赛丁》进行的。任何一个创作者，对生活于前代的取得巨大文学成就的文学家都怀有敬仰之心，一生受其影响，以其为创作的源泉和动力的文学现象在中外文学史上并不鲜见。这种影响关系使两个诗人的创作显出一定程度的相似性。艾合买提·孜亚依与阿不都热依木·尼扎里文本之间的密切关系，就是这种文学现象中的一个典型范例。如果深入到维吾尔文学发生发展的层面，这就不仅仅是文学现象问题，而应追溯到维吾尔文学的产生时期，是与维吾尔族文学特性相关联的问题。

　　在维吾尔族先民生活于漠北草原时，维吾尔族曾和许多草原民族一样，崇拜狼图腾，信仰原始的萨满教。腾格里(tenri 天神)在他们的心目中有无比的神力，由此产生了大量相关原始神话故事，如独具民族特色的苍狼神话、树神话与传说等。之后，维吾尔族在漠北建立了回鹘汗国，由于与当时摩尼教商人和传教士的频繁往来，使得维吾尔族汗王牟羽可汗率先改宗，自上而下推行摩尼教。① 这是维吾尔族文化与中原汉文化、中亚文化的首次大规模接触,这对维吾尔文明进程的推进是显而易见的。② 这就决定了自童年时代起,维吾尔族就处于相对多元和开放的文化环境,而且维吾尔族先民积极利用了这种环境,将与不同文化之间的交流与对话作为民族思维方式的基础。这在今天看似平淡,而在一个民族的童年时代,却决定了这个民族此后的发展道路,表现了一个民族对待异质文明的开放心态和视野,奠定了维吾尔文化之特征的基础。

在维吾尔先民带着萨满教、摩尼教信仰西迁至西域时,西域的佛教文化已是灿烂时期,不仅如此,当时世界的各种文明都在这里会聚。在萨满教、摩尼教和佛教文化以及多种文明的浇灌之下,维吾尔文化中最具代表性的文学已逐渐形成了在原有的突厥民族文学基础之上的开放性和合成性的特征。这在维吾尔族的早期文学作品如《金光明经》、《弥勒会见记》等作品中都有体现。而伊斯兰教传入之后,维吾尔族从思想到文化都发生了根本性变化,但维吾尔文学依然是坚持和发展了以突厥语民族文学为主,吸收和融合了波斯、阿拉伯文学特点。这一时期最具代表性的作品是产生于喀喇汗王朝的《福乐智慧》及《突厥语大辞典》。这两部文学和文化巨著中反映的早期维吾尔族文学思想,对其后的历代维吾尔诗人、作家产生的影响。如一条永无止息的思想之流,代代作家从中汲取营养但在各自的时代又都有不同的发展,他们创作的文本体现了鲜明的时代特征,构成了维吾尔文学内部的有规律性的继承和发展关系。在维吾尔文学研究中,如果研究者挖掘不同时代文本之间的特殊而密切的关系,从这些文本中考察维吾尔文学在每一阶段的不同变化,并分析在哪些方面传统得以继承,在哪些方面由于特殊历史原因,原有传统被改变而创造了新的文学传统,以及这些传统在当代(如 20 世纪)文本中又是被如何发展的。

人类文学的发展历程清晰地展示出文学作品其实质就是对自己以往历

---

① 参见林悟殊著:《摩尼教及其东渐》,中华书局 1987 年版。
② 关于摩尼教对维吾尔文明的影响,笔者在拙作《摩尼教与维吾尔文化》中已有详细论述。该文载《东方丛刊》1997 年第 3 期。

史的回忆,它伴随着对历史记忆的回溯、摸索、模仿和再表达。而文学史,就是这样的一系列文本间的复述、追忆和重写,形成一条永无止息的思想之流,在一代又一代人的心中萦绕,勾起他们之间的跨时代对话。甚至在一些现代文本的边角夹缝或典故批注中,我们都可以倾听到遥远时代的回音。这些零星散布却又引人遐思的碎散的文字,在阅读的导引下,互相呼唤、互为增补,构成了一个民族文学的整体,而不是人为切割成史的条块。因此不同文学文本中的提示、复述、追忆和重写,都是一代作家或诗人对前代文学的表达。因此,艾合买提·孜亚依对尼扎里的相似就不是一个偶然现象,而是维吾尔文学上述特征的体现。在艾合买提·孜亚依的童年时代就与尼扎里及其作品《热比亚与赛丁》相遇,这种相遇的非常意义在艾合买提·孜亚依以后的创作中逐渐得到彰显,他也逐渐深入认识到热比亚、赛丁悲剧故事所具有的审美价值和可作为文学遗产加以继承的民族传统价值,认识到应创作一部当代的《热比亚与赛丁》达斯坦,继续尼扎里的道路,他的这部著作,就是在这样的欲求之下出现的。这是一个较为典型的互文案例,值得我们从互文性的角度进行分析。

阿不都热依木·尼扎里(1776—1851)是 19 世纪维吾尔族著名诗人、社会活动家和教育家。他在自己所生活的年代,创作了诸如《帕尔哈德与西琳》、《莱丽与麦吉侬》、《热比亚与赛丁》等十几部叙事长诗,被现代维吾尔族学者评价为"维吾尔文学发展史上的第三座丰碑"。正是艾合买提·孜亚依首次指出在维吾尔民间广泛流传的爱情长诗《热比亚与赛丁》是 19 世纪著名诗人尼扎里的创作。早在 1943 年,在歌剧《热比亚与赛丁》之"序"中艾合买提·孜亚依指出:

> 热比亚、赛丁的爱情故事是由一个中国的维吾尔族诗人写成并流传给我们的。距今 110—120 年以前,当时喀什的祖乎尔丁·阿奇木伯克有一位才华横溢的秘书叫阿不都热依木·尼扎里,他模仿艾黎希尔·纳瓦依的"海米赛"(五卷诗集)也写成了"海米赛"。他在自己的"海米赛"中,删掉了原五卷中的《帕尔哈德与西琳》,而加上了《热比亚与赛丁》(这是一个手抄本,我见到的在南疆暴动时丢失)。他的这部

作品写得优美而抒情,没有进行任何虚构,如实地写了下来。作者也不可能虚构,因为他当时创作这部作品时目睹热比亚和赛丁悲剧的大有人在。①

1959年在《新疆文学》上首次发表了由艾合买提·孜亚依整理、署名为尼扎里的长诗《热比亚与赛丁》。后来他又正式出版了这首长诗,他还写作了一篇长文作为附件,为读者提供了关于尼扎里创作的较全面的研究文章。这一版本成为后来研究尼扎里及其创作的重要文献资料。② 如果再作回溯,尼扎里的著名长诗《帕尔哈德与西琳》、《莱丽与麦吉侬》等又是在其前代诗人纳瓦依创作的《五卷诗集》(Hamsa)的基础上产生的,在当时被称为小《五卷诗集》。③ 而纳瓦依的《五卷诗集》中的各部长诗都是在流传于波斯—阿拉伯的同名长诗的基础上创作的,具有浓郁民族特色和时代特色的维吾尔古典长诗。纳瓦依对中亚这一古老诗体的再创作本身也是一个值得研究的现象。简言之,中世纪以来的维吾尔族作家文学在本民族文学传统的基础上,借鉴和学习外来文体并不断对其进行创造性的模仿、转换,使其融入本民族的文学传统,从而使维吾尔文学代代相传,绵延不绝。在这样的传统的培养下,尼扎里不仅写出他自己时代的纳瓦依式的《五卷诗集》,而且还从民间发现主题,对《五卷诗集》进行民族化,注入时代的血液,写出具有极高艺术价值的爱情长诗《热比亚与赛丁》。在时隔一百多年之后,艾合买提·孜亚依怀着对尼扎里的敬意和这一对维吾尔族青年的感怀,写下了又一部同名爱情长诗。从20世纪40—80年代的40年时间里,诗人先后几次走访了热比亚、赛丁的故乡,与自己敬仰的诗人和这对年轻人进行了多次灵魂的对话与交流,并于1943年将其写成了歌剧。40年之后,又将其改写成叙事长诗,作为自己留给后人的纪念,是诗人倾其一生的心血写成的一部当代叙事精品。

---

① 艾合买提·孜亚依:《阿合买德·孜亚依作品选》(维吾尔文),新疆人民出版社1987年版,第72页。

② 欧阳可惺等主编:《洪湖论学》,新疆大学出版社2004年版,第74页。

③ Hamsa:为阿拉伯语,为"五"、"五部"、"五卷"等。

诗人与尼扎里及其作品间形成的互文关系是我们认识维吾尔文学特性的有力参照。15 世纪的诗人纳瓦依与 19 世纪的诗人尼扎里及 20 世纪的诗人孜亚依之间这样密切的文学姻亲关系,向我们展示了维吾尔文学的特性——文学是一条永不停歇、无法中断的记忆之流,而一代代诗人则是这些记忆的阐释者和链接者。

艾合买提·孜亚依在自己的歌剧《热比亚与赛丁》之"序"中为我们非常简练地表述了尼扎里的爱情长诗《热比亚与赛丁》的故事情节:

> 热比亚与赛丁都是巴依图尕依(baitukai)村人,他们在这里出生、成长,回历 1254 年在亚玛雅尔(yamanyar——维吾尔语可怕的、厉害的堤口之意——笔者注)河边相识,彼此爱慕。但两个家庭地位悬殊,社会地位和经济地位较高的热比亚的父母坚决反对把女儿嫁给赛丁,想把她嫁到村里的另一富人家。热比亚与赛丁做了很大努力,采取了种种方式,但都没能如愿。无奈,赛丁不得不离家出走,为爱流浪。他行走于各墓地之间,痛哭,祈祷。最后他到了喀什的艾孜热提,在被称做阿帕霍加伊达依提拉依禅的墓前(即阿帕霍加墓,也即香妃墓——笔者),哀号呻吟,心中思念着热比亚,口中喊着热比亚的名字气绝身亡。听到情人死亡的消息后热比亚不顾数九寒冬,将自己投入亚玛雅尔河的冰窟中以身殉情。周围乡亲闻讯凿冰下河,到处寻找但都没能找到热比亚的尸体。来年冰河解冻、春暖花开之时,在正对着赛丁坟头的水坑中人们发现了热比亚的尸体。乡亲们说道:"他们生时没能在一起,哪怕让他们死后在一起吧。"这样商量后将热比亚与赛丁葬在了一起。①

艾合买提·孜亚依的爱情长诗《热比亚与赛丁》与尼扎里的同名作品相比已有了很大不同。在艾合买提·孜亚依的长诗中赛丁已不再是一个哀

---

① 艾合买提·孜亚依:《阿合买德·孜亚依作品选》(维吾尔文),新疆人民出版社 1987 年版,第 74 页。

叹命运的农村青年,而是一个受过良好教育、自觉追求自由与幸福的新一代知识人,他不像自中世纪以来的中亚和维吾尔族叙事长诗中的麦吉侬那样哭诉、流浪,而是采取积极主动的态度争取斗争;热比亚也表现出同样的战斗精神,为营救自己的心上人而不惜女扮男装,表现得十分可贵而可爱。关于这个问题在下一章将作具体分析。在这一节还要提及的是,除了在内容与情节的创新外,作者还有意为读者描绘了一幅19世纪维吾尔社会的风俗画,表现维吾尔族在当时的文化风俗、社交礼仪、道德思想、学者名流等,使读者得以了解那个时代的历史文化信息,了解时代背景之下的人物性格。另外,爱情长诗《热比亚与赛丁》的作者尼扎里成为艾合买提·孜亚依的爱情长诗《热比亚与赛丁》的一个重要人物。

第三节 艾合买提·孜亚依的热比亚与赛丁情结

童年记忆在一个人一生中所起的作用是巨大的。许多作家创造的原动力都在童年时代的一段特殊经历或读到的一本书或是一个故事。歌德和狄更斯异口同声地讲述过从童年时代起文学作品的形象如何被编织进他们的现实生活,陪伴他们一生。中国作家中如鲁迅、巴金等的一些脍炙人口的作品,都来自他们对童年生活的记忆。在维吾尔族现当代作家和诗人中,有两个人是应该研究童年记忆是如何对其整个一生的创作产生影响的。一个是艾合买提·孜亚依,另一个是赛福鼎·艾则孜。由于赛福鼎·艾则孜作为党和国家领导人的光环,他的大量的文学创作都没有引起维吾尔研究界的注意,长期以来作为作家和诗人的身份被忽略而在维吾尔族创作者中被极度边缘化。这种现象,在进入21世纪以后开始有所改变,赛福鼎·艾则孜及其创作被写进了文学史。在这里作为例证要指出的是赛福鼎在80年代创作的长篇历史小说《苏图克·布格拉汗》(1987)的创作起因,恰是他的童年记忆。他在小说的序言中说道:他自己在小时候和朋友们到苏图克·布格拉汗陵墓处玩耍,看守陵墓的谢赫给他们讲述了关于苏图克·布格拉汗的传说,这个传说深深印刻在赛福鼎的脑海里,直到1987年他写成了小说

《苏图克·布格拉汗》，了却这桩心愿。

艾合买提·孜亚依也是如此。他不仅对喀什历史上真实发生的这一爱情故事极为关注，而且将它作为自己一生创作的基本主题。在这一主题下首先创作了歌剧，后又将其改写为小说，最后又以叙事长诗的形式完成并获得了巨大成功。这是艾合买提·孜亚依文学创作中的一个值得研究的重要问题。艾合买提·孜亚依为什么被热比亚和赛丁的故事如此吸引，为什么会对这一题材的创作付出毕生的精力？这个问题是了解艾合买提·孜亚依的文学创作和理解《热比亚与赛丁》意义与价值的一个重要环节。艾合买提·孜亚依痴迷于这一题材并不是偶然现象。他在自己的回忆中和有关研究者的论述中，我们可以看到一个共同点，就是在艾合买提·孜亚依的孩提时代和青少年时代，在其父的藏书中他就看到并读过阿不都热依木·尼扎里创作的同名叙事长诗《热比亚与赛丁》，这应该是他首次接触到尼扎里及其《热比亚与赛丁》，也是他首次了解发生在自己家乡的爱情悲剧故事。从此，他一生都在研究作家阿不都热依木·尼扎里和他创作的这部感人的爱情长诗。他在自己未完成的自传体小说《九死一生的人》中为我们描绘了他当时的情景："这个在父亲图书馆里读过大量维吾尔古典诗歌和波斯、阿拉伯诗歌的年轻人，此时已完全掌握了古维吾尔语、波斯语和阿拉伯语，他已完全沉浸在这些古典文学的海洋中……"作为13岁就用波斯语写下长诗《花儿与百灵》、二十多岁就在诗坛崭露头角的艾合买提·孜亚依来说，对诗歌的感受是极其敏锐的，他特殊的家庭环境、所受的古典文学训练和自己特有的诗人气质，使他读到这首长诗后念念不忘甚至成为一生的情结和创作的永久题材。阿不都热依木·尼扎里创作的这部根据现实生活中真实发生过的爱情悲剧写成的作品，堪称19世纪维吾尔古典文学的典范之作，对他产生了极为深刻的影响，在他年轻的心灵中激起了波澜。发生于自己家乡的这个爱情悲剧，比起他以往读到的由作家虚构出的爱情悲剧更深地打动了他，使他把这对爱情主人公的艺术形象深埋于心。艾合买提·孜亚依在40年代创作了歌剧《热比亚与赛丁》，丰富了当时的戏剧舞台。80年代初，创作了叙事长诗《热比亚与赛丁》，对维吾尔当代文学作出了巨大贡献。这两部作品对维吾尔文学中热比亚和赛丁故事的情节、主题作了更为深入的挖掘,使其在广大民众中更为普遍流传。

不论是诗歌创作还是戏剧创作,都与热比亚赛丁有着十分密切的关系。可以说自青年时代起他就选定了这个题目为自己的终生题目。他在自己的口述中这样说道:

由于我是第一次远离家乡,远离父母和家人,初来乍到之地所有人和事都让我觉得陌生而神秘。无法排遣的孤独感常常包围着我。不仅如此,"监狱"、"逮捕"之类的词在我的脑海中总是挥之不去,即使当时我还弄不清自己到底有什么罪,但盛世才把我们几个人作为重要的政治人物对待,让我心里很难受。同时,以前与我"志同道合"者或像我一样在报纸上发表革命文章的人一个个被逮捕入狱,我心中也隐约感到自己迟早会遭同样下场。于是就产生了"如果遭遇不幸,一定要在人世留下一些印记"的想法。从 1943 年 4 月起,我开始写作《热比亚与赛丁》。每天晚上,宿舍写字台的一边是黎·穆塔里甫创作他的诗歌,另一边是我在写作《热比亚与赛丁》。每写完一部分我便在《新疆日报》上发表。剧本发表后,新疆各地的舞台上都先后上演了该剧。后来我听说刊登《热比亚与赛丁》剧本的报纸也传到了狱中,看过报纸的囚犯们说艾合买提·孜亚依不久就要和我们做伴了。因为我知道说这些话的囚犯当年也和我一样是有积极追求的知识分子。

这段话不仅仅是在回忆他在哪里、在什么情况下开始创作歌剧《热比亚与赛丁》,更重要的是,我们可以看出这个主题在艾合买提·孜亚依思想中占有的分量。如前所述,他在《新疆日报》工作期间,正是中共党人担任《新疆日报》的主要领导工作,他的思想受到很大影响,同时,黎·穆塔里甫的革命诗歌不仅教育了他,也鼓舞着他用自己的笔写出革命诗篇,唤醒广大人民。长期萦绕于心的"热比亚与赛丁"的故事,特别是爱情主人公由传统的门第观念导致的悲惨遭遇以及他们两人为了追求自由和爱情与守旧势力抗争到底,最后双双牺牲自己年轻的生命。艾合买提·孜亚依挖掘了故事本身所包含的社会批判因素,借一百多年前发生的爱情悲剧,揭露 20 世纪初黑暗的社会现实,批判封建迷信思想给人民带来的痛苦和不幸。所以。艾合买提·孜亚依在 1943 年创作歌剧《热比亚与赛丁》时写道:

> 许多年来,我读了阿拉伯人的《莱丽与麦吉侬》,巴格达人的《帕尔哈德与西琳》、《艾里甫与赛乃姆》这样的爱情故事后我一直在想,我们自己就没有吗?所幸我找到了。这个爱情悲剧不是发生在阿拉伯的沙漠戈壁,也不是发生在巴格达的河畔,它就发生在维吾尔文化中心的喀什,在一个叫做巴依图尕依村的沙枣树和松林间。我在亚玛雅尔河边找到了它,这就是你们正在阅读的歌剧《热比亚与赛丁》。①

艾合买提·孜亚依创作于 1943 年的歌剧《热比亚与赛丁》剧情大致是这样:

生活在巴依图尕依村的热比亚与赛丁于回历 1254 年在亚玛雅尔河边相遇并彼此相爱。但是由于家庭经济地位的悬殊,热比亚的父亲不愿将女儿嫁给一个穷人的儿子赛丁,决定将女儿许配给本村的头人扎比尔。热比亚和赛丁虽做了种种努力,想尽了一切办法,但都没有使热比亚的父亲亚库甫回心转意。最后赛丁不得不像爱情传说中的麦吉侬一样,背井离乡,游走于陵墓之间,每天以泪洗面。他最后到了喀什艾孜热提的阿帕霍加墓,他心中想着热比亚,口中念着热比亚的名字,气绝身亡。听到恋人的死讯后,悲痛欲绝的热比亚在寒冬的一个晚上,将自己投入冰冷的亚玛雅尔河,为爱情牺牲了自己年轻的生命。

诗人艾合买提·孜亚依在歌剧之"序"中不无感慨地写道:

> 他们彼此对爱的忠贞、为此而做的努力,和帕尔哈德与西琳、莱丽与麦吉侬、艾里甫与赛乃姆相比又有什么逊色呢?相反我们在热比亚与赛丁身上看到的为追求爱情而勇于战斗、宁死不屈的精神,至今都在

---

① 艾合买提·孜亚依:《阿合买德·孜亚依作品选》(维吾尔文),新疆人民出版社 1987 年版,第 72 页。

民众口头流传。①

全剧为五幕九场,加上剧中人物介绍和序共十部分。

歌剧第一幕共两场,主要通过热比亚与赛丁两人的对话及相互之间的内心独白表达两人纯真而热烈的爱情。其中有两家的家境和亲朋关系等背景介绍,为悲剧的发生做了铺垫。

第二幕共三场,是全剧的重点。热比亚与赛丁的爱情遭到热比亚父亲的强硬阻挠,而且父亲坚持要将女儿嫁给本村的头人、已有两房妻室的扎比尔并已定好了婚期。热比亚不从,在姨妈及朋友的帮助下,在新婚之夜热比亚与赛丁私奔。

第三幕一场,恼羞成怒的扎比尔利用自己的权势和地位派人连夜追捕,最后在塔克拉玛干沙漠的边缘找到了这对恋人。这一幕最能体现赛丁的战斗精神。

第四幕共两场,赛丁的不幸遭遇和死亡。被迫离开热比亚的赛丁无法忍受对热比亚的思念,他只好像传说故事中的情痴麦吉侬②一样,远离家乡,游走于陵墓之间,生活于残破墓穴之中,以此来寄托对热比亚的思念,最后死在喀什著名的阿帕霍加陵墓。

第五幕一场,当热比亚在亚玛雅尔河边听到赛丁的死讯后,悲痛欲绝,投入亚玛雅尔河,追随赛丁而去。

全剧结构紧凑,剧情跌宕起伏,扣人心弦,叙事和抒情相结合,使读者和观众在感受剧情的同时被诗人艾合买提·孜亚依的优美诗句所陶醉。此剧在乌鲁木齐创作完成后,在乌鲁木齐和喀什连续上演上百场,在群众中引起极大的反响。③ 艾合买提·孜亚依当时创作此剧的目的就是要通过热比亚、赛丁两人的爱情悲剧来达到揭露社会黑暗唤醒民众觉醒,以自己的行动

---

① 艾合买提·孜亚依:《阿合买德·孜亚依作品选》(维吾尔文),新疆人民出版社 1987 年版,第 74 页。

② 麦吉侬:直译为"疯子"或"情痴",为中亚爱情传说中的男主人公,为爱情而流浪,以至于死亡。

③ 参见阿不力米提·司马义、马合木提江·斯拉穆著:《当代维吾尔文学家》(维吾尔文),新疆人民出版社 1993 年版,第 15 页。

来呼应全中国的反帝反封建高潮,所以全剧充满了战斗精神和革命的激情,这在赛丁身上得到了全面体现。在歌剧中,赛丁不仅是封建传统势力的受害者,更是其批判者和揭露者。当赛丁和热比亚在新婚之夜私奔被扎比尔抓住以后,赛丁并没有畏惧,他怒斥扎比尔:

> 你是否知道自己做了多少坏事?
>
> 可曾记得给我们带来了多大的灾难?
>
> 你让我们相爱的人被迫分离,
>
> 再娶第三个妻子满足你的私欲。

赛丁虽被追捕,但与扎比尔的搏斗中他战胜了扎比尔并将他吊在树上。吓破了胆的扎比尔向赛丁苦苦求饶,最后其手下赶来才幸免于死。这时赛丁以胜利者的姿态宣告:

> 我们真心相爱,忠贞不渝,
>
> 而你只是为了一时的欢娱。
>
> 最后还是我们先你离开,
>
> 我抓住了你不得不向我求饶。①

从全剧看,作者对社会黑暗的批判主要通过赛丁的坚决斗争以及塑造扎比尔和热比亚的父亲亚库甫的反面形象塑造来完成。亚库甫是一个利欲熏心的小人,他毫无亲情,无视女儿的痛苦,而将她作为满足自己得到金钱和权势的工具。所以,当女儿不愿嫁给扎比尔时,他这样回答:

> 有两个妻子是她不嫁人的理由,
>
> 说什么不愿做小妾要把贞操守。

---

① 这两段诗均见艾合买提·孜亚依:《阿合买德·孜亚依作品选》(维吾尔文),新疆人民出版社 1987 年版,第 98 页。

他有两个妻子你就去做第三个,

对她们的嫉妒你也要还以颜色。①

　　在当时喀什的条件下,热比亚无力反抗父亲的独断专行,她只有求助于姨妈祖赫拉。姨妈对亚库甫的指责也同样表现了作者强烈的爱憎:

你女婿手中的皮鞭,

会让百姓皮开肉绽。

所以你女儿才要逃跑,

现在不知躲在哪里哀号。②

　　歌剧《热比亚与赛丁》以其强烈的揭露和批判力量在当时起到了宣传反帝反封建社会作用,激发了维吾尔民众的爱国热情。但我们今天再读此剧时,可以看到作者在主人公形象塑造上的一些局限。首先是赛丁形象,虽然他是一个反封建的斗士,为追求爱情敢于向传统势力挑战,在热比亚的新婚之夜带她私奔这一做法本身,就是一个强烈的反叛行为,在那个愚昧落后旧势力泛滥的喀什,他的这一行为无疑是一个向旧世界的宣言,其中可见作者构思的奇特和大胆,也可见作者革命坚决。但是,有如此强烈反叛精神的赛丁,当他的爱情遭受挫折时,他却没有继续他的斗争,而是选择了做一个爱情的流浪者,为爱而摧残自己。他和传统故事中的麦吉侬一样,长发披肩,衣衫褴褛,游走于圣人陵墓,在这里求得解脱。这是时代的局限,也是作者本人对这一爱情故事内涵发掘逐渐趋于成熟的一个必然过程,因此在40年代歌剧中赛丁的身上可以看到传统的麦吉侬形象的痕迹,也可以说是明显的阿不都热依穆·尼扎里影响的痕迹。

　　与赛丁相比,热比亚的形象显得较为苍白。她敢于追求自己的爱情,当

---

　　① 艾合买提·孜亚依:《阿合买德·孜亚依作品选》(维吾尔文),新疆人民出版社1987年版,第85页。

　　② 艾合买提·孜亚依:《阿合买德·孜亚依作品选》(维吾尔文),新疆人民出版社1987年版,第93页。

父亲没有征得她的同意就自作主张举行婚礼时她也随赛丁逃跑,这对一个生活在喀什的维吾尔族少女来说,其勇敢可以说史无前例。但是她的反抗都不是正面的,她对父亲的不满,是由其姨妈代以传达,与赛丁的私奔中,完全没有她的声音,当他们两人被抓回来后,她只是在家里默默哭泣,等待赛丁的音讯。作者对热比亚和赛丁结局处理都没能走出传统爱情悲剧的模式,也没有突破阿不都热依穆·尼扎里叙事长诗《热比亚与赛丁》,通过爱情悲剧来控诉黑暗社会的思想内涵。在时隔40年之后,艾合买提·孜亚依在1985年再次以热比亚与赛丁的爱情故事为题材,创作了同名爱情长诗《热比亚与赛丁》。此时的艾合买提·孜亚依无论在阅历上还是创作上都更加成熟,他不仅注重对维吾尔古典文学中的爱情叙事诗传统的继承,更注重古老传统在当代的发展,将自己在20世纪生活理想、生活经验和生活体验都融入作品,体现了当代人对本民族历史和文化的思考,同时他也更注重对传统爱情题材的开掘,使传统爱情长诗不仅仅只表现爱情主题,而体现多层次思想特征。因为有这样丰富的内容,他创作的叙事长诗《热比亚与赛丁》成为改革开放后维吾尔新时期文学的优秀作品之一。

叙事长诗(达斯坦)是维吾尔古典文学的一个重要文体,而维吾尔叙事长诗的主题则以爱情主题为主。艾合买提·孜亚依在这个主题之下创作歌剧、达斯坦为这一主题注入了新的生命,使原本属于维吾尔古典文学的传统主题在他的努力下得以超越,成为维吾尔现代文学和当代文学的重要主题之一。因而在维吾尔现代文学和当代文学中艾合买提·孜亚依的名字与古典爱情长诗紧密相连。用古典文体表现现代生活,这是艾合买提·孜亚依本人及其创作的一个特点,我们可以将其总结为艾合买提·孜亚依的"热比亚与赛丁情结"。

第五章　艾合买提·孜亚依叙事长诗
《热比亚与赛丁》研究（一）

第一节　《热比亚与赛丁》的情节

虽然本书尝试对艾合买提·孜亚依的爱情长诗《热比亚与赛丁》进行多重分析研究,但最终这部叙事长诗是紧紧围绕着热比亚与赛丁的爱情故事而展开的。吸引读者、震撼读者心灵的依然是热比亚与赛丁的爱情悲剧;同样,引发尼扎里及其包括艾合买提·孜亚依在内的后继者的也同样是这一爱情故事。作者的思想和艺术技巧也全都体现在对热比亚、赛丁爱情故事的不同理解和表述上。因此,叙事诗的核心和研究的重心最后都应归于这个感人至深的爱情故事本身。与40年代创作的歌剧《热比亚与赛丁》相比,艾合买提·孜亚依的爱情长诗《热比亚与赛丁》的故事情节有了更多的变化,附加的内容也更丰富,为此作者设计了一个更为庞大的结构体系来完成其故事的展开。艾合买提·孜亚依创作的爱情长诗《热比亚与赛丁》的情节如下:

　　热比亚与赛丁从小在同一个村里一起长大,彼此吸引,逐渐产生了

　　① 自本章起,所引诗句皆由笔者译自艾合买提·孜亚依所著爱情长诗《热比亚与赛丁》,民族出版社1985年版。在以下章节中将不再逐一注释。

爱慕之情。随着年龄渐长，爱情开始使他们尝受思念的煎熬。赛丁的父亲依布拉因是一位有识之士，他不仅自己有渊博的历史文化知识，而且十分重视对儿子的教育。为了使儿子受到更好的教育，依布拉因决定将儿子送到喀什著名的沙吉亚经学院学习。在赛丁求学期间，热比亚与赛丁两人备受思念折磨。热比亚说服父母，以去喀什参加艾孜热提游艺活动为由来到喀什。相见后两人彼此表白自己的爱情，并互相立下誓言。赛丁在喀什学习时结识了当时喀什的著名诗人、社会名流阿不都热依木·尼扎里，直接受其教诲并为他做了一些力所能及的事。他由此得以参加喀什的著名诗人的聚会，与他们相识。赛丁完成学业回到家乡后，父母商量着为他筹办婚事并已为他物色了对象，但都遭到赛丁的拒绝。他通过朋友艾山向父母转达自己与热比亚的盟誓以及非热比亚不娶的决心。父亲依布拉因为此愁苦不堪，因为他知道热比亚的父亲亚库甫仗着自己家道富裕和掌握的权力，在村里十分嚣张，歧视地位比自己低的人。他们为此而失望难过，料想儿子的这个想法不会有好的结果。但看着儿子痛苦的神情，他还想做一次努力，让一位媒人去了热比亚家去提亲。虽然热比亚的母亲了解女儿的心思，为女儿的幸福着想愿意把女儿嫁给赛丁，但是父亲亚库甫心中早已有了主意，要将女儿许配给村里头人扎比尔。因此赛丁家的媒人失望而归。赛丁也了解亚库甫的秉性，预感媒人去不会有好结果，因此他并没有失望。赛丁与热比亚以及好友艾山商议决定在热比亚与扎比尔举行婚礼之夜逃跑。受到极大羞辱的扎比尔依靠自己的权势，四处寻找，终于在塔克拉玛干沙漠中找到了他们。热比亚被交还给她的父母，而赛丁却因拐骗女孩逃跑的"罪行"而入狱。当时喀什的地方行政官祖乎尔丁·阿奇木伯克下令修筑喀什城墙，赛丁也被押去参加修筑城墙的劳动。扎比尔作为监工出现在这里并企图羞辱赛丁，愤怒中赛丁痛打了扎比尔。恼羞成怒的扎比尔倚仗权势上蹿下跳，以莫须有的罪名判赛丁死刑。因为担心赛丁的安危热比亚忧郁过度，疾病缠身，为治病她来到喀什，她听到关于赛丁死刑的传闻。情急之下她想到了喀什的著名诗人阿不都热依木·尼扎里，她决定向他求助。她女扮男装来到这位著名诗人家里。阿不都热依穆·尼扎里被她的忠贞和勇敢所感动,决定帮助她。他带热比亚去见了祖乎尔丁·阿奇木伯克,讲述了事件的原委。祖乎尔丁·阿奇木伯克也被热比亚的行为所感动,赦免了赛丁的死刑。后来,在尼扎里的帮助下赛丁终于出狱。赛丁在狱中因郁闷而疾病交加,身体十分虚弱,出狱后不久就离开了人世。赛丁的死让热比亚悲痛欲绝,亚库甫无视女儿的痛苦逼她与扎比尔成婚。对赛丁早已心有所属的热比亚对人世已没有任何眷恋,在一个天寒地冻的夜晚,她以与妹妹出去打水为由,跳进亚玛雅尔河,追随赛丁而去。等到来年春暖花开时,人们才找到热比亚的尸体。人们痛惜两人生时不能在一起,就将热比亚葬在赛丁的墓中,了却他们生前未遂的心愿。

无论与歌剧《热比亚与赛丁》相比还是与尼扎里的同名爱情长诗相比,这部长诗在情节上更为丰富、曲折,也有了许多新意。这与作者 40 年来对这个爱情故事、爱情主人公、关于维吾尔历史文化的不断思索有关,也与作者本人的经历有很大的关系。因为诗歌本身就是生活的表现和表达,同时也被作者的思想所浸透。作为他生命晚期的作品,他将自己的所思所感都留在了这部作品中。因此,他在情节的处理上,有了很多寓意的成分,需要读者细心阅读,这是我们研究艾合买提·孜亚依作品情节特点时应关注的一个重要问题。

艾合买提·孜亚依的《热比亚与赛丁》情节的基本框架内容虽然是建立在尼扎里同名作品基础上,但这两部作品之间却有根本不同。艾合买提·孜亚依指出,尼扎里的达斯坦完全是依据真实的故事创作的,没有进行任何虚构。尼扎里的同名达斯坦分为七章,其情节的发展是爱情故事真实发生发展为时序。艾合买提·孜亚依创作的爱情长诗《热比亚与赛丁》共 51 章,从内容上分为三大部分,爱情故事情节的展开则是在第二部分,爱情故事在艾合买提·孜亚依的笔下不再像尼扎里那样是长诗的重要内容而仅仅是其中的一部分,作者借爱情故事来阐发自己的审美旨趣,成为其发展革新传统爱情长诗的突破口。第一部分主要是对全诗的铺垫。内容涉及文学、文化、历史,这一部分是作者一生思考的总结。而热比亚与赛丁的爱情故事情节从第二部分展开。在尼扎里的作品中赛丁的父亲是一个贫穷老实的农民,他逆来顺受。但在艾合买提·孜亚依的《热比亚与赛丁》中,他却是一个有文化有思想的现代农民。从情节需要上来说,这个人物是赛丁的经历能节外生枝的关键人物。正是因为父亲,赛丁去喀什学习的情节以及其后的大段故事才有可能出现。如《热比亚与赛丁》原作者、19世纪著名诗人阿不都热依木·尼扎里在作品中出现,围绕着他,关于喀什历史文化、民间习俗、知识学术等一系列文化内容的添加成为可能。这一情节具有非常重要的作用,通过赛丁的经历体现出来。而这部分内容在阿不都热依穆·尼扎里的同名作品中是没有的,这是两位诗人创作的同名作品《热比亚与赛丁》的重要不同之处。

由此我们可以认为,与尼扎里的同名达斯坦相比,艾合买提·孜亚依的《热比亚与赛丁》中有大量的虚构,容纳了作者对时代的思考以及对古典叙事长诗题材的思考,这是20世纪维吾尔叙事长诗不同于古典长诗的共同特征,这在当时在另一位诗人尼米希依提的创作中有类似反映。如第七章题为"鹰扑向了谁?"完全是作者艾合买提·孜亚依的虚构。为了突出赛丁与扎比尔两人之间的矛盾,作者让童年时代的赛丁与扎比尔在狩猎场上相遇,为故事后来的情节发展埋下伏笔。在冬季农闲时的狩猎中,赛丁随父亲依不拉因一起到塔克拉玛干沙漠边缘狩猎,扎比尔就在这猎人的行列中:"在猎人们的队伍中,也有扎比尔和他的黑鹰。"猎人们去围猎时,赛丁在小马驹的陪伴下留在篝火旁。他发现捕兽夹夹住了一只火红的狐狸,当他正去取时,扎比尔手上的那只黑鹰飞了过来,误把赛丁当成猎物凶猛地撕咬着他,小马驹见状奔上前咬下了鹰的脑袋,孩子和黑鹰同时倒地,孩子失去了知觉,而黑鹰当场气绝。当父亲赶到时,已苏醒过来的赛丁将发生的一幕告诉了父亲,人们夸赞着小马驹对主人的忠诚。这时扎比尔的反应则是:

> 其中只有扎比尔忧心忡忡,
> 为失去心爱的猎鹰而心痛。
> 他心想,离开了我的宝贝,
> 就等于失去了狩猎的智慧。

> 从此他对赛丁心怀芥蒂，
> 将他作为自己的仇人。
> 请看在这茫茫戈壁上，
> 是命运将他们结为仇人。

　　虽然与尼扎里的同名作品相比艾合买提·孜亚依的《热比亚与赛丁》做了大量的转换和添加，但是通过爱情悲剧来批判旧社会吃人的封建等级观念等陋习给无数维吾尔民众带来的悲剧，是这两个作家共同的目的。这一情节的添加不仅对故事的发展有重要作用，同时对主题的发掘有重要意义。在旧时代，生活于社会底层的维吾尔族民众永远都是受歧视的群体，只要封建制度存在，他们与封建上层之间的矛盾就持续存在。作为社会底层代表的赛丁与社会上层代表的扎比尔之间的矛盾，象征性地表达了人民与统治者之间矛盾的本质。所以。一方面作者以第七章中的狩猎一场为情节线索，使得虚构和添加的赛丁与扎比尔两人日后的矛盾自然发展，另一方面，从狩猎生活以来的维吾尔社会，就有不平等和剥削的存在，随着封建社会的产生和发展，这一矛盾日益激化，最终给人民带来的悲剧和痛苦是必然的。从中也可见作者寓深刻的思想于巧妙的构思之中。

　　在艾合买提·孜亚依的达斯坦中，赛丁与热比亚产生爱慕之情在于彼此被对方的知识和品性所吸引，这是艾合买提·孜亚依在诗中特别强调的。美好的情感和高尚的情操是两人爱情的基础，也是人之所以高贵的缘由。而扎比尔完全与他们格格不入。随着情节发展，赛丁与扎比尔之间的相遇次数的增多，两人的仇恨也不断加深，赛丁的命运更加悲惨。赛丁学成返乡，当赛丁家的媒人遭拒绝，尤其赛丁听说热比亚的父亲要将她嫁给扎比尔时，命运又将他们成为敌手：

> 如果赛丁只听到拒绝还罢，
> 听说要她嫁给扎比尔则浑身发颤。
> 心中的爱情之火在熊熊燃烧，
> 心中充满忧愤。

　　小时候黑鹰的事件，

　　使他已把仇恨留在心怀。

　　那件事已过去了很多年，

　　命运让扎比尔与他成为敌手。

　　赛丁与热比亚之间的爱情也逐渐充满了抗争的色彩，他们没有接受命运的安排，而是向命运发出挑战。他们决定在亚库甫为热比亚与扎比尔举行婚礼之夜逃走。他们找到赛丁小时随父亲出猎所见到的一片浓密的树林中藏身。在朋友艾山的陪伴下赛丁带着热比亚向塔克拉玛干沙漠方向行进。他们在沙漠中遇到了一位神秘高人（Pir，祖师、高手之意——笔者），他对年轻人给予忠告，其忠告词集中体现了维吾尔民间传统的精华，其中包括谚语、风俗、传统，还有劝谕年轻人如何为人，尊敬父母，不畏惧困难，与人为善，要对朋友忠诚等，体现了维吾尔族劝谕诗的特点。之后他们在沙漠中遭遇狂风，迷失了方向。这时扎比尔已追赶而至，将他们抓捕，热比亚被交还给其父母，而赛丁却被投入监狱。在修建喀什城墙的劳动中赛丁见到扎比尔，愤怒之下他痛打了扎比尔。扎比尔利用权势欲将赛丁置于死地。被迫离开赛丁的热比亚积郁成疾，不得不到喀什治病。在喀什听说了赛丁的死判决后，不顾自己病弱的身体，为了解救情人赛丁奔走呼号。在19世纪的喀什，女子与异性会面是不准许的，她只好女扮男装只身前往阿不都热依穆·尼扎里府上求助，赛丁终于得救。热比亚与赛丁在经历了种种不幸后终于可以见面了，这是何等幸事。但不幸的是赛丁终因身心交瘁，出狱后不久便死去。

　　到此，这段插进的故事情节结束，艾合买提·孜亚依的达斯坦与尼扎里的作品情结在这里重合。这些添加的情节，以赛丁为中心展开，又以赛丁的死结束，首尾一贯。赛丁离开人世前的短暂的喜悦，使整个爱情故事的悲剧色彩更加浓厚，给读者心灵的震撼更强烈。由于作者的精心安排，围绕着原有爱情故事，和作者添加的情节，成为一个完整的关于爱情悲剧发生的广阔的社会背景。读者不仅会被可歌可泣的爱情故事感动，而且也可以了解悲剧产生的维吾尔族历史文化原因，也能感受维吾尔民俗文化的美。

至此,本文已分别介绍了 19 世纪维吾尔文学的杰出代表阿不都热依木·尼扎里创作的爱情长诗《热比亚与赛丁》和 20 世纪优秀的维吾尔族诗人艾合买提·孜亚依在继承前人传统的基础上创作的同名爱情长诗《热比亚与赛丁》的主要故事情节。艾合买提·孜亚依用自己毕生的经历学习、研究尼扎里及其爱情长诗《热比亚与赛丁》,奉尼扎里为精神导师,经过半个多世纪的钻研和积累,写出了同名作品。早在 40 年代,艾合买提·孜亚依就指出阿不都热依木·尼扎里创作的爱情长诗《热比亚与赛丁》的重要意义。"首先这是由 19 世纪中国的维吾尔族诗人创作……其次作品中的主人公是维吾尔族。"①这两点是维吾尔达斯坦文体完成民族化过程的重要标志。从纳瓦依以来的维吾尔达斯坦创作在学习波斯、阿拉伯达斯坦传统,模仿、借用波斯阿拉伯题材的同时,一直都在努力探索民族化的道路,创作了以纳瓦依的《五卷诗集》(海米赛)为代表的经典之作。但在长达半个多世纪的时间里,从题材到主人公形象都来自异域。直到 19 世纪阿不都热依木·尼扎里从维吾尔民间取材创作达斯坦《热比亚与赛丁》,突破了数百年来维吾尔达斯坦创作传统。艾合买提·孜亚依不仅洞见了尼扎里的《热比亚与赛丁》达斯坦创作意义,而且在自己的创作中继承了尼扎里的创新精神。因此,艾合买提·孜亚依对尼扎里同名达斯坦的创造性继承的价值在于:突破了传统爱情叙事长诗的以爱情故事为主的封闭模式,在结构安排中表现为多重声音存在的对话式结构方式;其次是将广阔的历史文化背景观念引进达斯坦创作,将爱情故事置于特定时代的民族文化环境中,体现鲜明的民族文化特征和时代特征;最后是对读者的关注。将读者作为作品的参与者和作品价值的发现者。这是传统达斯坦所忽略的。

艾合买提·孜亚依创作的《热比亚与赛丁》在情节上的这些变化及由此引发的结构模式的变化,是他对古典文学继承的结果,也是他思考维吾尔古典文体在当代如何生存和发展后的探索性尝试。在 21 世纪的今天,他的思考和探索,应该对达斯坦研究者有所提示。

---

① 艾合买提·孜亚依:《阿合买德·孜亚依作品选》(维吾尔文),新疆人民出版社 1987 年版,第 72 页。

第二节　《热比亚与赛丁》中的人物

> 我们的家乡也曾出现一对年轻人，
> 他们是名副其实的恋人。
> 我要写下他们使其永留芳名，
> 让他们在爱情人物中占有席位。
> 又何必总是说什么莱丽与麦吉侬，
> 或一味以帕尔哈德与西琳为例，
> 为什么不想想家乡的这对恋人，
> 为什么不去讴歌他们的不渝恋情。

作为叙事文体，达斯坦创作的一个主要任务，就是要成功地塑造人物形象。与许多优秀的达斯坦作者一样，艾合买提·孜亚依在自己的作品中成功塑造了以爱情主人公热比亚与赛丁为主的几个人物形象。作者为突出热比亚与赛丁这两个人物形象，做了多种努力和新的尝试。作品中的主人公不仅有悲剧性命运，而且具有鲜明的个性特征。他们性格中的个性化特征是推动故事情节发展的一个重要基础。

该作品在人物形象处理上的成功之处在于热比亚形象的塑造。可以说，这一形象也是诗人重要的创作动机。细读作品，我们会发现作者对热比亚形象的描绘中，字里行间表现出的对这位维吾尔族少女的崇敬之情，我们还可以感受到作者在她身上所倾注的笔力。在作者笔下，热比亚是一位有独特成长经历、有自己独立的思想和鲜明的性格特点的形象。作者从不同侧面和角度刻画这个人物，使我们通过这一形象对 19 世纪维吾尔族女性有一了解。

艾合买提·孜亚依对这位维吾尔族少女的外貌作了如下描述：

> 如果说她是月亮，她却有嘴，

> 如果将她比作太阳,她有双眼。
>
> 把她比作那花朵,却又会说话,
>
> 说她腰身像垂柳,她却能行走。
>
> 说她眼睛像水仙,却飘忽闪烁,
>
> 说她双唇像莱丽花,却又能蠕动。
>
> 说她的脸像花儿,却比花儿美丽,
>
> 说她的秀发像颉草①,却梳得整齐。
>
> 如果把她的眉毛比作是那弯弓,
>
> 长而密的睫毛就是那射人的箭。

　　艾合买提·孜亚依对热比亚外貌的描写,每一句诗的前一部分用的是维吾尔族口语或文学语言中描述美丽的少女较为常用的比喻词,但后半部分则加以否定,以突出热比亚的美丽。如将热比亚比喻为月亮,这是维吾尔族对美丽的女子最常用的比喻,在生活中,对女孩子也常说月亮一样的女孩,母亲称女儿为"我的月亮般的女儿"等。在维吾尔族女孩中,以月亮为前缀的合成名字的很多,如 ay-nur(月光)、ay-gul(月亮花儿)、ay-jamal(月亮美女)、guzel-ay(美丽的月亮)等。艾合买提·孜亚依在运用这些约定俗成的描述模式的同时,突破这些既定模式,拆散句子原有的叙述顺序,即每一形容词之后,便反转其义。从民间俗语中来却又不落俗套。这不仅突出表现了维吾尔族少女热比亚难以用语言描述的美,也打破了读者原有的阅读习惯和接受心理。这不禁使人想起汉乐府之《陌上桑》中之罗敷难以言表的美。在艾合买提·孜亚依的描绘中,我们还可以感受到他认为热比亚真正的美不在于她的外表,而更在于她美丽的心灵,她为了爱情勇于抗争甚至牺牲自己的生命,这才是她最动人之处,也是她与波斯、阿拉伯达斯坦中美人的根本区别,她是维吾尔族文学土地培育出的花朵。真正吸引赛丁的正是热比亚高贵的品质。艾合买提·孜亚依从维吾尔族的审美角度出发塑

---

　　①　在维吾尔族传统中,将女子长而乌黑的秀发称为"Sunbul Qaq",意指"像颉草的,颉草一样的。"

造的热比亚形象,是维吾尔族理想中的女性:忠于爱情,高尚勇敢,智慧美丽而又富有同情心。她虽出身于富裕人家,但坚信与财富相比,爱情更重要,她痛恨仗势欺人、无恶不做的巴依。她看到身处富贵中的她们母女二人在家里却没有人的地位和尊严,没有任何权利,她明白这是自己不幸的根源。她知道赛丁虽出身贫寒,但他有高尚的人格,美好的心灵,有知识有技能,更有对她的火热的爱情。她认为赛丁比扎比尔这样的富人要好千百倍。赛丁身上的这些美好品德吸引着热比亚,为了能见到在喀什求学的赛丁,她表现出了极大的勇气。在那个时代,她不顾自己是女儿身,不顾社会对女子的种种宗教和礼俗的限制,克服重重困难来到喀什,向他立下爱的誓言;她为反抗父亲的强迫,为了逃脱令她厌恶的婚姻,毅然与赛丁私奔;当她在病中听到赛丁被判死刑的消息后,又再一次不顾时代对女子的严酷禁律,女扮男装,不仅只身去见了赛丁的导师、喀什德高望重的著名诗人阿不都热依穆·尼扎里,而且又在诗人的帮助下见了喀什的最高行政长官,用自己的真情和勇敢的行为感动了他们,挽救了赛丁的生命,表现出了超出人想象的勇敢。热比亚是一个执著追求理想者并为此而努力的战斗者。从作品中我们不难看出,歌颂热比亚在追求自己的人生、自由和爱情中所表现出的精神和为此而付出的努力,是作品所要表现的一个重要内容。作者本人在作品中也提到自己写这部作品的主要目的就是为了突出这个主题。所以,与尼扎里同名作品热比亚形象相比,这部达斯坦中的热比亚形象被赋予积极的战斗精神和反抗意识,她性格中智慧和战斗精神得到更加充分的体现。

热比亚生长在一个严厉的父亲统治下的家庭,就像他母亲所说:"你要明白,我们没有任何权利,/你要小心你父亲的坏脾气。"母女俩在家庭里没有任何权利和自由可言,她们不能为自己做主,也不可能按照自己的意愿行事。她们在家庭中的这种低下无权的地位,是近代维吾尔族社会环境的真实写照。因此在当时的社会环境和思想环境中热比亚的反抗精神和反叛行为才显得尤为可贵,这也是热比亚形象最可贵之处。她大胆反抗父亲的专制和强迫,是因她从母亲逆来顺受的可怜处境中看到了自己的将来,她反抗父亲对自己命运的主宰,她希望自己决定自己的命运,封建男权思想统治下母亲那一代维吾尔族妇女的悲剧不再在自己身上重演:

> 如果你们不准我嫁给赛丁，
>
> 千万不要把我嫁给扎比尔。
>
> 如果你们不同意我的要求，
>
> 如果父亲不把我的话放在心上，
>
> 我就要放弃这无情的人世，
>
> 像凋谢的花儿一样过早枯萎。

　　作为当时维吾尔男权中心地位的父亲亚库甫，他认为妻子服从丈夫、女儿的婚事由父亲做主，这是天经地义、毫无疑问的。所以他认为为女儿找到一个有钱人家是他做父亲的对女儿最大的关心，热比亚没有理由拒绝。他无视女儿的哭诉，认为等嫁过去她就会忘了那个穷小子。但是她追求的不仅仅是真正的爱情，更是做人的尊严和权利。所以，她哀求父亲，可以不准她嫁给赛丁，在这里热比亚表达了她为了追求自由，她宁愿牺牲与赛丁的爱情作为代价。"爱情诚可贵，自由价更高。若为自由故，两者皆可抛。"这是人类的共同追求，在艾合买提·孜亚依理想化的维吾尔族女性热比亚的形象中的体现。当父亲不理解更不尊重她的选择时，她没有像母亲那样压抑自己，而是反抗以父亲和扎比尔为代表的那个社会。与其屈从父亲的强迫，嫁给毫无人性的扎比尔，过没有自由、没有幸福的生活，她宁愿去死。在当时的时代环境之下，她追求自己的权利和自由的自觉意识，仅此一点，就十分难能可贵，具有非常积极的意义。热比亚形象体现了艾合买提·孜亚依本人对维吾尔族妇女的社会地位和命运的思考，他将热比亚塑造成为一个觉醒的现代女性形象，作者赋予她的这种不同于同时代其他女性的自觉意识和她坚定的意志，使这一形象可爱可敬。

　　另外，作者在创作歌剧《热比亚与赛丁》时就有明确的意图，他认为发生在喀什的沙枣树林间、在亚玛雅尔水渠边的这个爱情故事，非常具有民族特点，依此写出的叙事长诗，应该是维吾尔族民众生活的反映，与中亚流行的爱情长诗有所不同。中亚的爱情长诗如《莱丽与麦吉侬》中的男女主人公或为爱情而流浪、或为爱情而死，但他们无力去反抗权势，也不能主宰自己的命运。而热比亚与赛丁的真实故事之所以能感动代代维吾尔民众，吸引许多作家终生以此为题材进行创作,就在于热比亚所具有的对爱情与自由幸福生活的执著追求的精神,热比亚的性格更具有维吾尔女性的个性特征,符合维吾尔族的审美理想和追求,完全不同于中西亚达斯坦中的女性形象。

热比亚形象与中亚女性形象的不同还表现在她能以积极的态度面对重重困难。当她得知赛丁被判死刑之后,她并没有哀叹命运的不济,而是竭尽全力设法营救:

> 这消息如大山压在她头顶,
> 心如刀绞,似没有了呼吸。
> 悲痛欲绝发出声声叹息,
> 失去知觉摔倒在地。

她醒来后决心以自己的智慧营救心上人赛丁,她以极大的勇气到王府找到著名诗人尼扎里,恳求他帮助,诗中这样写道:

> 当时的情形对热比亚不易,
> 事情发展并不如想象的顺利。
> 一个少女要想只身私闯王府,
> 想见到要人尼扎里谈何容易。

但热比亚依然没有被困难所吓倒,她凭借自己的智慧和胆识,女扮男装,进入王府,找到了尼扎里并向他说明实情。尼扎里对她深表敬意,诗中这样写道:

> 尼扎里多次为少女之举惊叹,
> 夸赞她对爱情如此忠贞不变。
> 祝愿他们能永远常相厮守,
> 至死也能在一起相互为伴。

正如诗人所言,热比亚此时已把自己的一切都献给了赛丁,当赛丁离开人世时,她也相随而去,实践了她对赛丁的忠贞不渝的誓言。这人世不值得她留恋,死亡可以使她与爱人在一起,她宁愿选择死亡。热比亚热爱生活、追求幸福,一个有追求有理想的美丽少女却被封建专制和愚昧所吞噬,一朵含苞待放的花过早枯萎,热比亚之死令人痛心、惋惜。热比亚的死是对残酷现实的反抗。她最后选择了死亡,不是退缩逃避,而是勇敢的追求。

诗人艾合买提·孜亚依在热比亚形象的塑造上倾注了思想和感情以及自己的艺术追求。这一形象表达了作者对封建专制制度的批判,揭露了当时维吾尔族中封建陋习、落后愚昧是造成热比亚和赛丁爱情悲剧的原因。热比亚死后,周围人有种种议论和猜测。究竟应该怎样看待热比亚及其行为,艾合买提·孜亚依在诗中表明了自己的态度:

> 热比亚是真正的忠贞之人,
> 她的行为已多次得到印证。
> 她一生为此而作出努力,
> 有思想的人都会赞美歌颂。
> 所有的人都这样说吗？也不!
> 也有人分不清是非,说三道四。
> 有人视做珍宝,也有人比作石头,
> 还有人夸她智慧,也有人说她傻。
> 有人说她破坏了女人的美好形象,
> 还有人赞赏她无畏的勇气。
> 有人却认为是出了格的行为。
> 好与坏,是与非,褒与贬,
> 对她的言行众说不一。
> 如果凭良知对他进行评价,
> 我们怎能不高度夸赞她。
> 她是忠贞勇敢、智慧超群的姑娘,
> 谁也没有权利去谴责她,

因为她顽强地维护了自己的权利。

如果有谁忘记自己的权利，

没有自由的生活只能是他的选择，

与这些人相比，热比亚要优越千百倍。

人所以为人在于要有做人的权利，

屈从于无权地位又怎能称之为人？

热比亚为人的权利而献身，

她献身之处从此也被称做少妇堤。①

她的故事在民间流传成为达斯坦，

让历史的篇章充满鲜花的芳香。

来吧，乐手，请将乐曲弹奏，

把这永恒的爱情来歌唱。

愿你的歌声给他们以慰藉，

愿人们受到满怀理想。

可以说，热比亚是艾合买提·孜亚依在爱情长诗《热比亚与赛丁》中塑造的最成功的一个人物形象。热比亚的形象成为新时期维吾尔文学中的一个不朽的形象之一。

在赛丁形象的塑造上，艾合买提·孜亚依也有自己的独到之处。在作品中，赛丁与热比亚两人的性格各异但又互为补充、相得益彰。热比亚的性格特征为积极主动的行动，而赛丁的性格特征则是善于思考。当然，赛丁也像热比亚一样，是一个追求理想和爱情的积极行动者，在热比亚的新婚之夜带着热比亚私奔、在喀什城墙的工地与扎比尔的搏斗等都说明他不是一个单纯的思想者。但在他性格中，善于思考的特征更引人注目。在作品中，他的反抗行为均遭失败，成为殉情者，也是封建专制时代的牺牲品。但是，这

---

① 在维吾尔族的传统习俗中，女子结婚生下头胎，孩子满月之后要举行满月仪式，这个仪式称为"少妇仪式"（Qokantuy，少妇婚之意，Qokan，在维吾尔语中专指已婚的年轻女人）。热比亚、赛丁家乡的民众从心底承认他们的爱情，为了纪念这对恋人，特将热比亚投河自尽处称为"少妇堤"——笔者注。

一形象却有鲜明的时代思想特征。本书前面已论述艾合买提·孜亚依年轻时代接受启蒙思想的影响,树立反封建、反愚昧落后,以科学和民主开启广大民众为己任的启蒙主义思想。赛丁形象则是这一思想的艺术体现。与热比亚不同,作者将他塑造成思想上的反叛者。他做事深思熟虑,行为冷静,体现了底层的广大维吾尔民众的思想和智慧。

赛丁是一个真正的农民的儿子,所以他身上有维吾尔族农民所特有的诚实善良、勤劳勇敢,但是,他又完全不同于传统的农民,他受过良好的教育,他在喀什当时著名的经文学校学习,认识了知名诗人尼扎里等人,他参加喀什诗人们的聚会,他的诗歌才华也受到了诗界名流的青睐;他发表的关于人的情感的见解所具有的深度令喀什的知识分子震惊。在作者的笔下,赛丁是一个感情丰富思想活跃的青年。同时他又不同于中亚及维吾尔传统爱情长诗中的男主人公麦吉侬。麦吉侬是为了爱而放弃一切的情痴。但赛丁在追求个人的爱情的同时,非常体恤父母,关心他人,清醒而理智,这也是热比亚倾心于他的原因。当他父母得知他对热比亚的感情后,知道此事不会有结果,劝赛丁放弃,这时赛丁说:"后退这不是我所愿,/爱将永远与我为伴。"当媒人被退回后,他的这种想法更加坚定:

这就是赛丁的想法,

他已经不顾了生命。

心中盘算着各种计划,

准备铲除扎比尔这条毒蛇。

他为此已下定了决心,

除了热比亚他不会再爱别人。

他没有向统治者和巴依低头,用无比的忠诚回报热比亚对他的爱。即使遭遇失败落在扎比尔手中后也没有放弃与热比亚在一起的追求,也没有停止与以扎比尔为代表的封建势力的抗争。诗人在对赛丁的审讯一节中这样描写道:

问：你为什么做这样的事？

答：是他们逼着做了这件事。

问：他们如何逼你？

答：逼我离开了我的恋人。

问：可这少女不属于你呀？

答：我们已发誓忠于爱情。

问：可他父亲坚决不同意，

答：这要根据女儿的意愿来定。

问：你这想法完全是错了，

　　决定婚姻的是她的父亲。

答：不能这样看待婚姻，

　　结婚的是女儿还是父亲？

　　父亲决定时也要征求女儿，

　　要看女儿是否愿意。

赛丁言词中所表达的思想，表达了觉醒的一代维吾尔族青年对爱情和婚姻的认识。他们不再遵从父母之命，而是强调自己的婚姻由自己做主，这正是启蒙时代的思想特征。赛丁用自己智慧而又有力的语言，谴责了扎比尔和亚库甫等人。扎比尔失败，但赛丁被判以死刑。赛丁明白自己的悲惨命运完全是因为那个不平等的社会造成的。诗人将赛丁塑造为一个既有高尚品格又有大无畏气慨，而且忠于爱情的一个完美的理想人物形象。无论是赛丁的形象还是热比亚的形象，被理想化地塑造是他们两人的共同特点。这两个人物，既有生活真实的来源，但又有艺术的加工和润色，提高了作品的审美价值，能给读者带来审美享受。

作者本人已被真实生活中的热比亚和赛丁的悲剧所深深打动，他认为这样的爱情悲剧和爱情人物在现实生活中是罕见的，因此极为珍贵：

热比亚、赛丁是其明证，

还有什么爱情会比这更感人。

> 自打他们心中产生了爱情，
>
> 却不能经常相见心满意足。
>
> 他们很少能单独会面，
>
> 不能彼此相互表白爱情。
>
> 小小年龄就饱尝了爱的煎熬，
>
> 一个死去，另一个投身河水相伴。
>
> 这不就是真爱的秘密，
>
> 世上还能有比这更高尚的爱情?!

作者认为自己有责任将他们的故事传达给所有人，他采用了维吾尔传统达斯坦的形式，塑造了两个维吾尔族爱情主人公的艺术形象。

对作品中的另外两个反面人物形象亚库甫和扎比尔，作者也塑造得非常成功。作者没有在作品中对他们两人作正面描绘，而是通过侧面描写，在与主人公热比亚和赛丁的矛盾斗争中完成他们的性格塑造。他们的反面性格起到了激化矛盾并推动情节发展的作用，他们也是作品中的重要人物。作者塑造这两个形象也经过了深思熟虑。这两个反面人物不仅是热比亚与赛丁爱情悲剧的制造者，也是欺压维吾尔民众的邪恶势力，他们是愚昧落后观念、封建社会权力的代表。

亚库甫是村里的一个巴依(财主)，是热比亚之父。在诗的开头，作者对他有这样的描述：

> 一个是名叫扎比尔的伯克，
>
> 他凶残、无耻、虚伪，
>
> 还有一位名叫亚库甫，
>
> 在凶残方面与扎比尔是一对。
>
> 在这血泪斑斑的达斯坦中，
>
> 随处可见这些人的行踪。

亚库甫沉迷于钱财与权势，甚至将女儿也作为获得利益与财富的手段，

女儿是否幸福,对他来说无关紧要。热比亚的母亲想成全热比亚与赛丁的婚事,却遭到丈夫的训斥:

> 母亲:我们就选择这个婚姻吧。
> 亚库甫:你赶紧给我放弃这想法!
> 母亲:那孩子是不错的青年。
> 亚库甫:对我来说最重要的是金钱。
> 母亲:知识和人品的伟大,金钱无法衡量。
> 亚库甫:这些全都没用,我需要钱和显赫的名望。

从这段对话中,亚库甫贪婪、自私、丑恶的心灵暴露无遗,他是扼杀女儿生命的元凶。因此,作者在作品中从来没有给亚库甫以父亲的称谓,从中可以看出作者对亚库甫的严厉批判态度。亚库甫不顾女儿的悲伤,与扎比尔商量后就举行了婚礼。热比亚坚决不从。亚库甫对此大发雷霆,他对妻子说道:

> 现在你就给女儿收拾行李,
> 告诉她"要明白自己已经嫁了人。
> 不许再跑回来令你丈夫为难",
> 你要让她快回丈夫家里,
> 如果不行,你自己带她去。
> 让她回去和丈夫和好,
> 把那已死了的穷小子忘掉。
> 如果你再不听我的话,
> 我要让你们尝尝我的厉害。
> ……

另一反面人物扎比尔,作者将他塑造为社会黑暗的化身,权势的代表,是造成热比亚、赛丁爱情悲剧的元凶之一。作者一方面揭露他的丑恶心灵并加以严厉批判,认为热比亚与赛丁所经历的"这一切都是由扎比尔造成,/他仅仅为了向赛丁显示自己的威风"。另一方面通过赛丁对他的谴责,指出真正的爱情只属于高尚之人:

> 爱永远不属于你这样的人,
> 你在追求无法满足的贪欲。
> 你已被欲魔这野兽俘虏,
> 心中不会存有爱的秘密。
> ……

在诗的开头,作者在描述冬闲时维吾尔族农民的狩猎生活时,就在少年时代的赛丁和扎比尔之间埋下了仇恨的种子。扎比尔与赛丁之间的矛盾,因热比亚而日益激化。后来他不仅将赛丁送入监狱,还利用自己的权势,使赛丁在狱中受尽折磨。在修建喀什城墙的劳动中,他指使工头百般刁难、侮辱赛丁:

> 扎比尔特别向工头提起赛丁,
> 指使他要狠狠整治把他看紧。
> 所以赛丁从来都没得到过安生,
> 辱骂和殴打赛丁每天要历经。

两年多的时间赛丁就在扎比尔的魔爪中度过,他受尽侮辱,饱尝痛苦,赛丁决定复仇,一次偶然的机会,扎比尔与赛丁在工地上相遇:

> 扎比尔正好与赛丁擦肩而过,
> 赛丁用麻袋套驻扎比尔。
> 满怀愤怒将他打翻在地,
> 劈头盖脸一脚脚踩了下去。
> 扎比尔满头满脸都是血,
> 半死不活昏倒在地。

扎比尔毫无人性之处,由他与赛丁的第一次较量开始,到热比亚的死结束。在这个过程中,作者完成了对这个人物性格的刻画。热比亚不愿屈从父亲和扎比尔的安排投河自尽,全村人为之震动,但只有扎比尔与众人不同:

> 但扎比尔闻讯恼怒异常,
> 骑着马去了别的村庄。
> 这个死讯对他没有什么影响,
> 他没有为少女而悲悯惆怅。
> 扎比尔需要的只是奴隶而已,
> 这个或那个对他都一样。
> 他心中不会有爱的印记,
> 他需要的只是一些少女。
> 所以他不会为此而伤悲,
> 没有真情谁对他都无所谓。

作品中另外一些人物,如热比亚的母亲、艾山、祖乎拉丁以及阿不都热依木·尼扎里,都是热比亚、赛丁的亲人和好友,他们在诗中的身份不同,各自起着不同的作用,他们的言行也给读者留下了深刻的印象。特别是阿不都热依木·尼扎里形象的塑造,使读者对18—19世纪作为知识分子形象代表的维吾尔诗人在喀什社会中的地位和作用有所认识。

作者从当时特定的社会环境出发,注重塑造人物形象。作品中的人物不仅有属于那个时代的行为举止,更为重要的是具有那个时代的思想和观念。通过这些人物的行为和思想,作者抒发了自己对封建传统和反动势力的抨击,对热比亚与赛丁的歌颂及其悲剧命运的无限惋惜和同情。

最后笔者还要指出的是,作者在作品中塑造的农民的群体形象,体现了艾合买提·孜亚依的人民性思想,这是在自纳瓦依以来维吾尔文人创作叙事长诗中少有的一部直接正面讴歌农民形象的作品。在诗中,作者与他们倾心交谈:

> 你是一个伟大的群体，
>
> 给所有的生命以食粮。
>
> 你让戈壁变成花园，
>
> 开渠引水让荒山穿上绿装。
>
> ……
>
> 不论帝王还是乞丐，
>
> 因你的汗水方能存在。
>
> 你让人感受天伦之乐，
>
> 自己却受尽凌辱和折磨。
>
> 你让他人沉浸于花海，
>
> 自己却在泥潭中深埋。
>
> 你抛洒汗水为他人编织花环，
>
> 自己却因被受欺凌而凋残。

由于作者本人就出生于这个群体中，对农民的伟大创造力和他们的艰辛有深切的体验，因此在诗中加以正面歌颂。

第三节　叙述者身份的多重变化

近年来文学批评中显而易见的对叙事理论的兴趣是人文社会学科中的一个运动。作为理解生活必不可少的诸种解释方式，模仿与叙事研究已经从原来的仅为小说或叙事长诗的某一研究方面这一边缘地位一跃而占据文学研究的中心。这一节将从叙事学的角度研究艾合买提·孜亚依的《热比亚与赛丁》，并进而探讨作为维吾尔古典文学主要文体的叙事长诗在 20 世纪的发展和变化，以期能有助于总结这一变化的规律。

19 世纪至 20 世纪初，是维吾尔族社会动荡频繁的时代，也是维吾尔族思想文化转型的重要时期。艾合买提·孜亚依是 20 世纪维吾尔文学史上处于古典时代落幕、现代文学肇始之交界点上的几位诗人之一，在半个多世纪的创作生涯中,他用自己的作品,演绎了这一渐变过程,被许多学者概括为"维吾尔古典文学开始逐渐向现代文学过渡"的总结,在他的笔下不再是一个抽象的概念或僵硬的文字,而是一个动态而鲜活的过程,尤其在他的爱情长诗《热比亚与赛丁》中表现得尤为明显。对艾合买提·孜亚依的代表作《热比亚与赛丁》的叙述学研究,可总结20世纪维吾尔文学发展的一个重要特征,即达斯坦文体内部的变化特征。这一特征表现为,在20世纪的文化语境下,创作主体对叙事文本的结构模式所作的前所未有的创新,这是本节讨论的重点。

为了使读者能更好地理解维吾尔族达斯坦创作在20世纪的变化,笔者将对20世纪维吾尔族诗人思想的变化作简短的描述。

按照传统的看法,历代维吾尔诗人的创作,大多是后代诗人对前代诗人的延续,似子承父业,是一种单一的继承关系。但是,我们往往忽略了一个重要内容,就是时代和社会对创作者思想的影响使他们对自己的创作提出更高的要求。笔者认为,在20世纪维吾尔族诗人中,在对待如何继承前人的文学遗产的问题上,表现出一种强烈的个性化色彩,亦即20世纪的时代色彩,这种个性化色彩我们可以将其称为诗人的内心焦虑所导致的对以往传统的超越。这里所说的焦虑体现为两层含义,一层焦虑是指面对前代诗人巨大影响的焦虑,特别是如维吾尔族历史上出现的如玉素甫·哈斯·哈吉甫、纳瓦依、阿不都热依木·尼扎里等一代代杰出诗人和他们创作的诗歌传统,20世纪诗人在这些前代诗人留下的诗歌传统中成长,他们的精神、卓越才华以及优秀的诗歌创作成就使他们产生强烈的欲望,不仅要学习,还要超越,创作出自己时代的杰出诗作。另一层焦虑是来自波斯、阿拉伯的诗歌传统。波斯、阿拉伯文学中不仅诗人辈出,而且伊斯兰教传入以来,全面影响了维吾尔族的思想和文化,而文学的影响是最直接和持久的。但是到19世纪末20世纪初,由于国内外启蒙思潮的影响,维吾尔族知识分子中出现了反封建愚昧和提倡科学民主的启蒙文化思潮,在文学创作上则体现为从形式到内容的对本民族文化传统的强调。维吾尔族诗人欲超越波斯、阿拉伯诗歌的影响,创作出20世纪具有民族特色和地方文化特色的诗作,就成为20世纪诗人的追求目标,也是他们的焦虑所在。在这样的双重焦虑之下,现代维吾尔族诗人一方面在借用前代的思想或者他者的声音,但另一方面却要努力超越这种影响。"因为,一旦牵扯到慷慨的施舍,那位被影响的诗人岂不就成了不重要或渺小了。施舍得越慷慨,越带相互性,牵扯在内的诗人就越贫穷。"①因此,诗人们总是要不断改变文学形式,来表明他们同样强大和富有,他们认为自己同样可以成为后代诗人的慷慨施舍者。艾合买提·孜亚依的叙事长诗《热比亚与赛丁》就是这样一部典型的在双重焦虑影响下,满怀着20世纪诗人既想超越前代诗人又想超越波斯、阿拉伯影响,创作出真正能体现20世纪维吾尔族诗人水平的具有鲜明民族特色的作品。20世纪维吾尔族叙事长诗创作中两部作品的出现能说明这个问题。40年代初,维吾尔现代文学奠基人之一、著名诗人尼米希依提(1906—1972)以维吾尔民间流传的变体为基础,对纳瓦依的《帕尔哈德与西琳》进行再创作,写成一部《千佛洞与帕尔哈德西琳》。该长诗由帕尔哈德、西琳和千佛洞的修建三部分构成,长诗中,传统的爱情故事被置于佛教文化背景之下,叙事长诗创作的主要目的不再是为了表现传统的爱情故事,而是重在描述克孜尔千佛洞的来历,突出维吾尔族的传统文化色彩。同样,艾合买提·孜亚依在20世纪80年代创作的《热比亚与赛丁》,一方面延续了维吾尔族叙事长诗的传统,在前代诗人尼扎里创作的同名作品的基础上多次进行再创作,在20世纪40年代到80年代末的时间里。创作了以热比亚和赛丁爱情故事为主题的歌剧、诗体小说,直至最后写成一部从长度来看远远超出前代诗人阿不都热依木·尼扎里的同名作品。艾合买提·孜亚依在40年代创作的歌剧《热比亚与赛丁》的前言中,对前代诗人尼扎里创作的叙事长诗《热比亚与赛丁》有两点评价,对我们认识20世纪文学具有重要意义。一是他认为尼扎里最值得肯定的是作者为生活于19世纪的中国维吾尔族诗人,二是作者创作的题材来源和人物形象完全是喀什本土的。艾合买提·孜亚依洞见了20世纪维吾尔文学创作者主体意识出现的渊源,认为尼扎里不仅因为其开启了维吾尔现实主义文学的先河而被关注,更因为他在作品中体现的主体意识使他在选材和创作中表现出的特点。也就是说,艾合买

---

① [美]哈罗德·布鲁姆著:《影响的焦虑》,徐文博译,三联书店1989年版,第31页。

提·孜亚依、尼米希依提等的对民族文化传统的强调，是起源于 19 世纪现实主义诗人的。这一点，虽未被研究者加以深入研究，但艾合买提·孜亚依、尼米希依提、阿不都热依木·乌提库尔等诗人在自己的诗歌创作中一致表现出的对民族文化传统的强调，是时代的必然。

因此，在上述思想的指导下，艾合买提·孜亚依在叙事长诗《热比亚与赛丁》中所表现的太多的新意就很容易理解。以下将从叙事学理论角度重点讨论艾合买提·孜亚依的爱情长诗《热比亚与赛丁》的特点。

维吾尔族叙事长诗历史悠久，内容丰富，从叙事角度来看，基本延续一个固定模式，即以第三人称叙事为主的"故事中套故事"模式，这是维吾尔叙事长诗特别是爱情叙事诗的特点。但艾合买提·孜亚依在其叙事长诗《热比亚与赛丁》中，打破这一固定叙事模式，交叉使用第一人称叙事和第三人称叙事，使作品在叙事上呈现"不同的人讲述不同的故事"这样的新叙事方式，有多个声音存在，开放的对话式特点，这不仅是艾合买提·孜亚依叙事长诗《热比亚与赛丁》的显著特点，也是维吾尔古典达斯坦文体在 20 世纪发展的体现。

艾合买提·孜亚依的爱情长诗《热比亚与赛丁》全文共 439 页，为 51 章，每章都有独立标题，可独立成篇。从整体看该长诗可分为三大部分：第 1—15 章为第一部分，主要是全诗的铺垫，为爱情故事的展开埋下伏笔。这部分介绍维吾尔族历史文化、民间习俗、曾有过的如狩猎生活等各种生活方式和文学传统等，包含的内容十分广泛。作者出于考虑热比亚、赛丁爱情故事的完整性，在这一部分不仅详细说明了故事发生的历史背景和文化背景，同时也谈及了自己的经历、写作目的和原因。

从第 16—44 章为第二部分，这一部分是全诗的重点，着重叙述热比亚、赛丁的爱情悲剧。从第 44—51 章，是一个学者关于民间传说的学术研究，其中也包括创作这部作品的主旨，围绕这个故事引发的民俗活动等。作者提醒读者关注作品中有关维吾尔族的历史、文化、文学、哲学等相关内容，希望读者不要把这部作品仅仅当做一部爱情长诗来欣赏，要体味其中的深刻内涵。他写道：

我开始写下这部达斯坦，

为后人留下一些纪念。

我希望自己化为黄土之后，

面对祖国我能洁白无垢。①

长诗中除了热比亚与赛丁的爱情故事外还隐含有多重含义，需要读者发现、体会，所以在叙述上，作者在采用传统爱情叙事诗常采用的以第三人称"故事套故事"的叙述方式外，不断改变叙述者身份，以叙述不同的内容。作品中同时会有不同叙述声音出现，从不同角度彼此进行跨越时空的对话。所以，这部作品同时有三个声音在说话：一个是传统维吾尔达斯坦的第三人称叙述者，讲述热比亚与赛丁的故事；一个是故事讲述者"百灵"，作为诗人的象征，讲述许多故事，由于身份的灵活性，"百灵"不仅讲述一个诗人的坎坷经历，还与其他历史人物展开对话，探讨人生、哲学、文学等问题；另外还有一个是很难辨别但自始至终都存在的声音，这是一位学者，他的声音夹杂在前两个声音中，以不同的形象出现，讲述维吾尔族的历史、早期的狩猎生活、有关塔克拉玛干沙漠的民间传说和学术研究、维吾尔族达斯坦发展史、热比亚赛丁故事发生地、被发现和创作过程、学者的多次探访等。因此，对艾合买提·孜亚依叙事长诗《热比亚与赛丁》的不同叙述者身份的研究，是认识这部作品文学特点的一个重点。

叙述者指叙事文本中的"讲话者"，是叙事学中最核心的概念之一。由于艾合买提·孜亚依的长诗《热比亚与赛丁》中"声音或讲话者"变化频繁，身份不定，读者需要不断停止阅读，细加分辨；另外由于文本中的"声音或讲话者"频繁变化，非连贯性叙事造成了作品结构的多层次特征。叙事方式和技巧成为研究长诗《热比亚与赛丁》的关键一环。在此对本书中将要涉及的一些术语如叙述者、叙述接受者、真实作者与暗含作者等略作说明。

真实作者是创作叙事作品的人，叙述者是作品中故事的讲述者。真实作者与叙述者是两个不同的概念，他们之间有着本质的区别。真实作者是

---

① 艾合买提·孜亚依著：《热比亚与赛丁》(维吾尔文)，民族出版社1985年版，第436页。

生活在现实世界中的人,叙述者则是真实作者想象中的产物,是叙事文本中的话语。一个作家,根据创作的需要可以虚构出多种叙述者形象。真实作者与叙述者之间有多种关系。在编年史和自传体这样的叙事文中,叙述者是真实作者的可靠代言人,如孜亚依的自传体小说《九死一生的人》。一个真实的作者,根据创作的需要可以虚构出多种叙述者形象,这样真实作者与叙述者之间就形成了诸种关系:一部作品可以有一个叙述者,也可以有多个叙述者。所以研究者将叙述者和作品中的人物称为"纸上的生命",叙述作品中的说话人并不是生活中的写作的人。叙述者一经被创造出来,就脱离了作者而成为作品中构成因素,而真实作者则存在于作品之外。

暗含作者,常被称做"作者的第二自我"。暗含作者在作品中的功能是沉默地设计和安排作品的各种要素和相互关系,但他比真实作者更理智、更聪慧、更富有情感。与叙述者相比,暗含作者潜藏于文本之中,暗含作者没有声音,没有体现为语言符号,是读者从文本中"读"出来的,是读者阅读理解作品的产物。一般来讲,在叙事文本中,由于真实作者和暗含作者都不存在,因此被排除在叙述学研究的范围外。

叙述接受者为作品中叙事者为之对话的人,是与叙述者相对应的概念,是叙述者的交流对象,文本里的听众。在叙事文中,叙述者与叙述接受者是互为前提、互相依存的。如在《红楼梦》中:"看官:你道此书从何而起!——说来虽近荒唐,细玩颇有趣味。"①

简言之,叙述者不同于真实作者,也不等于暗含作者,他是叙述文内的讲故事者。叙述接受者则是其在文本内的交流对象。② 结合艾合买提·孜亚依的爱情长诗《热比亚与赛丁》,本书主要讨论叙述者身份多重变化的特点。

一般说来,叙述作品中的叙述者形象一经确定,便不再改变。传统的达斯坦就是这样一个有固定叙述者形象和叙事模式的结构系统,即我们常说的叙述者身份为第三人称叙事方式。但还有一种情况,就是一些作者突破

---

① 胡亚敏著:《叙述学》,华中师范大学出版社1998年版,第41页。
② 参见胡亚敏著:《叙述学》,华中师范大学出版社1998年版,第38页。

了这种固定模式,在作品中多次变化叙述者的身份,这被称为叙述者身份的违规现象。① 这种违规现象是对叙述者的固定类型的反抗,从某种意义上讲,也是革新叙述者形象的表现,艾合买提·孜亚依的爱情长诗《热比亚与赛丁》就属于这种情况。作品中叙述者的身份并不固定,叙述者有时以"我"的身份出现,是第一人称叙述方式,这时,便虚设一个臆想的接受者与之呼应。在叙述热比亚与赛丁的爱情故事时,则以第三人称叙述者身份叙述,但叙述者和叙述接受者以不同的身份穿插于其中,对故事加以说明。这构成了艾合买提·孜亚依爱情长诗《热比亚与赛丁》艺术上的一个重要特性。

在艾合买提·孜亚依《热比亚与赛丁》中,叙述者主要有这样几种身份:(1)第一人称叙述者,即抒情主人公"我",这在作品中的第一部分的主要叙述身份,这一部分作者虚构的成分较多;(2)"故事讲述者百灵鸟";(3)第三人称叙述者,主要讲述热比亚与赛丁的爱情故事。在作品中,叙述者身份的变化在长诗中随处可见,并不固定在某一部分,甚至有时在一段叙述中,就会发生多次叙述者身份变化。

第一种身份抒情主人公"我"。在作品的第一部分,尤其是前两章,叙述者的身份是抒情主人公"我"。在长诗中,这个形象没有固定的称谓,有时直接用"我",有时则用"感觉"(Tuyhu,感觉、知觉)。第一章,"感觉"回顾了中亚及维吾尔达斯坦的历史,从阿拉伯的莱丽与麦吉侬,到波斯的帕尔哈德与西琳,又到了天山腹地的塔伊尔与祖赫拉,最后回到跳水身亡的热比亚……第二章以十分抒情的语言抒发了我对人之奥秘的感慨,作为个体的人虽是一个渺小的存在,但其中却蕴藏着无穷的奥秘,其中爱情就是一个最让人百思不得其解的秘密。世上多少优美的故事,感人的达斯坦,就是由于这一永恒的主题而诞生。这一章以"我"与前代诗人尼扎里的对话的形式,告诉读者写作这部爱情长诗的缘由,指出是代代学者的精神鼓励使他能坚持写完这部作品。作品通过我与尼扎里的对话,用诗的语言阐述了文学的意义:

---

① 参见胡亚敏著:《叙述学》,华中师范大学出版社1998年版,第50页。

尼扎里微笑着说道，
如果你渴望知道其中奥妙，
就把我的《五卷诗集》寻找，
其中有这个故事在此要听好。
你会了解故事的原委，
有的内容都要细细品味。
如果你对它另有所感，
就把它诉诸笔端。
如果你想让这个故事重现，
如果你想为它把新衣裁剪，
不要回头！路上有我们相伴，
我们会成为你精神的鼓舞。

这时"我"非常虔诚地对尼扎里说：

我怎么能再来动手，
它已经完美的被写就。
……
不论何时人民都不会忘记，
历史会将它永远回忆。
这是昂贵的珍宝，
您已用诗歌的线穿好。
这个故事是属于您的，
若再写能否像您一样高妙？
尼扎里稍作沉思脸上露出微笑，
我的儿子，写作并非如你所料。
如果我们想象有一绝代佳人，
美丽的服饰使她美艳绝伦。
每套服饰都为她增添不同色彩，

人民因此而将她珍爱……

　　在这一部分,作者虚构了一个叙述者以第一人称"我"出现,与尼扎里进行跨越时空的精神对话。第一人称的叙述方式在此出现之好处在于,通过"我"与前代诗人尼扎里的对话,通过杰出诗人尼扎里之口,讨论维吾尔文学中的一些重要问题,如作家创作与民间文学间的关系问题,同一故事题材的再创作问题,传统文学主题的发展演变、艺术的不朽等问题。作品还借尼扎里之口叙述创作者本人与创作有关的一些经历。在这里,"我"并不是一个主要人物,而是一个对话者和倾听者。由于"我"的存在,作品写作动因、写作过程、对中外达斯坦的历史追溯以及关于维吾尔文学的讨论得以自然展开。因此,叙述者以第一人称形式出现有其不可小视的艺术魅力。在这部作品中,第一人称叙述方法的采用,不仅增加了作品的层次感,最主要的还是改变了以往爱情长诗的叙事模式,增强了作品的抒情性,调动了读者的阅读兴趣。传统的爱情长诗中,作者就是叙述者,他全知全能,整个作品中只有他一个人的声音,比较单调。而第一人称的使用,则会在叙述中穿插抒情、议论,推动作品高潮的出现。特别是在艾合买提·孜亚依的这部长诗中,抒情主人公"我"的作用,是作为一种声音存在,构成了作品的一个层次。

　　作为长篇叙事诗,作者常会虚设一些拟人的形象,成为"我"的情感的接受者、听众。"笔"是艾合买提·孜亚依《热比亚与赛丁》中最常出现的拟人化形象,在诗中,它是热比亚与赛丁爱情的书写者、是"我"的情感的倾诉对象,它的最重要特点是爱流泪,它流出的泪水化做一行行诗句。而"我"最大的快乐就是与笔倾心交谈:

　　　　　　来吧,笔! 让我们在此倾心交谈,
　　　　　　让我们一起思考人世间的诸事件。
　　　　　　我吐出心里话,你也说说你的心事,
　　　　　　因为我们常在一起已很亲密。
　　　　　　我一直给你灵感常涌不断,

你没有片刻抬头只是泪水涟涟。

你用泪水浸染出多少诗篇，

创造了多少永不凋谢的艺术花园。

为什么我会如此辛劳？

为什么你会哭得如此伤心？

全都因为我心中所求所愿，

因为我对你有太多的依恋。

你最清楚，自打懂事能分辨左右，

就紧紧握住你，用我的纤纤小手。

今天当这手早已变得粗糙，

我自己已显老态，形容枯槁

……

    长诗中这样的对话很多，其中所涉及的内容也很多，许多在第三人称不能表达的内容，用"我"与虚设形象"笔"之间的对话方式都能做到。在《热比亚与赛丁》中，"我"会这样时而出现在某章的开头，时而出现在叙述过程中，待第三人称叙述者讲述一些后又匆匆隐去，时而出现在篇章末尾。虽没有固定位置，但却十分灵巧，便于抒情，也便于为主要叙述作必要的补充和说明。在全诗将结束时，"我"与虚设的对话者"思绪"又展开了思想交流：

哦，自己！你陷入多深的思考，

你将步伐迈向多么敏感的路道。

……

放弃了晚上的睡眠，白天的小憩，

在你笔下染黑的白纸不知多少。

你为人民留下万行诗篇，

为此你经历了不少辛劳

……

将第一人称叙述方式引入维吾尔达斯坦创作,其意义首先在于可以增大作品的容量,一些原本无法被作者所涉及的内容,在作品中得以自然展开而不受叙述者身份的限制。其次,在作品中使用第一人称的叙述方式可以增加作品的层次,不仅发展叙事长诗原有的叙述作品"故事中套故事"的特点,而且将其发展为"不同的人讲述不同的故事"的叙述方式,这样就可以完成第三人称叙述者身份所不能完成的任务,使读者对故事总能保持新鲜感。最后,第一人称叙述者身份在作品中具有交代和解说的功能,可以使事件的来龙去脉清楚明了。

与之相应,叙述接受者的研究引进维吾尔达斯坦研究,将大大丰富我们对达斯坦文体内部结构特点的认识,从而使我们对达斯坦的研究更趋全面。

在艾合买提·孜亚依的达斯坦《热比亚与赛丁》中,叙述者的身份,可以成为情节变化发展的线索,叙述者身份的每一次变化,都意味着故事进入一个新的环节。从第三章至第十章,叙述者的身份改变,出现了一个新的形象——讲述者百灵。百灵作为叙述者,其实也是一个抒情主人公形象。只不过作用与(1)中的完全不同,而且也不似(1)那样自始至终,时隐时现,而是为了完成一段叙述而出现。"百灵"讲述了这个故事的主人公的故乡,维吾尔族早期的狩猎生活,故事发生时喀什的社会状况,以百灵的口吻讲述真实作者自己的经历等丰富内容。当这些必要的交代已完成,便在第九章"百灵的经历"的末尾安排了百灵的死亡。第十章的题目便是"讲述着百灵死了以后"。这一章,作为抒情主人公,讲述者"百灵"完成了自己必要的讲述后,退出作品,将叙述者的身份交给一个新的接替者。第十章里,作者一方面延续抒情的特点,表述自己对艺术、对诗歌的理解,另一方面,开始引入故事主人公热比亚与赛丁而讲述这个爱情故事的。是传统维吾尔达斯坦的第三人称讲述者。

"讲述着百灵死了以后"一章之后,作品中就不再有一个明确的第一人称叙述者形象,此后便是第三人称叙述者讲述热比亚与赛丁的故事,这是整个叙事长诗的主要故事之一。这个讲述者在作品中居主要地位,同时也起到框架作用,其讲述方式是"故事中套故事",这是传统维吾尔达斯坦的共同特点。但在艾合买提·孜亚依的作品中,却只是整个叙事诗中的一部分。

　　综上所述,艾合买提·孜亚依在继承维吾尔传统叙事诗传统时,并没有被传统所束缚,而是发展了其容量,改变了原有的叙事模式。维吾尔叙事长诗固有的"故事中套故事"的模式,在他的长诗中变为"不同的人讲述不同的故事"这样一种多声部组合,使传统达斯坦文体成为开放的、立体的对话式文本。因此,从叙述者身份变化的角度研究艾合买提·孜亚依的《热比亚与赛丁》的特点,将有助于研究维吾尔达斯坦在叙述模式方面的特点。笔者希望通过对艾合买提·孜亚依叙事长诗《热比亚与赛丁》进行叙述学研究,尝试对维吾尔族达斯坦传统模式在 20 世纪发展状况作全新考察,以期为维吾尔文学研究提供新的研究视角。

第六章　艾合买提·孜亚依叙事长诗
《热比亚与赛丁》研究(二)

第一节　维吾尔达斯坦传统溯源

"达斯坦是波斯、阿拉伯语借词之一。这一词汇来自波斯语,在波斯语中有'故事、小说、轶事、传说、传记、童话、神话、曲调、旋律、音乐'等含义。……最初它是指'乐器的品位、音色、和弦等含义,后来演变为各种乐器伴奏演唱的各类故事都称为达斯坦'。可见这个术语的词源与音乐有关,这正好说明它与维吾尔《十二木卡姆》套曲的密切关系。"①

大多数研究者均认为达斯坦在波斯首先是一音乐术语,发展到后来专门指称一组音,这组音有其独特的传统旋律,被称为达斯特格,这一传统旋律适宜即兴演奏,并由此成为即兴演奏的基础。即兴演奏逐渐发展为在乐器伴奏下所演唱的各类故事,这就是波斯达斯坦的雏形。

从上述研究者的论述中可看出,达斯坦在波斯最初是民间文学和民间音乐的总称。产生于波斯的涵盖所有民间艺术样式的综合概念,是如何发展为一个专指长篇叙事诗的概念,它又是何时以何种方式被维吾尔族接受,与维吾尔族民间固有的叙事长诗逐渐融合,成为维吾尔族古典文学中一个

①　参见阿布都外力·克热木著:《尼扎里的"达斯坦"创作研究》绪论,民族出版社2005年版。

重要文体的名称。这些问题需要我们认真研究。

新疆大学阿布都克力木·热合曼教授指出:"从词源学的角度来讲,达斯坦是波斯语借词。前伊斯兰时期文献、文学著作里没有关于这个词的记载。以前怎么称谓叙事诗并不重要,因为自古以来维吾尔古代文学流传过很多叙事诗。如果只谈达斯坦这一词汇的运用,我认为最早出现于作家文学。"[①]维吾尔族资深学者伊敏·吐尔逊解释说:"11—12世纪之前维吾尔语里没有出现过达斯坦一词,《突厥语大辞典》里也没有关于这一词汇的记载。随着维吾尔人接受伊斯兰教的同时也受到波斯阿拉伯文学的影响,随着波斯阿拉伯文学著作的传播,大量的阿拉伯—波斯语词汇传入维吾尔文学中,达斯坦这个词可能是这时候借来的。"[②]这位学者赞同"达斯坦"一词首先运用于文人创作,然后被民间艺人使用的观点。

对波斯阿拉伯文学与维吾尔文学的关系,中国社会科学院民族文学研究所郎樱教授从理论上作了这样阐述:新疆地处丝绸之路要冲,与波斯毗邻接壤。波斯是个文明古国,从汉代起就与我国保持着密切的往来。在丝绸之路上,波斯是一个重要中转站,我国的丝绸运到波斯后,再有波斯商人转手从海路运往欧洲。因此,在丝绸之路上,波斯商人尤为活跃,他们不仅沟通东西贸易,也沟通东西文化。丝绸之路如一条纽带将波斯与维吾尔文化紧密联系在一起。波斯的宗教——拜火教和摩尼教很早就传入新疆,拜火教义中光明与黑暗恶神的种种神话,对维吾尔族文学有着很大影响,当维吾尔人在漠北建立回鹘汗国时期,曾一度以波斯的摩尼教为国教。公元641年,波斯萨珊王朝灭于阿拉伯人之手,波斯成为阿拉伯伊斯兰帝国中的一个重要组成部分。波斯文化成为伊斯兰文化的重要源流之一。尤其是波斯文学,对伊斯兰文学的形成和发展贡献尤为突出。波斯在伊斯兰文学中占有举足轻重的地位。10世纪,伊斯兰教开始传入我国新疆南部地区。波斯、阿拉伯文化随着伊斯兰教来势迅猛。为了学习伊斯兰经典教义,要求教徒

[①] 参见阿布都外力·克热木著:《尼扎里的"达斯坦"创作研究》绪论,民族出版社2005年版。

[②] 参见阿布都外力·克热木著:《尼扎里的"达斯坦"创作研究》绪论,民族出版社2005年版。

通晓波斯文、阿拉伯文,伊斯兰经文学校应运而生。很多维吾尔人从孩提时代就要学习波斯、阿拉伯语,阅读波斯、阿拉伯文书籍。维吾尔诗人中的绝大部分还能自如地运用波斯语、阿拉伯语进行创作。伊斯兰化的结果导致大量的波斯语、阿拉伯语词汇涌入维吾尔语中。

通过以上研究我们可以这样描述:达斯坦一词进入维吾尔文学与伊斯兰教传入有关。达斯坦文体进入维吾尔文学并迅速被维吾尔诗人所接受,用外来的文体概念来称谓维吾尔族传统的民间口头叙事诗创作,与维吾尔民族固有的叙事诗传统有机的结合,并在波斯、阿拉伯达斯坦影响下开始了文人创作达斯坦的传统,在此过程中,维吾尔文学史上形成了两个达斯坦创作的高潮,一个达斯坦创作高潮是以纳瓦依为代表的察合台汗国时期(宋、元时代),另一个达斯坦创作高潮是以尼扎里为代表的 19 世纪。

我们接下来要提出的问题是达斯坦什么时候及怎样进入维吾尔文学?它如何与维吾尔族传统的民间叙事诗相融合,完成达斯坦的民族化过程的?维吾尔族达斯坦别于中亚达斯坦的特点究竟在哪里?

这些问题在维吾尔学界一直都没有得到澄清。但这是必须要认真研究的问题。在现有的资料基础上,本书尝试提出自己的并不成熟的看法,供研究者们讨论。

维吾尔族民间的叙事诗传统自古以来就已存在。公元 6—7 世纪的突厥碑铭文学就是最早的叙事诗的雏形。它以韵散结合的方式记下了当时维吾尔先民的历史和英雄事迹。在《吡伽可汗碑》正文的叙述和描写中有许多修饰性的词句,如排比、夸张、比喻等,起到了很好的修饰作用,"他们如火如飙一般冲来","我父可汗的军队如狼一般,他的敌人如绵羊一样"。"你们的血如水一样流,你们的尸体堆成了山",这些例句都显出碑铭文的文学特性。[①] 此碑文还有一段十分抒情的附记,研究者认为是石碑建立后一年或更晚些时候或补刻上去的。附记云:"可汗死了,当夏天来临的时候,当麋鹿逃往深山的时候,我又想起了他……"

---

① 参见阿布都克热木·热合曼主编:《维吾尔文学史》,新疆大学出版社 1998 年版,第101 页。

维吾尔族英雄史诗如《乌古斯汗传》(*Oguzname*)、《阿勒普·艾尔·通阿》(*Alip Er Tonga*)、《坟墓之子》(*Gur Ohgli*)等都是最早的民间叙事诗。这些诗首先是在维吾尔民间以挽歌的形式流传下来。如在《突厥语大辞典》中记载的关于悼念阿勒普·艾尔·通阿的挽歌:

> 英雄艾尔·通阿死去了吗?
> 不幸的世界留下了吗?
> 命运之神报仇了吗?
> 真令人心碎!
>
> 当突厥人见到他时,
> 百姓都赞不绝口,
> 他不愧是伟大之人,
> 真是后无来者。
>
> 他好行义举,
> 他热情待客,
> 在严寒的冬季,
> 使人们充满希望。①

这些最早的悼念英雄的挽歌,成为英雄史诗与维吾尔族的民间长诗的基础,最早在民间流传,以后随着维吾尔族书面文学的发展,逐渐成为作家创作的题材。随着历史的变迁,特别是维吾尔族西迁进入西域,文化生活方式都有了很大改变,维吾尔族先民从马背走入田间,作为特定历史时期产物的英雄史诗已成为维吾尔族生活的久远回忆。新的时代必将催生新的文学形式,反映人民劳动和爱情的维吾尔民间长诗应运而生。但这些民间长诗

---

① 这三首诗均引自阿布都克热木·热合曼主编:《维吾尔文学史》,新疆大学出版社1998年版,第60页。

是在英雄史诗已有的叙事传统的基础上建立的,两者之间的继承关系是显而易见的。

因而,维吾尔族叙事文学发展的轨迹为:挽歌—碑铭文学—英雄史诗—民间叙事诗—书面叙事诗。从这一轨迹中我们也可以看出,民间习俗及口头文学传统进入书面文学,如最初的悼亡死者的挽歌及其"罹面"习俗被记载在碑铭文学中,成为维吾尔族书面文学的基础。在此基础上发展起来的书面文学又以各种方式流入民间,以口头传承的方式在民间流传,在某一特定时期因由某种契机又进入作家文学。所以,维吾尔叙事诗传统在民间口头文学与作家书面文学相互交流中形成和发展的,这也可以概括为维吾尔文学传统的特点。

根据上面提到的维吾尔学者的观点,达斯坦作为一外来文体,其进入维吾尔文学是在伊斯兰教传入之后。而这一文体真正繁荣期是在察合台汗国时代,最著名的代表人物是诗人纳瓦依。他的《五卷诗集》(Hamsa,海米赛)将维吾尔达斯坦创作推向顶峰。海米赛一词与达斯坦一样,也是外来语。作为一文学术语,本意是"五"的意思,是在中世纪的中亚和东方古典诗人中形成的传统和创作形式。它是指由内容互不相干、有同样的形式和韵律方式的五部叙事诗的总称。纳瓦依创作的《五卷诗集》虽为维吾尔达斯坦创作的顶峰之作,但他的《五卷诗集》中的五部达斯坦都取材于中亚流传的故事或达斯坦,如《帕尔哈德与西琳》、《莱丽与麦吉侬》等,是对中亚达斯坦的模仿和改变,这是当时维吾尔文学的共同倾向。与他同时代的其他著名诗人如鲁提菲创作的达斯坦《古丽和诺鲁孜》也同样如此。维吾尔学者门对纳瓦依及其达斯坦创作的评价中我们可看出他的文学地位和对维吾尔达斯坦创作所作出的贡献:

　　纳瓦依作为丝路文化交流史上的一颗巨星,继承了鄂尔浑、高昌、喀喇汗及铁木尔时期的文化传统,吸取了东西方文化的精华,在古希腊、罗马哲学,阿拉伯科学,波斯文学等方面都有很高造诣,在思维能力上、语言运用上和表达能力上都远远超出了他同时代的任何一个人。他使玉素甫·哈斯·哈吉甫奠定的维吾尔诗歌艺术更加光辉夺目。他以自己的创作夺取了《五卷诗集》诗歌的桂冠,成为这一领域的光辉典范。他创作了上溯一千年和此后五百年间维吾尔文学史上未曾出现过的、在题材和题材上都如此丰富的、在数量上和质量上、在思想水平和艺术水平上都如此之高的文学艺术珍品。因此,他的作品被推崇为突厥诗学的百科全书、突厥语阿鲁孜韵律的准则。①

上述研究者所说的之后的五百年,恰恰是指尼扎里生活的年代和他的达斯坦创作。这一时期,笔者认为是达斯坦的真正维吾尔化的时期。

尼扎里生活的 19 世纪,由于社会的发展,维吾尔文学主题和题材选择已由对社会上层的关注转向下层人民生活的关注。尼扎里将纳瓦依作为导师加以学习和效仿,也创作了《五卷诗集》。但他作品的思想,却是他所生活的喀什社会现实。由于尼扎里长期生活于社会底层,熟悉喀什维吾尔民间口头文学,所以他在自己的长诗中十分方便地使用了维吾尔爱情诗中常用的传统修辞手法,诸如比喻、夸张、语词游戏以及古典文学中的传统描写手法等,在民间语言的使用上也达到天衣无缝的程度。这就使尼扎里创作的达斯坦《莱丽与麦吉侬》等有了更多人民性的特征。他没有简单重复莱丽和麦吉侬的爱情悲剧,而是将这个故事与 19 世纪维吾尔社会相结合,写出了一部时代的悲歌。在"对社会生活做了深入的观察之后,认定莱丽和麦吉侬的悲剧不但发生在阿拉伯乡村,它也同样的在封建制度吞噬一切的喀什噶尔民间重演。于是,尼扎里毅然拿起笔,立志立言:不仅要一般地表达对社会现实不满,而且要为在喀什噶尔扼杀人性的封建制度下苦苦呻吟的青年妇女们代言,为那些因追求爱情而被投入牢狱的青年们表达内心的愤怒,充分反映诗人自己反对封建婚姻制度、赞成纯真爱情,提倡人性解放自由的理想"。② 所以,莱丽与麦吉侬的悲剧便是 19 世纪维吾尔族青年男女的共同遭遇。由此,尼扎里达斯坦的社会批判精神是显而易见的。

尼扎里《五卷诗集》中的另一部达斯坦《麦赫宗与古丽尼沙》则更有力

① 阿布都克热木·热合曼主编:《维吾尔文学史》,新疆大学出版社 1998 年版,第 379 页。
② 阿布都克热木·热合曼主编:《维吾尔文学史》,新疆大学出版社 1998 年版,第 491 页。

地体现了当时创作的人民性倾向和批判现实主义的特色。这部作品取材于民间故事，主人公不是王子或小姐，而是寻常百姓阶层出生的平民子弟，通过他们的爱情遭遇，对社会的控诉力量很强。尼扎里《五卷诗集》中最辉煌的一部就是叙事长诗《热比亚与赛丁》。这部作品不仅被视为尼扎里的代表作，也被视为 19 世纪维吾尔文学的优秀作品。这是继纳瓦依《五卷诗集》之后近五百年中，第一次从维吾尔民间取材，以一个维吾尔乡村生活中真正发生的爱情悲剧为原型，创作出具有很高现实意义的达斯坦，从而标志了维吾尔族一个新的文学时代的到来。无怪乎研究者称，维吾尔文学进入了一个崭新的时期，这就是尼扎里的叙述长诗《热比亚与赛丁》所标志的 19 世纪维吾尔文学现实主义形成的时期，也奠定了尼扎里在近代维吾尔文学史上不可取代的地位。

维吾尔达斯坦的创作，由一个对外来形式的学习借鉴和模仿，逐渐发展为民族诗歌的最成熟的形式，完成了其民族化的过程。这不仅是作为文体的达斯坦的过程，也是维吾尔文学自 10 世纪以来在坚持本民族固有文学传统的同时，接受、模仿波斯阿拉伯文学创作模式，使其不断民族化的过程。这个过程中的两个重要点是纳瓦依和尼扎里的达斯坦创作，所以，笔者认为，厘清维吾尔达斯坦创作的过程，不仅仅是一个外来文体民族化的过程问题，更是从比较文学的角度，将维吾尔文学置于在中外文学关系背景上分析和研究维吾尔文学发展史中民族传统域外影响的关系问题。

综上所述，虽然艾合买提·孜亚依的叙事长诗《热比亚与赛丁》是维吾尔族文学发展到 20 世纪末的新时期文学的优秀作品，但这部作品的渊源，却是一个绵长的过程。只有将该作品置于维吾尔文学与中亚文学关系背景中加以研究，认识维吾尔文化及文学在中亚文化圈中的位置。这样才能搞清维吾尔叙事诗的民间传统与外来影响的关系，从而把握艾合买提·孜亚依创作的《热比亚与赛丁》与传统的关系及其创新在 20 世纪维吾尔诗歌发展史上的意义。

以下将讨论维吾尔文学精神传统及艾合买提·孜亚依的继承问题。

当代维吾尔族学者这样总结艾合买提·孜亚依的创作："艾合买提·

孜亚依的文学作品中,既有对维吾尔古典文学传统的继承,如在意象创造上常用的表现方法、修辞手法、形式韵律等,也有根据现代题材的要求所做的开拓与创新。这就使得艾合买提·孜亚依在联结古典和现代、促进维吾尔现代文学的发展上起到桥梁作用和推动作用。"①

其实19世纪著名诗人阿不都热依木·尼扎里取材于维吾尔民间真实发生的爱情悲剧创作的爱情长诗《热比亚与赛丁》本身,就是对以往传统达斯坦的超越。在此之前的维吾尔族达斯坦如《莱丽与麦吉侬》、《帕尔哈德与西琳》等的题材均源于波斯、阿拉伯,而《热比亚与赛丁》则取材于民间。该达斯坦在题材上的创新是显而易见的。因此尼扎里的达斯坦《热比亚与赛丁》作为19世纪维吾尔现实主义创作开始的一部标志性作品而显得尤为重要。诗人艾合买提·孜亚依在20世纪40年代创作的歌剧《热比亚与赛丁》,在序言中,对这一点作出很高评价:多年来,我在读了阿拉伯人的《莱丽与麦吉侬》、巴格达人的《帕尔哈德与西琳》之后我就一直在想,难道我们就没有这样的爱情故事吗?所幸,我终于找到了,这个故事不是在阿拉伯的沙漠,也不在巴格达的河畔,而是在维吾尔文化中心的喀什,一个叫巴依图尕依村的小河旁,在沙枣丛林间。他还指出,这部作品有这样两个特点,一个特点是这部作品的主人公是维吾尔族,故事的情节不是虚构而是真实发生的故事。这个剧的另一个特点是,热比亚、赛丁的爱情故事是由一位中国的维吾尔族诗人写成。

被艾合买提·孜亚依所称道的这两点是对19世纪诗人尼扎里思想和精神的高度评价。尼扎里生活及其创作的时期,正是清朝国力衰退、边疆地区极度动荡的时代。而1840年的鸦片战争,使清政府的腐败无能暴露无遗,帝国主义列强对中国的吞噬,激起了中国人民的反封建的革命浪潮。社会生活的急剧变化,为维吾尔现实主义文学提供了新的主题与题材,反映人民现实生活的作品相继问世。而这一时期,正是尼扎里创作的旺盛时期。他本人的出身和长期底层生活经历,他的反封建思想和民主倾向,使他能够倾听底层人民的呼声,体察他们的疾苦,并用自己的诗作描写和反映人民生

---

① 阿扎提·苏力坦等著:《二十世纪维吾尔文学史》,新疆大学出版社2001年版,第92页。

活的苦难现实和他们的心声。所以,他借爱情长诗表达人民意愿的长诗集被命名为《贫苦人的故事》(又称《爱情长诗集》)。尼扎里借爱情的题材,表达人民的理想和愿望,宣扬反封建的民主思想。因此他的诗作富于人民性,具有明显的现实主义文学倾向。以尼扎里为代表的一批具有自由思想的作家和诗人,以其鲜明的人民性观点,宣扬思想解放和个性自由,不仅批判黑暗的现实,而且在作品中辛辣地鞭挞了钳制人民思想的各种封建礼教和宗教的清规戒律。因此,直面现实,强调个体存在的价值,开始成为文学创作原则而体现在这一时期诗人的诗歌创作中。现实主义的创作倾向不仅在诗歌创作领域,在其他诸如改编、传记、翻译等文学领域都有了鲜明的体现。

维吾尔书面文学传统,被一些维吾尔学者总结为维吾尔文学的人民性传统,认为这是维吾尔文学的特点所在。[1] 艾合买提·孜亚依对维吾尔达斯坦的继承,除了题材形式外,还表现在他努力继承维吾尔古典诗人的人民性精神。

自玉素甫·哈斯·哈吉甫以来的维吾尔族诗人,关注社会、关注民生成为一贯的精神传统。维吾尔文学主体所具有的特征,被一代代诗人所继承,成为一条不枯竭的思想之流,使他们的创作带有对时代的高度警觉和对后人的警示。创作主体在这样一个创作思想指导下,虽身处远离民间的宫廷或经学院,但却能十分清醒地认识王朝与人民之间的关系,甚而成为自己所处阶层的反叛者而站在人民的立场言说。他们在思想上对统治阶层的批判和自我批判,表现在创作上则是他们对民间思想和民间话语的重视,自觉地将其融入自己的创作中,使他们的创作甚至能被目不识丁的农妇所接受。以这种对强权的否定、对统治话语的反叛为标志的人民性因素,在维吾尔古典文学中源远流长,即使像《福乐智慧》这样的由宫廷官员写作的,献给统治者的警世之作,在今天来看,它代表了维吾尔族当时最高思想文化和哲学成就,但更重要的是,由于民间的思想立场和创作态度,使他自觉地将眼光

---

① 参见依克巴力·吐尔逊:《论维吾尔古典文学》(维吾尔文),新疆青少年出版社 1997 年版,第 101 页。

投向民间,集中了民间知识与群众智慧,搜集了大量一千多年前喀什的方言土语入诗。因此,由诗人书写的诗作很快就能被人民接受,成为他们表达思想的格言和警句。这是维吾尔族的文人创作与民间互动互融关系的一个重要思想根源。艾合买提·孜亚依在《福乐智慧》的几篇重要论文中已经指出了《福乐智慧》的作者的创作动机和隐喻性特征,并指出认清这一特征对认识自玉素甫·哈斯·哈吉甫以来的维吾尔古典文学有极其重要的意义。对维吾尔古典文学表现出的文人创作与民间的关系,常被研究者作为一个文学现象看待,而忽视了创作主体的态度是造成这一互动关系没有能够得到深入研究的根源。碑铭文学作为可以考证的维吾尔族最早的书写文学体现了书写者的民间立场,奠定了维吾尔文学的人民性特点的基础。所以,作家创作的民间立场和人民性态度,是作家文学与民间文学之间的互动关系得以发生的前提条件。但长期以来的研究恰恰忽略了这个前提,只是在关系上做文章,造成了本应关于维吾尔文学主体特征的研究成为一个主体不在场的研究。一个关于维吾尔文学思想传统的重要研究课题,却作为一般的文学现象一笔带过。而事实上,对维吾尔族诗人所采取的民间立场和人民性思想传统的研究,具有重要的哲学和世界观意义。唯其如此,才能解答导致维吾尔文学中作家文学与民间文学互动关系的问题。虽然王朝更迭,历史多有变迁,但历代作家的这一思想传统一直在延续,它作为作家和民间的纽带,将两者紧紧连在一起。就像热比亚和赛丁的故事一样,许多文学经典不断变换着形式往来穿梭于作家文本和民众口头之间,不断得到提炼,也不断被注入各时代的新鲜血液,永远保持勃勃生机。

到了 19 世纪尼扎里时代,社会和现实问题对作家的人民性立场提出更高的要求。尼扎里发现了发生在自己身边的具有现实意义和社会批判意义的爱情故事,创作了叙事长诗《热比亚与赛丁》。这是尼扎里创作中的一部具有重要意义的作品。尼扎里选材于民间这一举动本身就具有对维吾尔达斯坦的突破意义。从自己所生活的时代出发,从现代生活中找寻题材,找到了与《帕尔哈德与西琳》、《莱丽与麦吉侬》一样同样具有典型意义的爱情悲剧题材,他创作出从原始题材到人物形象都属于维吾尔族自己的爱情长诗《热比亚与赛丁》,使维吾尔达斯坦创作与民间生活紧密相连。尼扎里创作的爱情长诗《热比亚与赛丁》也因此而标志了19世纪维吾尔现实主义文学的里程碑。尼扎里的这种创新精神是对艾合买提·孜亚依最大的鼓舞和启发,他沿着这条人民性道路进行自己的文学创作,尤其在同名叙事长诗《热比亚与赛丁》中,全面体现了人民性的思想传统,他除了塑造一对维吾尔族青年男女的形象外,还塑造了维吾尔族农民的群像,正面歌颂农民的伟大、勤劳和他们的智慧,这是维吾尔文人达斯坦创作中首次塑造的农民群体形象。艾合买提·孜亚依人民性思想还特别体现在他在作品中对维吾尔民俗、歌谣、谚语的高度重视和由衷热爱。关于农民群像的塑造、在作品中对民间文学的重视和运用,这是20世纪维吾尔文学的一个重要特征。这两个问题在相关章节中已有论述,限于篇幅,在此便不多作说明。

第二节　描绘喀什地域文化景观

不同地域会造就不同性格气质的作家或诗人。诗人及其身处的地域之间的关系,就像母体与婴儿的关系,所以在维吾尔族诗人中就有以"脐血所滴之处"喻指故乡。维吾尔达斯坦诗体,有完整的故事情节,鲜明的人物及性格形成过程,有明确的地点,其中的人物、叙述者、读者(还应包括听众)等都占据着不同的地点和空间,提供形式不同的甚至是很有价值的有关地理的文化知识。学者们可以从维吾尔达斯坦的描述中发现一些独特的地方风情,一个地区特有的精神气质。

一些有地方特色的作品,可以激发人们对一个地区的强烈情感。读者可以从中体会作者是如何深深感受到并在作品中描写对地方的理解。如英国作家托马斯·哈代的作品《德伯家的苔丝》(*Tess of the D'Urbervilles*)被看做是为纪念田园生活的结束所作的挽歌。英国浪漫的诗人华兹华丝(Wordsworth)用诗描写了英国的大湖地区的山脉以揭示自然独特的风景,寻求感受大自然的美,大湖地区因华兹华丝而闻名,许多人到那里去感受他所描绘的那种美。中国的湘西风光也因沈从文的描述而令人神往,更不用说朱自清的《河塘月色》对昔日都市的细腻描述给人带来的怀旧之情。这些著名诗人的诗歌所唤起的地区情感影响人们对地区的认识,也影响当地的地理景观。又如产生于维吾尔族的民歌《达坂城的姑娘》、《掀起你的盖头来》、《我们新疆好地方》、《楼兰姑娘》等自产生以来能广为传唱,吸引中国乃至世界各地的人们对这块神秘的中亚腹地的向往。与我们最近的一个例子,是自尼扎里创作了《热比亚与赛丁》之后,热比亚与赛丁两人合葬的墓地,成为青年人拜谒之地和作家探询之地;吸引艾合买提·孜亚依等作家诗人到这里考察、取材,以各种形式进行创作。这又使这里的名气大增,成为喀什的一个文化景观。艾合买提·孜亚依在爱情长诗《热比亚与赛丁》中生动地描绘了热比亚与赛丁的陵墓所在地如何因大诗人阿不都热依穆·尼扎里的长诗而家喻户晓:

> 这里成了人们的聚会之地,
> 不断有新奇的故事和传说被讲起。①

艾合买提·孜亚依创作的达斯坦《热比亚与赛丁》与尼扎里达创作的同名达斯坦的一个重要不同,就是艾合买提·孜亚依本人的地域文化意识赋予作品以鲜明的地域文化色彩。作品中对喀什人文景观的精心描绘,重现了喀什 19 世纪到 20 世纪初的文化面貌,为我们保存了一个有研究价值的民俗文化资料。

无论在达斯坦《热比亚与赛丁》中,还是在诗集《永不凋谢的花朵》中,艾合买提·孜亚依心中的喀什是作为维吾尔文化的中心和代表来体现的。他为了突出喀什的这一文化特性,精心绘制了 19 世纪喀什的文化地理景观,用他自己的话来说是作为留给后人的纪念。

喀什的地域文化特征在艾合买提·孜亚依的笔下,表现为喀什的文学、民俗、宗教等诸方面。作者以其深厚的历史知识、宗教文化知识和喀什的民

---

① 阿布都克热木·热合曼主编:《维吾尔文学史》,新疆大学出版社 1998 年版,第 485 页。

俗知识,为读者提供了丰富的喀什历史文化的精神饷宴。

一、喀什的文化概况

关于喀什的文化概况,诗人在第三章"讲述人百灵"中作了集中描绘,为读者提供了最初的对喀什的认识。诗人恰似一个城市文化景观的导游,告诉我们欲了解这个城市首先要注意的问题,然后再观赏具体景观。所以,这一部分,作者特安排了一个故事讲述人,并给这一身份以恰如其分的名称"百灵"。因为在作者笔下,喀什是维吾尔文化的永不凋谢的花园,她永远吸引着代代诗人为其吟咏而弥久常新。而写作者则恰似迷恋花儿的百灵,紧紧围绕在花儿周围。而在维吾尔族人的情感中,花儿与百灵是一个古老的象征概念,即象征一般意义上的爱情,也象征精神的主体与客体的关系。百灵首先开始讲述关于喀什的故事:

> 首先得从源头说起,
> 我找到了故事的发生地。
> 故事的源头其实就是喀什,
> 是一个富贵丰饶的宝地。
> 空气清新令人心旷神怡,
> 充足的阳光可以把疾病疗医。
> 这里冬季短而夏季长,
> 乌云遮挡不住阳光。
> 湛蓝是这里天空的主色,
> 没有云彩的天空好像大海一样。
> 丰饶无尽的是它的物产,
> 对此尽人皆知勿需多言。
> ……
> 多少文人学士在这里培养成长,
> 留下他们优秀诗篇后匆匆离世。
> 这里曾有哲学家玉素甫出现,

留下一座宝库作为永久纪念。

他写下了巨著《福乐智慧》，

他高尚的品格令后人敬佩。

若说无价，珍宝却无法与之相比，

若比作蜂蜜，却不如它沁人心脾。

若说是春天，春季终有消逝的一天，

若说是花朵，瑟瑟秋风无法使它凋残。

喀什是这样一座永不枯萎的花园，

传世巨著在喀什生根、发展。

虽不能比作普照万物的太阳，

但作品的价值和影响无法估量。

还有著名的穆罕默德·喀什噶里，

他在这里出生，也在这里长眠。

他写下了《突厥语大辞典》，

为采集珠宝历经千难万险。

珍珠宝石也无法与之相比，

喀什因他而享誉世界各地。

这些都是喀什文明的果实，

是整个维吾尔社会的美饰。

除此之外在喀什各行各业，

培育了诸多英才和能工巧匠。

……

因为喀什经历了太多历史剧变，

所以它的美名举世闻名流传。

这一段集中介绍了喀什的文化历史概况。作者告诉我们喀什的自然条件，肥沃的土地，充足的阳光，洁净的空气，丰饶的物产……而最使喀什具有无尽魅力的，是喀什的人所具有的独特文化。在这里，作者用简洁的诗行，向我们描述了喀什人的知识观、价值观、文学观，这一切使喀什成为永不凋谢的思想和文化的花园,是喀什特殊的文化景观。作者尤其提到了文学及其在社会文化中的价值和作用,是维吾尔族长期以来民间的文学观的体现。作者直接谈到文学作品在社会中的价值和影响,是我们研究维吾尔族文学的很好的思想参照。作者还为读者历数了喀什的诗人,他们是一个庞大的创作群。对这些诗人,我们的文学史书中有的提到,有的可能根本就不为人所知。特别是后来的学习者和研究者,沿着这些导引路线,可以进入喀什的历代创作群体所形成的喀什文学历史隧道。这是喀什的文学发展脉络,在今天来说,这的确是十分珍贵的提示。

作者在第八章"那个时代的喀什"中,为我们详细描绘了喀什的教育状况,喀什因为文化教育非常发达,在喀喇汗王朝(850—1212)时期就有"布哈拉"的美誉。作者在诗中介绍,喀什当时共有 16 所经文学校,每一个学校都有四五十间教室,每间教室都有八九个学生。每所经文学校都有自己的教师,由于经文学校都有固定的收入,所以授课者和学习者都可以从中受益,他们都不必为钱而发愁,都可以从艰苦的生活中得到解脱,所以这里的教育可以迅速繁荣起来。作者历数了喀什 16 所学校的情况:第一所学校的位置在衣服巴扎(Qapan Bazar),在这里学习的都是谢依赫等;第二所为萨吉亚经文学校;第三所是萨克亚经文学校,第四所是恰萨经文学校;第五、第六所就在旧乌尔朵,这两所学校被称为汗的或王的,两所学校毗邻相连;第七所学校据说在王宫前,第八所学校在玉米把扎……阿帕霍加是第十四所。诗人在诗中还写道,这些学校共有一万多学生,他们来自伽师、疏勒、泽普、英吉沙、阿克苏、库车、和田、沙雅、哈密、吐鲁番等地,学生们在这里学习5—10 年甚至更长。他们在这里学习宗教典籍和语言文学知识,数学、地理等科学知识,在假期还学习手工技艺,如木匠、雕刻等。由于篇幅,笔者在这里只能一笔代过的是,作者在诗中提到的巴扎,不是现代意义上我们所说的集市,这是喀什文化的特征的提示。如果想了解喀什的文化,就必须知道喀什的巴扎,它是民间市井生活的路标,生活是围绕着巴扎而组织起来的教育场所也是以巴扎为中心的。如诗中所提到的"衣服巴扎"、"玉米巴扎"是指一群从事专门职业的人的聚合。类似的还有坎土曼巴扎、土布巴扎、玉米巴扎、食用油巴扎等,所以学校的名称也就非常有那个时代的特征,分别叫玉米巴扎经文学校、坎土曼巴扎经文学校等。

二、关于喀什诗人小组

> 这些著名的诗人和学者,
> 成立了文学小组也被称为聚会。
> 只要一有空闲和时机,
> 他们就聚在一起相互切磋诗艺。
> 知识的海洋是他们谈论的话题,
> 读书讨论外还要写下诗行笔笔。
> 他们的聚会常常是举行在冬季,
> 他们家庭和学堂是聚会举行地。

这是诗人艾合买提·孜亚依笔下的 19 世纪喀什的诗人小组的真实写照。这个诗人小组在喀什确曾出现,其作用和意义非常值得我们研究。孜亚依在他的诗歌中称这个诗人小组为诗人聚会。19 世纪出现在喀什的诗人聚会,它不单单是一个社交聚会,而是一个传播新思想和新的文学创作的场所,其目的是在文化中发挥创造性作用。它的出现及其作用,类似于欧洲知识分子学术沙龙,也类似于当时中国内地的各种学社。每一次的聚会中,诗人们主要关心的不是已完成的作品,而是注重促进新观念、新思想和新人新作品的诞生。这是一个鼓励作者以激发思想的非正式学院。在当时它甚至起到了类似文学期刊的作用,让思想在这里得到提纯,作品在这里得到筛选,新人因被介绍到这里而受到鼓励和培养。而且,这个文人聚会的作用不仅限于文学创作,它也有助于形成 19 世纪喀什的社会风气。孜亚依塑造的赛丁这个形象,就是当时文学聚会对社会产生巨大影响的一个例证。赛丁的父亲仰慕喀什的文化和知识氛围,送儿子去学习,当时的大学者尼扎里看到赛丁身上的诗人潜质,将他引见到这个诗人聚会,使他得以感受喀什上层知识分子及其思想和他们的创作,在他们的感染下,赛丁为他们朗诵了自己的诗歌,受到了他们的赞许。由此可见当时喀什的文化时尚是以这些诗人为中心的,他们成了喀什知识和品德的象征,要想使自己的孩子品德高尚且又有教养,这里就是每一位家长的首选之地。这些聚会由于当时喀什的地方长官祖乎尔丁的支持特别是经济上的投入,使这些知识人衣食无忧,更显出其纯学术的气氛。而且,这是一个追求学术平等的场所。孜亚依诗中提到的文学小组的成员,包括尼扎里在内的著名诗人学者几乎都出身贫寒,但都非常执著于文学创作,受到祖乎尔丁的赏识,来到秘书院供职并从事文学创作。这个聚会还有助于消除宗教和封建势力对文化的垄断,赞助和允许出身低微的文化人在平等的地位上与贵族交流。这种评估才能和智力的标准,有助于吸引身处社会底层的优秀学子增强自信心,通过自己的才华跻身于上层贵族社会。这对社会的价值判断和审美判断起到了非常重要的导向作用。当社会的总体文化发展到相应程度,才可能真正出现文学的繁荣和大家。喀什当时的文学聚会正是社会文化发展到相当程度的反映。因此,19世纪的维吾尔文学的繁荣,是以喀什为标志,其高峰是以喀什诗人阿不都热依穆·尼扎里的创作为代表,这就成为一个必然的结果。这是喀什近代文化地理景观中最需要书写的一笔。孜亚依对此也作了精心的描绘。不仅如此,他还在诗中借诗人之口表达了那个时代的文学观和他自己的文学观:

> 关于喀什还要再写一笔,
> 1230年那是回历。
> 喀什的行政长官由祖乎尔丁担任,
> 这段历史会得到研究整理。
> 他还是个关心教育的文化人,
> 将学者诗人围在自己身边很紧。
> 如果哪里有诗人和学者,
> 如果谁是艺术的高手,
> 他会将他们聚集在王府,
> 庇护他们,让他们放心。

艾合买提·孜亚依在诗中将诗人小组的成员及其在维吾尔文学史上的

地位作了详细说明：

> 尼扎里名叫阿不都热依穆，
>
> 他是维吾尔人民的无价珍宝。
>
> 孜亚依原名毛拉诺鲁孜，
>
> 是文学天空中耀眼的星星。
>
> 艾黎比名叫吐尔地纳孜木，
>
> 他是史撰家、诗人兼学者。
>
> 还有诗人伊敏玉色因赛布里，
>
> 他是当时诗人之冠放射光辉。
>
> 还有喀什的学者毛拉萨迪克，
>
> 他是名副其实的翻译者。
>
> 由于祖乎尔丁的诚挚邀请，
>
> 他们先后来到王府效力。

作者在诗里提到的这些诗人学者，在维吾尔古典文学中都是声名显赫的诗人，其诗中提到的诗人的庇护者祖乎尔丁·阿奇木伯克更是一位当时受人尊敬的政府官员、诗人、学者："祖乎尔丁的青年时代正值新疆社会稳定年代，青年祖乎尔丁不仅关注政务，对文学创作也是非常感兴趣。为了振兴民族文化，祖乎尔丁逐渐由一名封建官员转向文化人，钻研学问，结识学者、诗人、社会贤达，眼界日渐开阔，政绩也日益显著了。在祖乎尔丁执政期间，喀什地方的社会面貌和文学发生了很大变化。1840—1841年，扩建了喀什噶尔城，开往水渠引水灌溉，大片荒地被开垦了，经学院和其他学校得到了整修和重建。喀什噶尔城一时学术气氛浓郁，涌现了许多才华横溢的作家诗人和饱学之人，他们的科学研究和创作活动受到了祖乎尔丁的鼓励。"①

祖乎尔丁留下的传世之作是《祖乎尔丁诗集》，诗集中的一些诗行可以帮助我们了解他的思想和品性：

---

① 阿布都克热木·热合曼主编：《维吾尔文学史》，新疆大学出版社1998年版，第484页。

　　我怀着满腹忧愁来到喀什噶尔城,

　　为了亲朋好友也许我要以死相迎。

　　真主的天命原本不能违背对抗,

　　即是主的奴仆就无法逃脱命运。

　　达官贵人们总是受到诉讼责难,

　　我也为此有了不好的名声,

　　惭愧的我在这人世间该怎么办?

　　也许我只能声名狼藉了此一生。①

　　他从不以为官者自居,反而表现出一个文化人所应有的理智和清醒。后来,南疆地区尤其喀什一带,接连发生反清起义,尽管他对喀什的文化事业以及文学的发展作出了贡献,但作为清朝在喀什的重要官员之一,迫于人民的压力,逃往费尔干纳。

　　艾合买提·孜亚依在诗中提到孜亚依,是生活于19世纪三四十年代的一位诗人,全名为努鲁孜阿洪·卡提甫·孜亚依,他与尼扎里等人在秘书院工作,所以当时的人们称他为卡提甫(秘书),"孜亚依"是其笔名。他在当时与尼扎里齐名,他的创作流传至今的有长诗《忧伤的训言》、《麦斯伍德与地丽阿拉》、《瓦木克与乌孜拉》等。他在长诗《忧伤的训言》中,有专门一章赞颂故乡喀什噶尔:

　　喀什噶尔,你可是一座芳草萋萋的花园?

　　抑或你是花园中特意修葺的名园?

　　过往的行人闻到你芬芳的清香,

　　流连忘返而不管有没有客店。

　　连流水也不顾盼别处的花草,

　　无论何时都想只领受你的恩典。②

---

① 阿布都克热木·热合曼主编:《维吾尔文学史》,新疆大学出版社1998年版,第485页。

② 阿布都克热木·热合曼主编:《维吾尔文学史》,新疆大学出版社1998年版,第503页。

艾合买提·孜亚依在诗中提到的另一位学者是艾黎比。他是喀什一位著名的学者,原名图尔度西阿洪(1803—1862),艾黎比是他写诗时使用的别号,意为穷苦之人。他是19世纪维吾尔现实主义诗人之一,以描写和反映社会底层的工匠、农民的生活而有别于其他诗人。他出生于手艺人之家,但自小家境贫寒,与尼扎里的相识改变了他的命运。在尼扎里的帮助下他潜心攻读,并进入汗力克经学院读书,在那里熟读宗教典籍和文学及各种学科典籍,除母语外还熟练掌握阿拉伯语和波斯语,在书法艺术上也达到了相当高的水平。1835年祖乎尔丁组建秘书院,经尼扎里介绍,艾黎比也进了这个秘书班子,一方面为祖乎尔丁书写文书,另一方面从事文学创作活动,其中献给祖乎尔丁的《艾黎比之书》便是代表作。他创作的叙事长诗《拜赫拉木与迪丽阿拉姆》是他的一部杰出作品。祖乎尔丁对艾黎比十分器重,赏赐有加,尼扎里卸任后,他被任命为首席秘书官。艾黎比一生给祖乎尔丁做秘书。他去世后,根据他生前遗愿,为了表达他对恩师尼扎里的敬重与感激之情,人们把他安葬在乌帕尔乡尼扎里坟墓一侧,至今,人们仍以"艾黎比麻扎"相称。

艾合买提·孜亚依在诗中提到的没有接受祖乎尔丁的邀请的诗人赛布里是19世纪维吾尔文坛一名著名的抒情诗人,也是当时喀什文学繁荣的代表人物之一。赛布里家境贫寒,但因出生在当时喀什文化知识和学术的中心浩罕乡,由于便利的条件,他在本村的经文学堂受教育,因学习优秀而进入汗力克经学院学习,读遍了当时的各种书籍,熟知维吾尔文学及东方古典文学代表人物的著作,精通阿拉伯语和波斯语,是一个饱学之士。他的重要作品是《论纳瓦依的公正观念》、《宗谱之海》、《赛布里诗集》、《文章集》。赛布里的抒情诗从19世纪一直流传到今日,已经成为维吾尔文学遗产中的一件珍宝,被当做维吾尔传统套曲《十二木卡姆》的歌词,传唱至今。

艾合买提·孜亚依提到的这些诗人,都是在古典维吾尔文学史上有很高成就的重要人物,他们构成了喀什文化地理景观中的一座座高山,使喀什成为名副其实的"维吾尔文化中心"。

三、喀什的民俗文化活动

每个民族都有自己的关于民俗的解释。维吾尔族民间对民俗的理解，可以从艾合买提·孜亚依所记录的一条维吾尔谚语中得到："有乡村生活才有民俗，就像有戈壁就有狼群。"与各民族一样，维吾尔民俗产生于维吾尔族的生活，每一民俗背后，都有其产生的社会历史根源。喀什历史文化悠久，地域文化特征独特，有丰富而独特的民俗。作者称喀什为"习俗的宝藏"，他希望这些民俗能够得到调查研究。因此，对所提及的民俗，尽量作出解释。除此之外，喀什的大型民俗文化活动，是孜亚依为我们绘出的又一具有浓郁喀什特色的地域文化景观。按照孜亚依的说法，一个是艾孜勒提活动，另一个是苏勒坦麻扎敬拜活动。

作者介绍了艾孜勒提游艺活动：

> 活动之一就是艾孜勒提游园，
> 这在喀什已成为一种习惯。
> 每年春暖花开的五月，
> 这是喀什水果丰盛的季节。
> 樱桃、桑葚、杏子香瓜，
> 还有玫瑰花绽开鲜艳的笑脸。
> ……

从作者的记述中我们可知，这个游艺活动是在每年的春季，是杏子熟了的时候。在喀什，杏子熟的季节应是 5 月，这正是一年中喀什最好的季节。人们从四面八方赶来，参加游艺活动。从作者描述的范围看，涉及整个南疆。据曾亲历过这一活动的老人说，由于艾孜勒提在喀什独特的文化地位，特别是这里空气清新、景色宜人，小桥流水潺潺，这里自然成了人们理想的活动场所。每年 5—10 月，喀什都要举行娱乐活动，歌舞表演、诗歌朗诵、敬拜先人陵墓等。参加者包括喀什在内的南疆各县市群众，在人们的精神活动中占有重要地位，男女老幼皆来参加，人们甚至不顾路途遥远，乘马车、骑驴或徒步而行。据载,结亲之际女方的一个主要条件是在结婚前带她到艾孜勒提。20世纪60年代以后出生的人是不知道喀什的这一重大民俗活动的。作者在作品中绘制喀什的艾孜勒提分散在几个章节中,但他是依此思路进行的:场面描绘、历史溯源及其文化分析。

(一)场面描绘

关于艾孜勒提活动游艺的场面,主要集中在第十三章,赛丁在喀什沙吉亚经文学校学习,热比亚以观看喀什的游艺活动为名来到喀什,见到了赛丁,他们一起观看这一游艺活动。作者为我们描绘了娱乐活动的那些天喀什城内的景象:来自各地的参观者由喀什西边的图徐克大门到东边的阿帕霍加陵墓,场面宏大,人潮涌动。

> 图徐克大门前非同一般,
> 街道上人如潮水源源不断。
> 流往阿帕霍加陵墓的方向,
> 在这里可以看到生活的众生相。

这一活动包罗万象,集中体现了底层人民生活的现实状况。诗中写了这一活动的两个主要内容:首先是在阿帕霍加墓(香妃墓)的悼亡的场面。痛哭、呻吟是这里的主要声音。但与之形成鲜明对比的,是另一处的锣鼓喧天的麦西莱甫活动,木卡姆音乐在这里奏响,人们翩翩起舞,甚至坐在一边喝茶的观赏者也被拉进舞蹈者中,快乐和歌声是这里的主要声音。悼亡的挽歌和欢乐的颂歌,不仅是维吾尔文学的早期形式,它也是人类情感中最基本的情感。作者集中描绘了喀什社会底层生活者如乞丐、占卜者、说书人、茶客、赌徒等市井生活,这些是喀什当时底层民众的真实生活。在社会中,他们被边缘化,但在这个带有狂欢色彩的广场文化活动中,他们却成了名副其实的主角,那些穿着绫罗绸缎的人们,这时反而是看客。作为民间广场文化,这里所使用的语言诙谐话语是民间的、口头的,简洁而生动地表达着这一广场文化的特征。这些话语至今仍在喀什的民间口头流传,关于此,福柯指出:"正如生命机体通过自身的一致性而表露出了维持其生命的各种机能那样,语言以自己的语法的全部框架,揭示了一种基础性的意志,这种意志维持着这一民族的生命并给予它力量去言讲那种属于它的语言……在一种语言中讲话的,并且在一种虽然听不见但却是一切色彩缤纷之源的低语声中讲话的,是这个民族。① 被福柯所称之为来自"下边"的语言,正是最能体现民族特性的语言。主要是一些民间谚语、民谣、反语(骂中带夸的正反同体语)、吆喝(以喀什的吆喝最具代表性)和在民间大量存在的比喻。② 艾合买提·孜亚依在作品中通过对各种人物及其所使用语言的描绘,让我们看到了艾孜勒提民俗活动的场面及其民众广场文化的特点。

(二)历史渊源及其文化分析

作者在诗中详细介绍了艾孜勒提活动的起因和阿帕霍加墓的历史,有利于我们了解近代喀什历史及民俗文化。

> 这些活动大多是把过去念记,
> 人们总要缅怀以往的经历。
> 我们首先来说说艾孜勒提,
> 谁又不与这里有直接关系。
> 一个老人从图休克代尔瓦孜,
> 一直走到吐曼河畔为止,
> 从这里折向东再稍走一些,
> 便看到成片的坟茔排列一起。
> 见状谁心里不充满忧患,
> 谁不想到自己生命的终点。
> 多少人在这坟茔下掩埋,
> 所埋之身腐朽后化为黄土。
> 多少智者、毛拉还有学人,
> 多少巴依、贪婪的县吏和恶棍。

---

① ［法］福柯著,杜小真编选:《福柯集》,上海远东出版社 2002 年版,第 101 页。
② 参见拙作:《维吾尔民间话语的隐喻分析》,中央民族大学维吾尔语言文学系论文集。

多少身着绫罗绸缎的名媛佳丽，

自认为伟大的愚蠢的达官显贵。

最后所到之处都是这寂寥荒野，

孤寂的灵魂寄居在黑暗的洞穴。

人们祈祷默哀在这些坟茔前，

悲伤和怀念让生者泪水涟涟。

绵绵不断延伸在坟茔间的路，

也在最后一座坟墓前止住。

　　人们的这一民俗活动起源于对死者的悼念，对生命短暂的感怀。其中，有研究意义的民俗活动就是阿帕霍加墓对亡灵的祭拜。追溯阿帕霍加墓朝拜风俗的形成历史，可知这一活动和喀什的近现代历史紧密相连。根据诗人在诗中的描述，我们可知这一活动起源于叶尔羌汗国①时期。随着时代的发展，作为民俗成为喀什民众日常生活的一部分被保留下来。

　　最后，还应提及的是作者在达斯坦中大量运用的民间谚语、民歌、故事等也构成了喀什地域文化特征的一部分。由于地域的不同和文化经历的不同，生活在不同地区的维吾尔族形成了不同的风俗习惯。这在他们的民间口头话语中得到最鲜明体现。喀什因其特殊的文化中心地位，民间口头话语异常发达而且很有地方特色，孜亚依不仅注意到这点而且在作品中大量使用一些现今几乎已消失的富有喀什特征的民间歌谣、谚语，为我们了解和研究喀什口头文化提供了丰富内容。

　　19 世纪至 20 世纪初，是维吾尔族社会动荡频繁的时代，也是维吾尔族思想文化转型的重要时期。艾合买提·孜亚依是 20 世纪维吾尔文学史上处于古典时代落幕、现代文学肇始之交界点上的几位诗人之一。他用自己的作品，演绎了这一渐变过程。被许多学者总结为"维吾尔古典文学开始逐渐向现代文学过渡"，在他的笔下不再是一个抽象的概念或僵硬的文字，

---

　　① 叶尔羌汗国：16 世纪在新疆南疆建立的一个地方政权，因其王权中心在叶尔羌（今喀什地区莎车县），因此被称为叶尔羌汗国。

而是一个动态而鲜活的过程。20世纪维吾尔文学与古典文学最重要的不同，首先在于书面语的变化。这一点在艾合买提·孜亚依的叙事长诗《热比亚与赛丁》与18—19世纪诗人阿不都热依木·尼扎里的同名长诗《热比亚与赛丁》所使用语言的比较中可考察维吾尔族文字书写本身发展变化的步伐，20世纪维吾尔文学不同于古典文学的又一重要区别在于20世纪诗人作品中地域文化特点十分明显，这与创作者主体身份意识有关。19世纪末20世纪初维吾尔族现代史上的新文化启蒙运动，使这一时期的维吾尔族知识分子更多关注民族传统文化，关注不同地域民间保存的风俗和民间口头文学，并自觉地在创作中表现自己生活地域的文化。40年代初，维吾尔现代文学奠基人之一、著名诗人尼米希依提（1906—1972）以维吾尔民间流传的变体为基础，对纳瓦依的《帕尔哈德与西琳》进行再创作，写成一部《千佛洞与帕尔哈德西琳》。该长诗由帕尔哈德、西琳和千佛洞的修建三部分构成，长诗中，传统的爱情故事被置于佛教文化背景之下，叙事长诗的创作目的是为了描述克孜尔千佛洞的来历，突出维吾尔族佛教文化色彩，作者尼米希依提就是库车人。同样，艾合买提·孜亚依在20世纪80年代创作的《热比亚与赛丁》，延续了维吾尔族叙事长诗的传统，在前代诗人尼扎里创作的同名作品的基础上进行再创作，但作者较强的身份意识在作品中体现为对喀什作为自伊斯兰教传入以来维吾尔文化中心的强调。更重要的是，艾合买提·孜亚依对前代诗人尼扎里创作的叙事长诗《热比亚与赛丁》的两点评价，对我们认识20世纪文学具有重要意义。他认为尼扎里创作的叙事长诗《热比亚与赛丁》最值得肯定的是作者为生活于19世纪的中国维吾尔族诗人，其次是作者创作的题材来源和人物形象完全是喀什本土的。艾合买提·孜亚依洞见了20世纪维吾尔文学创作者主体意识出现的渊源，认为尼扎里不仅因为其创作开启了维吾尔现实主义文学的先河而被关注，更因为他在作品中体现的主体意识是他在选材和创作中表现出的特点。这一点，虽未被研究者加以深入研究，但艾合买提·孜亚依、尼米希依提、阿不都热依木·乌提库尔等诗人，在他们的诗歌创作中，对民族文化民族身份问题的思考确乎存在，这使得维吾尔现代乃至于当代叙事文学，无论诗歌创作还是小说创作，都与创作者所生活的地域文化紧密相连。借古老题材或体裁,表达现代人的思考,这不仅仅是继承与创新的问题,而是创作者的一次思想革命,也是维吾尔现代文学不同于古典文学的重要特征之一。维吾尔文学长期以来与波斯、阿拉伯文学交往密切,受到多方面的影响,而到了19世纪末20世纪初,维吾尔文学创作者主体表现出更多的民族身份和文学创作的民族形式的思考,体现在创作中就是如何从本民族和本土环境选材,而外来题材如爱情故事及主人公等,相对于古典文学,则退居次要的地位。

因此,诗人艾合买提·孜亚依在其代表作《热比亚与赛丁》,可以称为是20世纪诗人继承维吾尔族古典传统的典范之作。在这部作品中,作者对喀什的主要的地域文化景观作了非常具体的描述,对一些主要的民俗活动及其场所进行了历史分析,从中我们可看出,这对文学作品的研究,不仅应关注作品的塑造人物,表现社会生活中的重大主题等问题,同样可以从文化的角度去挖掘。艾合买提·孜亚依爱情长诗《热比亚与赛丁》中关于民族地域文化特征的描述为读者提供了理解喀什的一个新角度,从文学作品中了解地域文化特色,展示了文化的不同层面。同时,从文化研究的角度认识文学,研究作品,考察地域文化与作家创作的关系,可以成为文学作品的跨学科研究的命题。

第三节　呼唤理想读者

法国后现代文学理论家罗兰·巴特在其著作《S/Z》中曾向我们这样发问:"读书之际,不时中辍,非因行为索然,恰恰相反,乃由于思绪、兴奋、此情此景未降临您身吗?"这是对阅读状态的描述,是阅读者对自身的考问。罗兰·巴特在此文中解释他如此考问的原因:"因为数世纪以来,我们对作者感兴趣太甚,对读者则一点儿也不注意,大多数的批评理论依照冲动、压抑、无法遏制之类,来尽力解释作者为什么写作……作者被视为其作品永久的主人,余下我们这些人,他的读者,则纯粹被看做只拥有用益权的人。此系统显然隐含着一个权限主题:认为作者具有某种君临读者之上的权利,他强迫读者接受作品内某种特定的意义……"①因此,他欲通过自己的阅读和对阅读的关注,唤起一种阅读理论。

文学研究中的读者研究,已是一个长期存在的话题。接受理论被引进文学研究中,强调读者接受的重要,读者的期待视野决定了作者的创作,因此,任何一个作者头脑中都有一个潜在的读者群。作者心中也有着对读者的期待,这是一个预想的读者,作为对话者的读者,我们也可以称之为理想的读者。② 读者作为从事阅读活动的人是阅读理论不可或缺的研究对象,而实际上读者的千差万别又往往使这一研究陷入困境。为了建立阅读理论的大厦,批评家们提出各种概念来限定心中构想的读者形象。

费什提出"有知识的读者"这一概念。与罗兰·巴特一样,费什强调"阅读是一种活动,是一件你正在做的事",他这样强调的原因也是因为感到当研究者作出分析性批评时,读者却总是被遗忘或被忽视。他说:"谁是读者? 显然,在我的分析方法中,这个读者是具有这样一种思维能力的人,是一个理想的,或理想化的读者……这种读者是有知识的读者。他们需符合以下要求:(1)能够熟练地讲写成作品文本的那种语言;(2)充分地掌握"一个成熟的……听者在其所能理解过程中所必需的语义知识",包括词组搭配的可能性、成语、专业以及其他方言行话之类的知识……(3)文学能力。这就是说,作为一个读者,他在将文学话语的特性,包括那些最有地方色彩技巧(比喻等手法)以及全部风格内在化的过程中,具有丰富的经验。"③费什认为他的这些读者既不是抽象的,也不是现实生活中存在的,而是一种混合类的读者。这其中就有作为批评家的读者。他进一步指出批评家的责任不仅仅是一个有知识的读者,而应代表众多有知识的读者,他们之所以有知识是由于他们各自的政治、文化、文学等基质诸因素所决定的。

---

① 参见[法]罗兰·巴特著:《S/Z》,屠有祥译,上海人民出版社2000年版。
② 这一概念的论述详细内容可参见[美]波林·罗斯诺著:《后现代主义与社会科学》,张国清译,上海译文出版社1998年版。另可参见胡亚敏著:《叙事学》,华中师范大学出版社1998年版,第202—208页。
③ [美]斯坦利·费什著:《读者反应批评:理论与实践》,文楚安译,中国社会科学出版社1998年版,第165页。

巴特对读者的划分和解释可以说是对费什的理想读者观点的一个很好的注释。巴特划分出两类读者形象,即消费性读者与生产性读者。消费性读者在阅读中完全依赖文本引导,只理解文本提供的一种意义,处于被动接受状态。消费性读者阅读作品的目的是追求刺激和娱乐,或者获得某种人生的经验,所做的努力一般只是价值判断"我觉得这书不错"或"我感到完全不是这回事"。生产性读者则不然,他具有强烈的参与意识,拒绝文本明显的可理解性。他把文本视为可理解的材料,在阅读中自身将成为阐发文本多重意义的另一个生产者。他认为,文学作品的目的是使读者不再成为消费者,而充当文本的生产者。这是生产性读者的根本特点,这种生产性读者是一种破坏文本与读者传统关系的新型读者形象,不过由于他的超常性使他比当今的阅读方式走得更远。因而巴特在后来提出了读者的诞生必须以作者的死亡为代价的说法,而读者理论家们认为可以心甘情愿的付出这一代价。卡勒在《结构主义诗学》中提出了"理想读者"的概念是比较合适的提法。卡勒对这一概念作了进一步限定:"理想的读者是一个理论建构,也许最好看做可接受性的这一中心概念的化身。"这一界定表明理想读者的两个特征:抽象性与可接受性。

首先,理想读者是一种理论建构,被假定具有阐释文本的阅读程式,(有能力的读者)凭借这套程式,文本的结构和意义才得理解。这套程式独立于个人的差异,这是一种结构。这种抽象性是理论研究的前提。

其次,理想读者作为接受者,也被称为建构文本的读者。在阅读作品时,读者头脑中不是一片空白。他贮备有理解作品规则和话语的能力,而这就是理想读者的阅读能力。而且,在阅读过程中,理想读者并不仅仅满足于听到一个构成话语或简单转述一个虚构的故事,他还具有巴特所期待的生产性读者的某些因素,在阅读过程中制作新的话语。他将努力寻找文本中的空白、沉默、矛盾、神秘之处。这些建构文本的读者有一套相应的程式,运用所具备的接受程式去阅读,理解文本所提供的信息,进而理解作品的独特结构和意义。卡勒认为,理想读者的"文学能力"即"阅读文学文本的一套程式",这种能力是一个多种因素的动态组合。

艾合买提·孜亚依的叙事长诗《热比亚与赛丁》在叙事结构方面颇为

独特,完全突破了维吾尔族叙事长诗的传统叙事模式,突出了读者并将读者作为文本的重要内容,体现了他对"理想读者"的呼唤,对生产性读者的期待,这正是作者对维吾尔族叙事长诗的创新所在,代表了 20 世纪维吾尔文学对本族文学传统的继承与创新的成就。他的作品中总是有一个清晰的读者的形象,而且他自己在叙述中总要时不时介入作品与这个读者对话,或者经常提醒读者注意他的作品,理解他的作品。虽然这都是文本中的形象,属于叙述话语技巧,但我们仍可以将其当做艾合买提·孜亚依对理想读者的呼唤,也即他对新的阅读方式的思考和呼唤。因此,艾合买提·孜亚依对维吾尔传统达斯坦在 20 世纪末的思考,更多的是从作为研究者的读者的角度思考。因此他的创新的思想,首先就基于他对理想读者的期待。因此,他打破了传统达斯坦的连贯性的叙事模式,不断变换叙述者身份,吸引读者转变传统的达斯坦阅读模式和理解模式,挖掘作品的多重含义,作者与读者共同为达斯坦这一古老体裁注入新鲜活力。

从理想读者理论角度研究艾合买提·孜亚依的叙事长诗《热比亚与赛丁》,本书将在两个层面上进行。一是该文本中明显表现出对读者的要求,二是从理论角度讨论理想读者对维吾尔达斯坦研究的意义。

如前所述,艾合买提·孜亚依的爱情长诗《热比亚与赛丁》倾注了作者一生的心血,他期待读者深入理解,因此,作者称它为"思想的海洋",如果读者只关注爱情故事,就不会真正理解这部作品。因此不断要求读者进入他的作品,理解人物的意义和创作者的心意:

> 作品要求读者的理解,
> 逐一分辨其中的精华。
> 所以在读这部长诗时,
> 要从中获得几方面的知识。
> 在漫步花园采摘花朵时,
> 不要仅被爱情所吸引。

作者列举了读者应从长诗中发掘的意义:

第一要明白什么是爱，

要理解爱的真谛和痴情者。

第二要知道爱的神圣和纯洁。

第三层意思父母如若给你教诲，

无论何时子女都要倾听领会。

第四是作为父母应有所悟，

要理解儿女的心思。

……

在长诗中经常会有叙述者"我"与"读者"的对话，这种对话虽是在文本中进行，并不是作者本人与阅读对象之间实际发生的对话而只是出于叙述的需要，属于叙事学研究的范围。但是，本书在第四章第三节"叙述者身份的多重变化"中讨论《热比亚与赛丁》的叙述者身份时，讨论了作者虚构了多个叙述接受者，如"笔"、"思绪"、"酒官"、"吐曼河"等，倾听作为以第一人称叙述者身份出现的"我"抒发自己的感情，表达"我"对此时此刻正在发生的事所持的态度等。每一个创作者心中都有预想的读者，他不是无目的无对象而创作的。我们将作者心中预想的读者称为潜在读者。这就是一个像费什、巴特等人在理论中所强调的那些"生产性读者"。这是作者最期待的阅读者群体，作者借"笔"、"思绪"、"酒官"等来引起读者注意。

所以作者在作品中虚构了如上文中所讲的叙述接受者外，还虚拟了"读者"形象，他们不同于作品中的倾听者"笔"或"酒官"等形象，这些形象在诗中的任务是倾听，是一些被动的接受者，是作者感情宣泄的对象。而"读者"形象，却是与作者有平等地位、共同讨论故事情节发展的人物。所以诗中常会出现这样的诗句：

读者您也许还记得，

在达斯坦的前几章。

赛丁和艾山走进树林，

现在在这里会被说清。

又如:

> 读者可能不会忘记,
> 赛丁将要去麦德立斯学习。
> 赛丁为此欢喜无比,
> 忙向朋友传出这消息。

再如:

> 也许您会说这不就是爱情故事吗?
> 那里会有那样的理想和思想?!
> 所以答案要在诗里去寻找,
> 用你的智慧作出解释才好。

　　作者认为读诗不仅是阅读活动,而且还是思想活动,要求阅读者用自己的智慧去发现作品的思想。所以他指出,如果读者只读出了其中的爱情故事,那也不足为奇。因为作品就像思想的海洋,需要花费精力去理解和分辨,有些人可能只看到了浮出海面的冰山的一角,而又有些人则看到了潜藏于海底的冰山。这就是对读者的要求,期待。特别是期待读者的有创造力的阅读,理解作品中除爱情故事之外的多重含义,对作品进行再想象。艾合买提·孜亚依本人在阅读阿不都热依木·尼扎里创作的《热比亚与赛丁》后,用自己近一生的精力,感受尼扎里的思想和语言魅力,发现这个爱情故事可拓展的空间,融入自己的思想和激情,创造一个新的作品。因此,希望读者也能去发现自己作品中的空白、矛盾或闪光之处,对此进行修正、填充,使作品最大限度地体现其意义和价值。作者在"尾声"中写道:

> 用精美的艺术之花制作的花束,
> 让心灵得到愉悦,吸引爱花的人。
> 若有人在这花园里观赏,

> 看到这五颜六色的奇异美景，
>
> 怎能得不到欢悦嗅不到香馨。
>
> 只要他不是无感觉的铁石之人，
>
> 缕缕花香就能进入他的身心。

在这里也表明作者自己对文学创作和文学欣赏之间关系的认识。他认为文学创作和文学欣赏都是高级的审美活动，它们之间的关系是双向的，而文学作品将二者联成一体。所以作者称作品为"心灵的花园"，凡到此均能受到滋养，对此他很自信。作者总是把艺术作品称为永不凋谢的花朵，将读者比做观赏者，赏花者。因此，他对读者总是有要求，总是希望读者能从中得到愉悦，得到提升，能够发现作者的精心安排。

作者在"思绪中的两个世界"中，提出了自己的创作观，指出作者创造性的发挥，赋予古老的传说、故事以新的内容，由此获得在人民心中的崇高地位：

> 如果没有他们就不可能有达斯坦，
>
> 不会有人写下这悲伤，写入史典。
>
> 帕尔哈德与西琳，莱丽与麦吉侬，
>
> 因有代代作家赋予他们新的内容。
>
> 即使数朝数代已匆匆过去，
>
> 读者确从未将他们忘记。

长诗中这样一个细节，可以说明作者对读者的重视和强调：赛丁的父亲不忍心儿子再痛苦下去，劝他忘了热比亚。这时赛丁感到无法向父亲说清自己对热比亚的感情，便给他讲了莱丽与麦吉侬的故事并引用了其中的两句诗："要想发现莱丽的美，只有麦吉侬的眼睛。"这两句诗至今在维吾尔民间广泛使用，成为民间对美与审美的解释。艾合买提·孜亚依也认为，要想发现作品本身所蕴涵的美，必须要有发现美的综合能力，如理解判断能力、想象力、审美能力等。这是读者理论中对理想读者的要求。

　　综上所述,艾合买提·孜亚依对传统达斯坦的创新,在关注读者、有意识地将读者引进作品方面体现得尤为明显。在传统的维吾尔达斯坦创作中,由于有其固定的格式和传统,所以创作者和研究几乎都没有考虑读者因素。长期以来的读者也就形成了固定的阅读习惯,只是作为被动的接收者和欣赏者,只是把纳瓦依以来的达斯坦当做爱情长诗来理解,读出其中的悲欢离合。但艾合买提·孜亚依认为传统也是在不断探索和革新中形成的,也需要发展。要想使维吾尔达斯坦古老传统在 20 世纪有更好的发展,就必须从打破读者的原有的阅读习惯入手,建立一种新的关系,进行阅读革新,创造出新的阅读模式,拓展更为广阔的阅读空间,使读者积极介入新的达斯坦阅读环境,重新认识这一古老的体裁。作为读者的孜亚依深知读者阅读水平的高低和参与程度,对催生优秀作品的重要意义。他在研究前辈诗人阿不都热依木·尼扎里的同名长诗《热比亚与赛丁》时已有了较为独特的视角,他指出这部作品的重要意义在于,首先其作者是中国的维吾尔族,他以维吾尔族乡村发生的真实故事为题材进行创作,是一重要飞跃;其次作品的主人公均为维吾尔族。因此他认为这两点是认识阿不都热依木·尼扎里及其作品的关键。这是作为读者的孜亚依的研究视角。但是长期以来学术界并没有关注孜亚依从读者角度强调维吾尔达斯坦民族化,强调维吾尔达斯坦在 20 世纪的继承与创新。作为维吾尔现代史人际学者的艾合买提·孜亚依的提示和创作实践的确发人深省。

　　在目前维吾尔学术界,对阿不都热依木·尼扎里的《热比亚与赛丁》的阐释至今为止都没有走出传统模式。我们不必猜测孜亚依创作同名叙事长诗《热比亚与赛丁》的目的是否是继续他 40 年以前的提示:自阿不都热依木·尼扎里的《热比亚与赛丁》以后,维吾尔达斯坦创作已进入了一个全新的时代,传统的、单一的研究方法应该改变。但是,作为当代研究者,我们却不能回避文本的多重内涵对我们提出的要求,如果作为研究者的读者只甘于做一个一般的消费性读者,不去对文本进行创造性解释,发现其价值,那么作者就会自己代为诠释,艾合买提·孜亚依创作的叙事长诗《热比亚与赛丁》即是如此。这也是目前维吾尔文学研究界研究理论和模式滞后所造成的尴尬。将读者理论引进维吾尔达斯坦研究,恰恰是这方面的尝试,在此提出也只是希望能以此引起专家学者对达斯坦研究的再思考,使维吾尔达斯坦研究冲破原有的研究模式而进入中国文学批评话语空间。

第四节 为维吾尔口头文学批评研究提供的思考

　　口头文学批评,属于文学批评的范畴,但目前关于口头文学批评的研究却在民俗学中进行。所以,这是一个关于文学批评的跨学科研究。阿兰·邓迪斯在其口头民俗研究论文《元民俗与口头文学批评》(1966)中提出了要从民众自己那里得到对口头文学(民俗)的批评,而不是从民俗学家的民俗搜集中得到。因为毕竟提供资料的民众自己在享用民俗,对其中蕴涵的意义只有他们自己最心领神会。① 对这个问题,可以从元民俗(metafolklore)文本中发现民众对民俗的态度。如汉民族的"谚语是一枝花",这是汉族关于一个民俗体裁即谚语的民俗学评论,是一条元民俗实例。这条谚语讲述了汉民族民间对谚语的认识,寄寓了人民对谚语的新鲜、生动、美好的认识。而艾合买提·孜亚依的长诗《热比亚与赛丁》之关于维吾尔民俗的表述中,首先引起笔者关注的是这样一条维吾尔谚语"有乡村生活才有民俗,就像有戈壁才有狼"(Yurt bar resmisibar, janggilbar burisi)。这是维吾尔民间阐释民俗的谚语,这也是一则元民俗实例,这对了解维吾尔族的民俗文化观非常重要,对维吾尔民间口头文学批评的考察也有重要意义。艾合买提·孜亚依的长诗中,搜集了大量维吾尔民俗、谚语、歌谣,其中,有很多可以作为口头文学批评来研究。

　　一般来说,文学批评一直都以两种形式存在着,一种是学院式的,以书面为正统,另一种则是民间的,群众口头流传的。长期以来,维吾尔文学理论研究视野只限于前一种。而对鲜活生动的民间口头文学批评却没有给予足够的重视,留存于民间的口头批评传统,因没有受到足够重视而未加搜集和整理。在维吾尔文学研究中,随着创作的专业化,创作者书写语言的专门

---

① 参见[美]阿兰·邓迪斯著:《民俗解析》,户晓辉译,广西师范大学出版社2005年版。

化、知识化和现代化,文学创作和文学研究远离民间的倾向在维吾尔族中日趋明显。而艾合买提·孜亚依等老一代作家,他们在创作中非常重视民间文学保存、吸收和学习,值得我们认真思考、深入研究。在《热比亚与赛丁》中,艾合买提·孜亚依不仅使用了大量民间口头文学如民歌、传说、谚语等,对这些口头传说、谚语的文学批评作用尤为关注。对《热比亚与赛丁》中这一特点的研究,将有助于我们对维吾尔文学与民间文学关系的思考。

维吾尔族的民间口头文学非常丰富,而且也蕴涵着大量口头文学批评。保留在民间故事、谚语、民间歌谣、民间传说等体裁中。细读艾合买提·孜亚依的《热比亚与赛丁》,可以发现作者常选用民间口头谚语、歌谣、故事来表达他的文学思想,读后更让人觉出富有意味,了解维吾尔文学传统的另一个传统,即民间的表述方法。同时这些歌谣及其他所评价的民俗事件一起又构成艾合买提·孜亚依作品中要表现的维吾尔传统民俗的一部分而存在。

在1940年艾合买提·孜亚依创作了歌剧《热比亚与赛丁》。这个歌剧的序言中的一段论述体现作者对口头文学批评的重视:

> 鄙人有幸将这个爱情悲剧用我们民族艺术中歌剧的形式表现出来。虽然我在歌剧艺术技巧方面的能力欠缺,但是,我想尝试用本民族的语言,用这一精美的艺术形式,向人民献上在我们民族的历史上真实发生的爱情故事。这一美好愿望鼓舞我写下这个歌剧。而且,民间流传有这样的格言"与其借他人的新衣服,不如将自己的旧衣服补好了再穿"。

这是极具喀什地方特色的一则谚语,包含深邃的生活哲理,体现了较强的主体性意识。一般来讲,谚语、格言表达了一种简朴实用的民间哲学,具有多义性特点。作者借用的维吾尔族的这句民间谚语本身,就含有评价的意义,它适用于社会现象和生活现象,也可以作为口头文学批评。而孜亚依将其作为文学批评的口头表达方式,精辟地表达维吾尔族民间对民族艺术传统的继承的态度。

在爱情长诗《热比亚与赛丁》中,作者使用的大量的民间口头谚语、故事首先源自于民间话语习俗,所代表的价值判断和审美判断,是长期以来人民经验的结晶,凝结着人民精神和性格特征。如第三十八章,题目是"是任性还是忠贞"。作者在开篇这样写道:

> 有一位老人准备出远门,
> 骑上他的毛驴开始行程。
> 一个小孙子走在他的身后,
> 引来了一个人这样的议论:
> 那么大的人还要骑在驴背上,
> 为什么不让那小孩子这样?
> 老人听罢立即跳了下来,
> 将两人的位置改了一改。
> 没走多远,又碰见一人,
> 他却这样说道:
> 年龄这么大了还要徒步行走,
> 小孩子才应该下来走。
> 听罢此话老人自己也骑了上去,
> 小孩就坐在他的身后。
> 一会儿又碰到一人说道:
> 天底下真还有这样无情的人,
> 两个人骑上一头驴,
> 不为可怜的动物考虑。
> 两人只好又跳了下来,
> 牵着驴子徒步行走。
> 走着走着他们又遇到一人,
> 看见他们又发出这样的嘲讽:
> 牵着驴子自己在徒步行走,
> 世上难道还有这样的傻老头?

> 最后老人只好说，算了罢，
>
> 要想让他人满意实在难上加难。

　　这个故事在维吾尔族中流传十分广泛，它常被用在对一些社会现象的批评上。尤其是故事的最后，借故事主人公骑驴老人之口，道出了这个故事的真正意义，即众口难调。作者在这里插入这个故事，是为了反映在当时的社会条件下，人们对少女热比亚的行为所持的不同态度。有人给予高度评价，而另外还有些人则对此大加指责，认为这是出格行为，尤其是热比亚在新婚之夜与赛丁私奔、为救赛丁女扮男装、又因赛丁投河自尽等，令当时很多正统人士所不容。对于这种现象，艾合买提·孜亚依用一则民间故事予以说明，不仅显得十分简练而又有说服力，同时作者自己的观点也体现出来。再进一步说，这则民间故事也体现了作者对创作者与接受者关系的理解。创作者无论如何创作，即使他自己认为做了很大努力，甚至也很完美，但他的作品，依然会有来自读者的批评，会有很多分歧，而且这些分歧永远也不会得到统一。

　　《热比亚与赛丁》的第十一、十二章是集中描绘喀什的地域文化特色的。这两章中作者将口头民俗作为地域文化特色的重要内容。其中就有作为口头民俗之一部分的口头文学批评。进一步体现了作者对口头文学批评的理解。如在第十一章中，作者十分巧妙地用了一则喀什的民间谚语为引子：

　　有乡村生活才有民俗，就像有戈壁才有狼。在这句民间口头言语中，包含了维吾尔族对民俗含义、口头文学批评含义的民族化理解：民是风俗产生的先决条件，只有人及其赖以生存的乡村生活，才会有相应的民俗产生，离开了人和人的生活，民俗将不复存在。民俗作为文化的重要内容，每一个民族都有其不同的理解，而这种理解是以特殊民族文化背景为语境的。作者将这一理论性问题，用维吾尔民俗生活拥有者自己的方式解释并告诉我们什么是民俗，什么是文学。

如第十二章中,题目为艾孜热提苏勒坦的游艺活动。作者以一首至今在喀什和阿图什一带流传很广的古老民谣为引子:

> 阿图什有一个大巴扎,
> 路途艰难也要努力到达。
> 这里有孤苦之人庇佑,
> 是那艾则孜苏勒坦麻扎。

这首古老的歌谣,唱出了人民对千年来的汗王苏图克·布格拉汗的热爱和崇敬,因为他是一位明君,是孤苦者的依靠,同样也是代代穷苦人的精神庇护者,所以这一民俗活动的出现,是带着人民的美好心愿的。

这里可以引出喀什、阿图什的巴扎文化。喀什巴扎不仅仅是集市,更是喀什的存在方式,喀什由大大小小的巴扎构成,如果问老城中的某一人住在哪里,他会告诉你是玉米巴扎或蒸笼巴扎,在这里,巴扎就成了某一种文化的代名词。而歌谣的最后一句"艾则孜苏勒坦麻扎"中,"艾则孜"有"尊贵、高贵"之意,"苏勒坦麻扎"则专指在阿图什的苏图克·布格拉汗之陵墓,苏图克·布格拉汗是维吾尔族历史上的明君,他体恤民众。后两句的解释就是:人们不惜路途遥远去敬拜苏图克·布格拉汗之陵墓,表达对他的敬意。民歌所表达的民众的好恶观不言而喻。

阿兰·邓迪斯指出,并不是所有的口头文学作品如歌谣、谚语、格言、故事等都有口头文学批评的功能,而是其中的一部分才具有这种功能,这需要研究者搜集、辨别。就在艾合买提·孜亚依的叙事长诗《热比亚与赛丁》中,也运用了大量的口头文学的内容,这些构成了此长诗民俗特征的一部分,但并不属于口头文学批评,也是有选择地加以阐述。笔者认为,能够被我们称之为口头文学批评的民间谚语、传说、歌谣等,有这样一些特征:第一,视野开阔,论题广泛,涉及创作者和接受者,也涉及传统和继承、审美的多样性等问题。第二,短小精辟,生动有趣。这本身就是民间文学的特点。许多民间谚语、格言等虽是只言片语,以方言土语的形式传播,但却蕴藏着十分丰富的文论思想。第三,用感性的语言表达理性的思想。民间口头文学大都偏重感性,产生于其中的口头文学评论当然也以感性的表达方式为主,但其中却包含着对问题的理性思考。

　　艾合买提·孜亚依将口头文学中故事、谚语等隐含着的口头文学批评意义挖掘出来,运用到他的诗歌创作中,最大限度地体现了维吾尔文学的民族性特点,对我们研究和学习维吾尔文学具有重要的指导性意义。

附件一　艾合买提·孜亚依
生平年表、创作年表

生平年表

1913 年，出生于喀什，在父亲的教育下接受启蒙教育，学习古维吾尔语、阿拉伯语、波斯语，学习文学，并在父亲的影响下开始写诗。

1928 年，用波斯语创作第一首达斯坦，标志着他正式走上文学道路。

1935 年，在喀什著名学者库图鲁克阿吉·肖克任主编的喀什《新生活报》工作。

1937 年，库图鲁克阿吉·肖克被捕入狱，由艾合买提·孜亚依担任其所有工作。

1943 年，被调至乌鲁木齐，在《新疆日报》工作。

1944 年，被捕入狱。

1946 年，出狱后回到喀什。组织一商队，到中亚拉达赫一带经商。

1947 年，在喀什专员阿不都克力木汗·麦合苏木的提议下在《喀什新疆日报》工作。

1948 年，作为国民党立法委员会委员，赴南京并在此地逗留一段时间。

1949 年，在喀什从事《福乐智慧》和《突厥语大辞典》的翻译和阐释工作。

1957 年，调至乌鲁木齐，在自治区文联从事研究和创作。

1980 年，在新疆社会科学院少数民族文学研究所工作。

1989 年 10 月 26 日，在乌鲁木齐去世，享年 76 岁。

创作年表

1938 年,完成话剧《黑暗的岁月,闪光的生命》,此剧在当时上演。

1938 年,创作话剧《叛徒汪精卫》,此剧在当时上演。

1943 年,创作歌剧《热比亚与赛丁》,此剧在当时上演。

1947 年,诗集《永不凋谢的花朵》在《喀什新疆日报》印刷厂铅印出版。

1947 年,创作完成游记《拉达赫之路上的商队》。不久,此游记被翻译成汉语、英语、俄语、乌尔多语。

1963 年,诗集《永不凋谢的花朵》在埃及出版。

1985 年,完成叙事长诗《热比亚与赛丁》。

1987 年,新疆人民出版社出版《艾合买提·孜亚依作品集》。

已完成《民族文明遗产的奠基人——玉素甫和马赫木提》(历史叙事诗),尚在出版之中。

《九死一生的人》开始写作,但未完成。

附件二　艾合买提·孜亚依叙事长诗《热比亚与赛丁》目录

附件三　艾合买提·孜亚依的口述[①]

我的父亲毛拉阿洪阿吉是他所生活时代的著名人士。他15岁时岁随朝觐者一起到麦加,在麦加和麦迪那学习教义长达12年,获取了丰富的知识。回到家乡后,他起初在喀什的经学堂任职,后在自己的家乡修建了一所大的经学堂,所授课程内容广泛,涉及各领域,有各地的求学者慕名而来。他当时在经学堂旁边还修建了一所很大的图书馆,这个图书馆收藏各种书籍三千多册,如宗教、历史、哲学、文学。除此之外,还有土耳其、伊朗、阿富汗、沙特阿拉伯等国出版发行的书报杂志。这样一所图书馆的存在,在当时的年代,无疑是一件重大的事件。加之,毛拉阿洪阿吉还是当时较为知名的诗人之一,他以"胡木里"(蹲坐在角落的人)为笔名写下了不少诗歌。他的诗歌是用维吾尔文、波斯文、阿拉伯文写成。他还是当时的书法家之一。除此之外,他还写过关于历史及其他著作。即使他是一位生活于"角落"之人,但作为一名具有先进的启蒙思想的知识分子,他与当时维吾尔族文化精英人物阿不都卡德尔·大毛拉、泰杰里等人交往密切。他以自己的经文学校、图书馆和自己渊博的知识、先进的思想,影响了当时的一大批青年求学者。

我出生在1913年4月,在父亲的知识和学问的熏陶下成长。父亲对我们的管教很严,在接受启蒙教育后,父亲就开始给我们教授波斯、阿拉伯文学和维吾尔古典文学。有特殊文学氛围的家庭,一个诗人父亲,图书馆的丰

---

① 艾合买提·孜亚依的这个口述由新疆政协文史资料委员会迪丽达尔录音、整理并经口述者同意后发表在《新疆文史资料》(维吾尔文)第28辑。笔者由此译为汉文。

富藏书,对我们幼小的心灵产生了巨大的影响,将我们引向知识的殿堂,诗歌的殿堂。由于我父亲的教学方法较好,到 24 岁时,我已掌握了大量的知识,在今后的岁月里,如果说我为祖国和人民做过一些有益的事,父亲早年的严格的培养和教育起着十分重要的作用。在一个乡村长大的我,能够成长为一个诗人,在以后坎坷的政治生涯和文学生涯中,起到了关键性的作用。

喀什著名的诗人库图鲁克·肖克是启蒙教育家、维吾尔新型出版业的奠基人之一。当时他主编出版了一份报纸《新生活报》。1935 年我到该报担任编辑。这是我人生道路上的一次重大转折。在报社,我工作非常投入,一人身兼几职,我从事抄写、编辑、翻译、写作等工作,成了库图鲁克·肖克的得力助手。1937 年 4 月,因马赫木德师长违抗了盛世才的命令逃往国外。盛世才以此为借口,在喀什开始了大肆抓捕,库图鲁克·肖克、其弟木沙阿洪及报社的部分人便在不久就销身匿迹。报社的所有工作就落在我一个人的身上,我克服了种种困难,努力使该报纸延续下去。后来,报纸的名称改为《喀什新疆日报》,此时,我通过自己的编辑、写作、翻译,积极唤醒民众,增强了报纸的战斗力。报道在当时世界范围内作为重大历史事件的世界反法西斯战争。

报业生涯的开始

正当我在知识的海洋中奋力遨游时,发生了一些影响我终生的事件。哈密爆发了农民暴动并很快席卷各地,喀什、和田也很快爆发了反抗压迫的农民暴动。一时间紧张的气氛笼罩在喀什上空。我父亲的学堂也停了课,其他学堂也相继停课。这种状况给我以极大影响。像所有的热血青年一样,我想按照自己的意愿,投入这场革命浪潮,做浪潮中的一滴。为此,我来到喀什,希望得到在喀什工作的哥哥的帮助。当哥哥得知我未经父亲的允许私自来到喀什时,要求我立即回去,征得父亲的同意。而我却不想空手而归,坚持留在了喀什。这时发生了一件事,这件事几乎决定了我的一生。

一天我在艾提尕尔清真寺前经过,在银楼(TILLA SARAI)(银楼——现在的艾提尕尔清真寺的北边。当时此楼的一层为维吾尔协会的会址,第二层一半为教育局,另一办为库图鲁克·肖克创办的《新生活报》报社所在地——讲述者)的墙上贴着的一份启事引起了我的注意。启事中写到:"我社需要一名字写得好、有一定写作能力的秘书。"这份启事重新点燃了我心中渐渐熄灭的希望之火。我拿起笔,迅速写成了一篇短文,交给了门卫后就离开了。第二天当我再次经过银楼时,门卫叫住了我,并把我带到库图鲁克·肖克的办公室。原来,他昨天看到我的文章后就很喜欢,见到我后,他问起我的家世,当他得知我父亲是谁时,非常仔细地打量了我,然后问道:

"您就是那位毛拉阿洪阿吉的儿子吗?"

"是的。"

就这样我开始在《新生活报》工作。这个报社当时只有三个人,库图鲁克阿吉·肖克兼社长、总编及编辑,根本没有秘书。有一个名叫玉素甫阿洪的负责管理报社的财政,另一位名叫塞来阿吉的负责与印刷厂联系、管理报纸之类的事。当时喀什地方政府由于没有印刷厂,有一所由瑞典传教团建的印刷厂(当时这个印刷厂也被称做斯文赫定印刷厂——讲述者),当地的报纸就在这里印刷。印刷厂的地址就在当时的喀什库木德尔瓦孜,报社向这里交纳印刷费。

当我开始报业生涯后,我带着极大的热情投入这项工作,成了库图鲁克·肖克的好帮手。在报社,我既是抄写秘书,又是编辑兼作者,其他的工作我也是有求必应。我个人的能力和积极工作的精神,得到了库图鲁克·肖克等人的认可和尊重。当时,报社有来自伊朗的《伊朗日报》、来自阿富汗的《和平阿富汗》,由于我有较好的波斯文基础,我就把这些报纸上的一些重要文章译成维吾尔文,在我们的报纸上发表。库图鲁克·肖柯为此十分高兴。当时报社还有来自乌兹别克斯坦的《红色乌兹别克斯坦报》,但由于我不懂拉丁文,看不懂原文,我为此很遗憾。因此我利用所有可以利用的时间,刻苦努力,在很短的时间里掌握了拉丁文,将一些报纸的内容译成维吾尔文,为《新生活报》提供新的信息。不久,我便成为一名得力的编辑、翻译,我的写作水平也有了显著提高。那时,还有一些令人难忘的事,至今令我记忆犹新。

马赫木德师长跑了的第二天,喀什就开始大搜捕。到9月底,已有一千多人被捕,报社的12人中有8人被捕,其中有库图鲁克·肖克和他的弟弟木沙阿洪也被捕,并在一夜之间销声匿迹。报社的工作一下全落在我的身上。如今已故诗人努尔买卖提·伊尔克当时是新招进来的编辑,他在某些方面帮助我,不久,我成了这个报纸的编辑和主编(这种状况一直延续到1943年),后来这个报纸改名为《喀什新疆日报》。在此期间虽然因此报社被任命了新的领导,但他们只负责报社的政治导向。现在想起来,我当时很鲁莽,白天我一个人写文章,还要编辑稿件,还要担任主编的工作。因当时报社没有电信设备,我们无法直接收到新华社的消息,所以我不得不从其他报纸选择适合我们报纸的内容记录下来,然后翻译出来登在我们的报纸上。这时正是抗日战争时期,也即世界范围的反法西斯战争时期,我尽自己所能通过报纸和手中的笔,向人民宣传战争的性质,用可靠的证据向人民证明人民战争必胜,法西斯分子必败,为此,我写了大量文章和评论。当时的《喀什新疆日报》的订阅量达到3800份(当时《新疆日报》的订阅量没超过两三千)。这时我正年轻,精力充沛,我能使报纸跟上当时大时代的步伐,通过报纸动员人民的反法西斯热情。

离开喀什

那是1943年2月的一天,喀什公安局一个名叫托乎提·伯克的人叫我到公安局去一趟。这是一个十分可怕的人物,当时被他召进公安局的就没有出来过。我无奈地来到公安局,他把我带进公安局的铁门,穿过层层套间,将我领到最里的一间屋子里,屋里坐着一个长官模样的维吾尔族男人,皱着眉头坐在那里,他见我进来,就把一张纸向我面前一推,命令道:

"在纸上写!"

"写什么?"我不解地问。

"你要写我从今往后不与外国联系。"他态度粗暴地说。

我按照他说的写了,之后,他们就把我放了出来。

那个人话中有话,这意味着他们认为我有"国外关系"。我感到很吃惊,因为到那时为止我没有和任何一个外国人打过交道。后来我自己在心里分析了这些情况,得出了这样的结论,这时正好是盛世才彻底反革命开始,他用各种手段和方法将大批支持中国共产党和苏联的先进分子召到乌鲁木齐或警察局,暗中将他们逮捕。在此之前,喀什专员阿不都克力木汗·麦合苏木被盛世才召到乌鲁木齐,一直被软禁在外文书店家属院的花园式别墅(此为当时旧址——译者注)中。我猜测,我写的那些有关反法西斯文章在报纸上的经常发表,有时苏联大使馆的工作人员给我们报社送来报刊杂志和资料时与我的会面,或者是他们在举办一些宴会时将我和喀什的一些显要人物同时邀请,这一切都被喀什公安局认为是我与外国有联系的原因。

两个月过后的一天,我被召进喀什行署,许专员指着墙上的世界地图对我说:"你给我指指中国的边境线!"

我二话没说用手指出了包括新疆在内的中国的边境线。这事使我更担心,但我只能憋在心里,不敢向任何人提起。又过了两个月,他们给我送来了一封信,据送信者说,此信是盛世才的亲笔信。信中写道:"我们邀请您到乌鲁木齐,速来!"我向一些朋友说起这件事,他们说:"也许是你的努力工作的成果引起了他们的重视,这对你来说是一个宝贵的机会。如果盛世才没有特别欣赏,是绝对不会写亲笔信的,你还是去吧,这次肯定是要好好培养你,委你以重任的。"但是这些话还是没能打消我的疑虑,因为前两次的召见对我已有不祥的预兆,所以,为了试试运气,我拿着这封信到了专员办公室。

"要把我调到乌鲁木齐去,我不去行不行?"

"不行。"专员回答道。

"家眷是不是也带着一起去?"我问道。

"不,现在还不行,你先一个人去。乌鲁木齐住房紧张,以后看情况再说。"

从他的谈话中,我确认了灾祸是肯定会发生的,但我又不能不去。我把监狱中可能会穿的衣物和羊皮大衣等准备好放在枕头套里,但心里却十分难过。我心里在流泪表面上不得不强作欢颜,我内心的真正苦楚是无法向任何人言及的。规定的日子转眼就到了。当时,喀什教育局的局长麦买提·玉素甫和他的弟弟阿不都热依穆也被召往乌鲁木齐。告别家人和亲友,我们乘车去乌鲁木齐,一路上我们谁也没有向对方诉苦。据说以往去乌鲁木齐的人一到了三洞北(乌鲁木齐地名)便被带进警察局。我们都在担心会不会遭同样下场,离乌鲁木齐越近我们的疑虑就越重。

《热比亚与赛丁》剧本的产生

我们的担心暂时看来是多余的。1943 年 4 月 10 日我们到了三洞北。这里有一个检查站,当检查完我们所有人的行李物品后,站里的一个人不知道向哪里打了电话。半个小时后对我说:"你去报社!"

听到这话我轻轻舒了口气。之后,他又命令麦买提·玉素甫到教育局去。

我被任命为省《新疆日报》第二版的编辑。黎特甫拉·穆塔里甫当时已是文学版的负责人,我和他同住一个宿舍。我认识了从塔城来的一个名叫阿曼图尔的柯尔克孜族和一位名叫钟德华的锡伯族同行,李泰玉当时也在这儿。我与他们的交往甚密,建立了深厚友情。报社还有几个十分神秘的让人分不清是敌是友的人物。

由于我是第一次远离故土,远离父母和家人,这初来乍到之地的所有人和事都让我觉得陌生而神秘。我的心常常被孤独感所侵扰,不仅如此,"监狱"、"逮捕"之类的词在我的大脑中总是挥之不去,即使当时我还弄不清自己到底有什么罪,但盛世才把我们几个人当做重要的政治人物对待,让我心里很难受。同时,以前与我的"志同道合"者或像我一样在报纸上发表革命文章的人一个个被逮捕入狱,心中也隐约感到自己也会遭同样的下场。于是就产生了"如果遭遇不幸,一定要在人世留下一些印记"的想法。从 1943 年 4 月起,我开始写作《热比亚与赛丁》。每天晚上,宿舍写字台的一边是穆塔里甫创作他的诗歌,另一边是我在写作《热比亚与赛丁》,每写完一部分我便在《新疆日报》上发表。剧本发表后,新疆各地的舞台上都先后上演了该剧。后来我听说刊登《热比亚与赛丁》剧本的报纸也传到了狱中,看过报纸的囚犯们说艾合买提·孜亚依不久就要和我们做伴了。因为我知道说这些话的囚犯当年也和我一样是有积极追求的知识分子。过了没多久,黎·穆塔里甫被调到阿克苏,文艺版的主编的任务就落在我的肩上。我在这个位置上干了六个多月,在这期间,我在自己主编的文艺版开设了一个版面,名为"致青年作家",每期我都要写一篇关于这方面的文章。在当时社会上引起较大反响的以"良知"为主题的组诗就是在当时写成的。当时的孤独、寂寞,在我的这些创作中,得到了解脱和治疗。但"监狱"、"逮捕"的恐惧却使我无法摆脱。当时发生的一件事证明了我的担心不是多余的。一天,我在去南梁返回的途中,发现有人在跟踪我,我快他也快,我慢他也慢。我跑过去跳到一辆马车上,他立即跳上另一辆马车紧随我而来。到了大桥我下了车,他也跟着下了车又跟了过来。这件事使我非常气愤,因为到当时为止我一直认为自己是无辜的,毫无缘由地迫使我远离亲友、故乡,孤零零地一个人在这异地他乡,本来就是一件很痛苦的事,现在又被特务跟踪,这对我的自尊心是一个很大的伤害。我快步走进报社甩下了他。我已经明白我的被捕是确定无疑的,因此为了不牵连他人,我基本中断了与外界的联系。

被捕的日子

我所担心的事终于发生了。1944 年 4 月 17 日(这是一个星期一,恰好是我的生日),我和阿曼图尔正在编辑部,还有一个名叫阿不都热依穆的同事。这时有人来以"盛督办在自己的住所邀请您们为剧本提出修改意见"为名,用一辆车将我们带走。起初我们甚至相信了那个邀请,上了车没走多远我们就发现自己上当了。阿曼图尔开始撕掉所有衣袋里的信件,因为星期天(16 日)他去上街时听见到处是抓人的叫喊声。据说就在那天被抓走的各民族知识分子有 1240 人。

来到一个地方后车停了下来,我和阿不都热依穆被推上一座(有帘子的)轿子抬走了。走了很长一段路后,我们被命令下轿。我刚走下轿子,就不由自主地将两手伸进了西装口袋,镇定自己。两名士兵跑过来抓住我的胳膊向背后拧了过去,不知他们是怕我口袋里藏着武器还是对抓来的人都如此对待,这就不得而知。当他们搜遍我全身上下后,一个士兵拿来了一把刀和一把大剪刀,我以为他们会不经审问就要对我用刑。但那个士兵却把我衣服上的扣子等全都剪掉,还抽走了我的皮带,然后将一个黑麻袋套在我头上,走过许多院子(每走进一个院子时都能听到开或关院门的声音)。后来我才知道我是被带往南梁的刘文龙(音译——笔者)处(第二监狱分部)。一阵响声大作,我想可能是监狱的门开了,我头上的麻袋也被拿去,我被推进监狱牢房里。我观察着牢房,这是一间大房子,下面一半铺着地板,一半铺着砖块,地板一边是供人住的。由于是刚进来,还没有回过神,所以我坐下来,抱住双膝,唱起了"青牡丹"这首民歌。这时有一个人打开递饭的窗口,朝里面看了起来,我大喊一声:"你看什么!"那人把头缩了回去对另一个人说:"他居然还唱起歌来了。"另一个人说:"这些人都这样。"当我听到这些谈话后,我好像才有了害怕的感觉,心也开始跳起来。

过了不一会儿,一个穿着高贵、仪表威严的汉族人来到我住的这间牢房。他进来后也没有和我说什么,他背着手来回走了几圈后,朝着牢门方向喊道:"我要见盛督办!"狱卒将他带了出去,但是10分钟后又把他送回来了。之后,一个名叫卡马里的新疆学院的学生也被关了进来。我和卡马里认识,他一进门见到我就抱着我哭了起来。我后来问卡马里我们的这位汉族狱友,他告诉我此人是教育厅厅长陈方白(音译)。他还告诉我这一天发生的大逮捕,盛世才的人到学校冲进教室抓走学生,从各单位和社会上抓捕的人有几十个,我这才意识到问题的严重。晚上,我所在的牢房已有13人。他们中有银行行长,商业厅厅长、副厅长等。除我之外,其他人狱的人当天就有家人给他们送来了衣物被褥等。因为没人给我送来,晚上我只好跟一个名叫则克热的塔塔尔族人住在一起。第二天,我和阿不都热依穆又被押上一顶轿子到了第二监狱。这所长廊式的监狱有很多牢房,我们两人被关进最顶头的一间。由于靠近监狱大门,从门缝里我们可以看到进进出出的人。这天乌鲁木齐天气变得很坏,晚上下起了雪。我们两人都没有被褥,穿得又单薄,冻得够呛。我们背靠着背挤在一起,整个晚上都没有合眼。不知什么时候随着开门声狱卒进来喊道:"谁是艾合买提·孜亚依? 出来!"

没等我出门,狱卒已把麻袋套在了我头上,不知把我带到了什么地方。等拿下麻袋,我发现自己是在审讯室。晚上以来我一直都冻得发抖,现在可能是怕的原因,抖得更厉害。他们给我一把椅子让我坐下,我想坐下来尽力止住发抖,就紧紧握住靠背。这样不但没止住发抖,我感觉凳子也在和我一起抖动起来。审问者看到这也许觉得对我再粗暴下去不合适,就对我说:"该发生的都已发生了,怕也好不怕也好,你已经进了监狱,不必抖得那么厉害。"他说话时一直盯着我的眼睛看。

"我不是害怕,是冷得厉害。"我回答说。

"你的衣物哪?"他问道。

"在报社。"

他在一张纸上写了什么,然后就按了一下桌子上的一个按钮,马上就有一个狱卒进来把那张纸拿了出去。我在想"会不会是要把我的衣物送来?"后来他对我进行了简短的审讯,主要内容和喀什的一样,是关于我什么时候和国外有联系的。

"你是什么时候投靠苏联的?"

"我没有投靠任何人。"

"那为什么你会被带到这来?"

"我不知道。"

"你不要命了?"

我没有回答。

"去! 出去好好想想!"

出了审讯室,我想了很多。这些天来回旋在我脑海中的没有想清楚的一些问题有了答案。因为当时世界有两大阵营,一个是法西斯阵营,另一个则是反法西斯阵营。我是被日本侵略者侵略的中国公民中的一个,而且还是一个追求进步的青年,当时在塔什干、阿拉木图出版的书籍我看的比较多,我自认为是"反法西斯革命战线的一分子",和其他像我一样的许多知识分子一样,满怀信心地在报纸上发表文章向群众宣传法西斯必败,世界反法西斯战争一定会胜利。我这样做没有任何外国的指示,而是我自己认为是正确的。当时盛世才在自己的"六大政策"中,不也号召全新疆人民反对法西斯、联俄联共吗? 我们的所作所为正好符合他的号召。"既然这样,我们为什么会入狱?"仔细想来,由于我当时的社交范围太窄,对那时发生的许多事情并不知晓:宋美龄、吴忠信等人专程到新疆与盛世才谈判,盛世才立刻换了一副嘴脸,改变了态度,背叛了朋友,逮捕了一大批进步青年、民主人士和共产党员,甚至一些援助中国的外国专家,省政府大门上悬挂着的六星旗也已换成了国民党的旗子。当我想到这一切后,从我内心深处迸发出了:"我们被骗了!"的哀号。

就这样,我被审问了十几次,其中有三次我遭受了体罚:第一次是命令脱下外衣,手脚被绑后被放在钉板上来回滚动,我全身布满了鲜血。第二次是在我全身的伤口上撒上盐,我疼痛难忍,晕了过去。他们像拖一条狗一样将我拖回了牢房(前两次中,他们有一次是用铁鞭子抽我,还有一次是给我戴上皮筋帽)。等我醒来时我发现一位年长的囚犯扶着我的头正在给我口中滴水。从他的表情上可以看出很同情的样子。后来他告诉我这样坚持下去根本没用,其实审讯者自己明知这些都是无中生有的做戏,多少英雄好汉都被这样无辜地折磨而死。所以,在以后的审讯中,我牢记老人的劝告,开始说"是",这样反倒免去了许多体罚。

"你终于开窍了。"在最后一次的审讯中,审讯人以胜利的姿态说。

我被关在第二监狱外院。有一天从内院里突然传出震耳欲聋的吵闹声。后来才知道是内院的共产党为反抗国民党首领的法西斯行为而进行了绝食。后来监狱方面答应了绝食者的要求后,他们才停止绝食。

大概是3月末的一天,夜晚下起了大雪。第二天我和普拉提·卡德尔还有其他一些人被带到内院扫雪,内院的所有犯人都在外面,他们正在用雪堆老虎。他们中间就有原《喀什新疆日报》的负责人王谟行和郎岛分(音译),我和他们很熟,我们相互点了点头。他们手指着雪老虎,用眼神示意着我们,国民党就像这雪老虎,现在看起来好像很威猛,等太阳升起时就会化得什么也没有。我们也朝他们点了点头,表示明白并同意他们。我和普拉提·卡德尔抬着雪时甚至还商量过，如果我们能把自己和这雪一起扔到大墙外，逃过监视者眼睛，然后逃到伊犁，就可以完全解脱了……但我们自己也知道这只能是妄想，根本不可能实现。就这样我们又在这黑暗的牢房里待了一个月，之后我们又被作为"劳教犯"在监狱里做苦力。

一天政府方面将近两千名政治犯都集中在了第二监狱并在这里成立了一个政治处。他们需要有人（劳教犯）做一些诸如打扫办公室、生活、送饭之类杂事的人。也许在他们眼里我还算精干，我被派去做这份工作，这份工作我又做了两个月。一天，这个处的处长（他是一个汉族知识分子，听说他也是劳教人员）要编一本维汉字典，正在找帮手，别人推荐了我，我高兴地同意了。因为我知道动笔杆子总比我蹲在恶臭难耐的监狱要好得多。这样我又成了字典编纂者的助手。我原来的勤杂工作由喀什教育局的沙乌提先生接替。他原来是苏共党员，我们和他极为熟悉，但在这里我们只能点点头，行同路人。

又过了几个月，以朱绍良为首的国民党中央委员会（立）法代表团到新疆，重新审查监狱中的政治犯。其原因是：不久以前，盛世才投入国民党的怀抱，担任国民党农林部部长一职，吴忠兴接替他任新疆省政府主席。听说这时正是国共合作的时期，周恩来先生到重庆与蒋介石会面，几次强调释放在新疆关押的共产党员。加之，这时也正好是国民党与三区革命政府签订和约之时，根据三区政府的要求，和约中的一条就是释放所有在押政治犯，所以狱中的犯人开始被释放或重审。重审中几乎所有的政治犯都否认了之前的供词，给我们立的罪名因没有实证而被宣布无罪。我们基本上都被宣布保释出狱。被释放人员中的一部分被送往省政府设立在乌鲁木齐的教育中心接受3个月的教育，然后分配到全省各地担任专员或处局级职务（比如：伊敏·吐尔逊也在这个教育中心学习后担任克力亚县的副县长）。监狱里的一名负责人（他也是劳教犯）对我说："你好好梳洗一下准备明天出去。"获得自由的快感使我以极大的热情找到了一把旧剃须刀，勉强修理了我的须发，但令人遗憾的是，不知为什么，一连等了几天，我却没有得到释放。最后我实在忍不住，去问了那个给我喜讯的人：

"这是怎么回事？"

"其实第二天你的名字就在释放者名单中被送了过来，所以我才通知你,但是,上面没有批准。"

获得自由的希望已经没有了,两千多名政治犯中包括我在内有七八十人没有释放。这说明我们的罪行很严重。但实际上我什么也没干,也没有创建或参加什么组织,更没有与什么国外发生联系。我唯一的罪行(如果这也算做罪行的话),我只是在报纸上发表了世界反法西斯战争和反对日本侵略者的较为有力的文章。那次释放的人中有我、海米提·苏力坦、努尔·萨地尔诺夫、阿不都热依穆·艾沙等人(后来我听说关于释放我,是得到中央检查团的命令的,但是盛世才的一个负责监狱的走狗却认为我是最坏的,把我强留在狱中)。

最后他们不得不放我。我、努尔·萨地尔诺夫还有一些哈萨克族知识分子共 8 人被带到警察局长那里,局长给其他的人分配了应去的地方,轮到我时,警察局长朱国真(音译)说:"听好了,我们从内地带来的不是泥蛋,而是子弹,你现在出去吧!"

他的这番话现在想起来都让我心惊肉跳,因为我理解这句话的含义是:如果你再做可能入狱的事,就枪毙你! 所以,按照当时的惯例,经过乌鲁木齐维吾尔文化协会的保释我出狱了,我拿这监狱给我发放的 3000 元(省币)路费准备返回故乡喀什。之前,我暂住在乌鲁木齐维吾尔文化协会。一天,也是刚出狱的依布拉音·吐尔地来找我说:"我们一起向政府请愿,希望能作为代表到伊犁为国民党方面和伊犁方面调解,为和谈作出自己应有的贡献。"我没有同意,因为依照当时的局势,接受我们的请求或通过我们达成和解完全是不可能的。后来,普拉提·卡德尔也来看我(他出狱后恢复原职回到报社),希望我能留在《新疆日报》和他一起工作。但我的耳边总是响起警察局长的那句话,一刻也不想在乌鲁木齐停留,只想快快回到故乡喀什,早日与亲友团聚。所以,那时任何建议我都当做耳旁风。5 月中旬我上路了。当时有开往喀什的汽车,但因我刚出狱,面黄肌瘦,我不想让亲人们看到我这副模样而为我心痛,所以我决定坐马车回去。从乌鲁木齐坐马车到喀什要经过 30 个驿站,我想在 30 天的路途中,可以尽情的呼吸新鲜空气,养好自己的身体,离开乌鲁木齐的第 32 天我抵达了喀什。一路上,警察只搜查我的行李(原来我的通行证上是作了特殊标记的),这种状况使我感到一种莫名的难过,但是,我终于能活着回到喀什的兴奋之情远远大于这一切。

狱中获取的智慧

直到入狱为止,我都自认为是革命战线上的人,我入狱的原因也正因为如此。但直到入盛世才的监狱我才发现自己还没有真正的成熟。智慧是逐渐臻于完善的,当我正要融入社会时,听到的是盛世才当时的政治口号,以为文学创作或写文章的目的是赞美盛世才或斯大林及其政策,或是揭露法西斯和旧社会,所以近六七年以来的创作都是以上述内容为主题的政治口号式的创作。

我被俘关在第二监狱,报社的人给我送来了我的生活用品,我的箱子里有著名诗人阿不都热合曼·加米(波斯诗人——译者注)用波斯语写成的长诗(diwan)。在狱中的无聊的日子是靠读这些诗打发的,从中我得到了无比的艺术享受。反复读过这些诗歌后,我才领悟到:"诗人原来是这样的做的,诗歌只有这样去写才会有生命力。为什么有些诗今天写了明天就变成垃圾? 为什么阿不都热合曼·加米的诗歌历经五六百年人们还是那么爱读? 其中的奥秘究竟是什么? 我想就在于:在文学创作中,作者首先要掌握真理,在作品中表现真理,只有这样的作品才是真正的作品。"我开始学习加米诗歌的艺术风格。

当我反复揣摩之后我真正了解了究竟什么是诗歌。不久以后写成的《永不凋谢的花朵》、《论良知》等作品,比起以往的作品,不仅艺术性有所增强,而且也没有了以前为填充诗行而强加的套话和空话。这是我在狱中的最大收获。

拉达赫之路上的商队

回到喀什后,我依然是在国民党的监视之下。当时正是中国的抗日战争时期,也是三区革命势头高涨时。塔什库尔干、布隆湖周围已被三区政府占领,国民党惶惶不可终日,国民党开始将住在城郊的人口迁至城内。美国援助中国一批急需的汽车轮胎,原来这些轮胎是经由香港运往前线的,日本占领香港之后,这些轮胎就由美国运到印度,再由印度运到西藏,又由西藏运到拉达赫,最后再通过新疆的驼队运到新疆及抗战前线。为此,由喀什土产公司负责,组成了喀什商队(集体)。为了不使商队空手离疆,喀什土产公司与印度商人巴黎拉签订了一个协议,即喀什商队带着羊毛毡到印度,将毡子交给巴黎拉后,印度政府方面将轮胎交给驼队。当时我回到了喀什,但一直受到国民党特务的监视,我甚至担心过不了多久,还会被俘入狱,倒不如随着商队走得越远越好。想过之后,我就与在土产公司工作的一个朋友商量,他表示同意和支持我的想法。我立即作出了决定,带40匹马的货物过去,回来时再带回40匹马的货交给土产公司。土产公司按每匹马1万元现金,银行再给一万元的借款,这样算下来,40匹马就是80万元现金。我拿这些钱开始买马,40驮货需买60匹马。去往拉达赫道路不仅缺吃少喝,而且空气稀薄、道路艰险。这是商队在拉达赫之路上会遇上的两个最大的危险。另外我还带上了12名侍从和1名总管,共有14人,组成了一个商队。我们从1946年8月开始准备,直到12月都没能走成,我们只好养马度日,不知道什么原因我们的签证一直都没有下来。直到12月的一天,我们终于从叶城的普沙尔出发,经过26天,我们到达拉达赫。这次旅途中,有6天的路程,沿途的草完全都是毒草,如果马匹吃上当场就会丧命。毒草的名字叫 Yantang,我想,可能是这里的空气太稀薄,这些草的毒性才会这么大。

我们继续赶路。有时蜿蜒如蛇的小路将我们带进深谷之中,有时又把我们带到山顶,在这期间,险象环生,我创作的《拉达赫之路上的商队》就是记载我沿途所见所闻的游记。后来我的这部作品被翻译为汉文和英文,所以我在回忆里就不多作说明,只是回忆几个片段:

我们策马而行,马儿脖子上的铃声在山谷间回响。我们14人的队伍也是较严整的。一路上还发生了这样一件有趣的事:当我们行至一处时,遇到了许多墓碑,按照穆斯林的方式,我习惯地举起了双手祈祷(duwa),名叫卡斯木的总管笑了起来。我生气地对他说:

"难道你就永远不死吗?"

"我当然也会死。"他好不容易止住笑,艰难地对我说。

"你没有想想自己万一像这些人一样死在这人迹罕至的荒野的情景?"

"当然,有时候我也会想起。"

"那你为什么笑我呢?"

"主人,这不是墓碑,这是叫 Lantang 的毒草。以前从这里经过的旅人,为了不使马误吃这种草,用一些石头盖了起来,日子久了,就变成这样像墓碑似的石头堆。"

听他这样说,我也大笑起来。

我们带了 30 只羊,每到一地住宿时就杀一只。有一匹马背上驮着的纸箱里是我专门为自己而备的烤包子,我把它们冻了起来准备在路上吃。当我们走到一个山崖边时,一匹马将装有烤包子的箱子咬开了,箱子里的烤包子一个接一个的掉落在山崖下,发出一阵阵巨大的轰鸣声,听来让人心颤。马儿更是惊得乱撞,好在路不是太窄,不然,真不敢想象会发生什么可怕的事。即使如此,它们还是因受惊滑倒在冰面上。一匹马惊得仰面倒地,背上驮着的毡子在地上打滑,它无奈地舞动着双腿怎么也站不起来,看这情景,我不但没有生气,反而乐得大笑起来。因为烤包子的原因,马儿们倒的倒,跑的跑,过了好一阵我们才将它们归整,这也费了很大一番工夫。天色已晚,我们只好在路上过夜。

第二天我们正行走在山谷间,山顶上的一只黄羊可能是因为听到马脖子上的铃声吓得跑了起来,被它踢下的石头滚落下来时与其他石头相撞,激起块块石头纷纷落下,迎头落下的石头风暴让马儿也吃惊不小,当场就有七八匹马摔倒在地,好在并没有给我们带来太大的损失。

在通往拉达赫的行程中,要过四十多次叶尔羌河。因为从没有修过一条通往拉达赫的路,商队就沿着叶尔羌河蜿蜒而行,日子久了,就形成了这条商旅之路。这条路极为崎岖不平,有时还需沿河绕到山上去。走一阵后,我们面前又出现了一条三四米宽的河,河大约有 5 米深,也没有桥。如果不从这里过河,我们就得绕得很远,要增加好几天的路程。这时我恰好想起以前读过的苏联的一个儿童故事中的一个情节,说的是一个为猴子治病的医生,被一个杀人犯追赶,当他跑到山崖时,无路可走,这时,猴子一个抱一个连成一座桥,医生因此得救。猴子搭桥智慧给了我启发,使我们渡过难关。

渡过重重难关和生与死的考验,我们好不容易来到米力克夏(地名),国民党部队迎接了我们。他们把我们围了起来,一会儿要求我们把这件东西卖给他们,一会儿又要求我们把那件东西卖给他们,我们根本不可能拒绝。我旁边的一个人告诉我,路上进行检查的国民党士兵身边都有鸦片,如果有不服从他们的商队,他们就假装搜他们的货物,把鸦片悄悄藏在货物中,之后就以偷运鸦片罪为名,没收他们的商品。我带了一万两千包火柴,当时新疆的火柴每包价格高达半两银子,这些火柴如果带到新疆去卖,可赚一百倍,最后,我把火柴的一半卖给了他们才得以脱身。

重返报业

当时和田有海关。我们在和田待了两个月,是为了办海关手续,另外还打算再去一次印度。我在和田用两万五千两银子买了丝线。为了签证,顺便还掉我借的款,我又回到了喀什。这时正好是联合政府时期(国民党和三区政府),阿不都克力木汗·麦合苏木担任喀什的专员。为护照签字的那个汉族官员被调换了。我想,我和阿不都克力木汗·麦合苏木是世交,又同在革命战线工作多年,他一定会尽快替我办好这件事的。但事实恰好相反,他不但没有给我签字,反而要求我留下来和他一起工作:"兄弟,这个工作我们现在不做,又有谁去做? 所以我绝不会把护照给你,你必须担任报社的社长!"

我无论多么不情愿,还是逃不出专员的手的。无奈,我处理了在和田买的货后,将我的生意交给我弟弟,应阿不都克力木汗·麦合苏木之邀,担任了喀什新疆日报社社长一职。

重返报社后,我又开始了夜以继日的艰苦工作。当时喀什正在进行选举,为监督选举,以包尔汗、赛福鼎·艾则孜、买卖提明·布格拉等人组成的工作组到喀什、莎车、和田三地监督选举,我被选为喀什选举委员会的副主任,我的社交范围也随之扩大。在那次选举中,吐尔逊·艾力被选为疏勒县的县长(解放后被镇压——讲述者)。

我们报纸的宗旨是大力宣传革命思想和理论,这目的因与国民党的政策相违背,1947 年国民党方面停止了《喀什新疆日报》的发行。阿不都克力木汗·麦合苏木听说此事后,在他的倡议下,我们又出版了《思想报》。我们通过该报继续宣传进步的革命思想。报纸直接由行署负责,经费从行署下辖的草湖农场的收入中支出。我每天将自己听电台记录下的最新国际新闻及时加以整理报道。除此之外,我创作的作品《拉达赫之路上的商队》、《关于良心的讨论》、《永不凋谢的花朵》等作品也在此时发表。

就在我们夜以继日工作的日子里,国民党撕毁了和约,喀什又开始了大搜捕。此消息传到喀什时,不知为什么,在逮捕者的名单中赵世光(音译)没有批准我和阿不都克力木汗·麦合苏木的儿子穆合塔尔,其他 18 位革命者被捕,我用诗歌记录了当时郁闷的情绪:

> 那花儿和片片绿叶在哪里,
> 时代就像残枝败叶枯萎的花园。

喀什的政治形势出现了质的变化,联合政府时期上任的一些人被逮捕入狱,一些人跑了,还有一些人遭遇了不幸,其中,穆合塔尔逃到苏联免遭不幸,只有我无处藏身。只生存了 6 个月的《思想报》被停止,《喀什新疆日报》又复刊,报社社长的职务又强加在我的肩上。我尽量不发表直接揭露三区革命和共产党的文章,形式极为复杂,这是国民党当局设法拉拢部分民族知识分子和上层贵族但又打击另一部分人的时期。

一天,按赵世光的安排,在阿不都克力木汗·麦合苏木家里召开会议。参加会议的有我、依不拉音阿吉(喀什的大阿吉——讲述者)、艾沙阿吉(副专员)赵世光共五人。会上赵世光说:"现在喀什很不稳定,为了喀什的稳定,应罢免卡斯木江·坎拜利的专员一职,阿不都克力木汗·麦合苏木,您认为谁担任副专员一职比较合适?"阿不都克力木汗·麦合苏木是一个政治家,他果断地说:"专员没有权利撤销副专员,这是省政府的事,我不能罢免或任命谁是副专员。"

赵世光转而又对我说:"那您说说看。"我说:"喀什现在的问题就像一个溃烂的疮口,您(指赵世光——讲述者)所采取的办法,就是在伤口上擦点药包扎一下,而不能根本治好。"赵世光听罢脸色大变,会议也随即停止。

担任立法委员会委员

那次会议开过一段时间以后,赵世光到我家向我谈起担任喀什专员的事。我非常干脆地回答:"我不能胜任!"

"为什么?"

"第一,我是喀什人,专员过一两年后就要被调换,需要到别的地方去,喀什是我的家乡,我离开家乡到哪里去? 第二,我是个知识分子,一生握惯笔杆的手却握不了权。"我打心底不想担任副专员,去做国民党的玩偶,只是不便直接说出,所以做了如上回答。

赵世光又说:"那么,你在下面的两个条件中选择一个,做国大(国民代表大会)的代表或国民党中央立法委员会委员。"

我问:"两者之间有什么区别?"

他说:"国大代表是选总统,立法委员制定国家有关法律,在南京工作3年,权力很大。"

我想,担任立法委员也许可以给新疆给维吾尔族做一些有用的事。这样,我选择了做立法委员。阿不都克力木汗·麦合苏木听到这个消息非常高兴,我临上路前他非常隆重地为我送行,这样,在1948年,我作为中央立法委员去了南京。

我们到乌鲁木齐时,乌鲁木齐的维吾尔协会为国大代表和立法委员专门在南门举行盛大宴会,宴会上有陶峙岳、赵世光和艾沙伯克等人参加。在陶峙岳做过简短的讲话之后,他们邀请我讲话。我根本没有准备,但我却感到自己有一种特别的勇气,还是上台发言。

因为有一些原因,我比其他人晚两天赴南京。抵达兰州时,飞机在兰州停了一天,张治中与夫人一道到我们下榻的宾馆看望我们。

玉素甫·哈斯·哈吉甫书店

我到乌鲁木齐时有这样一件令我高兴的事。自打我懂事以来我一直梦寐以求的两部名著《突厥语大辞典》和《福乐智慧》,我竟然在乌鲁木齐的玉素甫·哈斯·哈吉甫书店见到了。为了说清楚这件事,我要对玉素甫·哈斯·哈吉甫书店加以说明:

从前乌鲁木齐没有这样大的书店。1947年盛世才投靠国民党后,买卖提明·布格拉、艾沙伯克、麦斯伍德等人从内地(南京)回到新疆,他们带回了自己在西方游历时收集的有关维吾尔族历史和文化的书籍,创立了乌鲁木齐维吾尔协会管理之下的玉素甫·哈斯·哈吉甫书店,书店中的大部分书都是有关维吾尔—突厥语各民族历史的,其中就有《福乐智慧》的费尔干纳版本和《突厥语大辞典》的埃及版三卷本。在去南京之前,我有幸见到我一生都渴求见到的珍宝。这个书店还有当时出版的各种书籍,我自己的作品《永不凋谢的花朵》、《拉达赫之路上的商队》、《论良知》也在其中。这个书店虽然只是传播知识之地,但后来成为两种对立观点的目标,解放前还存在,买卖提明·布格拉、艾沙伯克出国前,将书店的书捐献给了维吾尔协会。后来我们翻译维文的《突厥语大辞典》和《福乐智慧》,就是以这个书店的书为基础的。

在南京的72天

我们到南京后,南京市政府将我们安排在南京最豪华的酒店安乐酒店,据说这个酒店属于马步芳。南京的街道和一些新鲜事使我们颇为惊奇。在二十多天的时间里,我们参加了立法委员会章程、制度的制定工作。当时,包尔汗先生组织新疆到南京的国大代表赴台湾参观,也邀请了我。晚上我们乘火车到了上海,在上海待了一天以后,乘宋美龄号巨轮经38小时后到达台湾。

海上旅行对我们来说是十分新鲜的。我们站在甲板上,欣赏着与地平线相接的海面,咆哮的海浪,海水中穿梭的鱼儿,特别是轮船飞驰而划过时留下的一道道水沟非常有意思。水沟很宽,当轮船离开很远之后才又汇成一片。行程中海面掀起阵阵波浪,轮船开始强烈晃动起来,船长要我们回到船舱,并给我们穿上救生衣,穿上救生衣后我们真有些害怕,4个小时之后,海面恢复平静,我们的脸上也重新出现了微笑。

到台湾后,我只待了7天。我们参观了台北大学和几个工厂,参观了台北的街道市场。台湾的珍珠业尤其发达,珍珠像红枣那么大。珍珠手镯、纽扣和发卡都很有名,我们都买了一些。后来我们被邀请到大海边的一个游泳池,我没有带替换的衣服,出水后将内衣拧干晒在一边,趴在地上等衣服晾干。我的皮肤被烈日晒得裂开,无论是西医的药还是中医的处方都不管用,因为台北的气温很高,人总是出汗,这样的天气加上疼痛使我对这里失去了好感,我不得不在一周后返回南京。

在南京我又继续参加了立法会议,这期间发生的几件事打消了我最初对立法委员会所抱的希望:

虽然我到南京后看到这里发生的一些事,对自己到南京有些后悔,但我想既然来了就应该做些什么,我就写了有益于新疆的五条要求准备在立法会议上提出。但是新疆去的阿米娜汉阿吉(买卖提明·布格拉的妻子——讲述者)、阿不拉·提曼(现在在台湾——讲述者)、卡斯穆先生(现已去世——讲述者)等立法委员笑话我准备提出的建议。卡斯木江等人认为我的这五条建议不可能实现,他们说,虽然盛世才的手上沾满了新疆各族人民的鲜血,但现在蒋介石任命他为农林部部长,绝不可能判他死刑,其他的建议也不可能被接受,因为除我们六人之外,还有30名立法委员通过才行。

当时我再一次感到自己又做了玩偶,我想通过立法委员的身份为新疆人民做一些事的愿望化为泡影。我决定与其在这守着空名混饭吃倒不如回到家乡,多少还可以做一些有意义的事情。虽然我们在这儿的待遇很高,每月工资为10万元(值2.5两黄金),但一想到不能为正在水深火热中的人民做一些有益的事，就觉得自己在这里很没有意义。就在这时接连发生的两件事成为我迅速离开南京的直接动因。

一天，立法委员会的委员们正在开会，一个从开封来的委员在会上说人民解放军已打到开封，国民党部队已无力抵抗，说着他甚至痛哭流涕起来。我看了看地图，开封离南京很近。我想解放军如果已达南京，国民党也不过是一个空架子，我待在这里有什么用？

在南京时，我常去包尔汗先生在南京的家，一天在他家里我把自己的想法告诉了他，他赞同我的想法并拿出当天出版的《中央日报》给我看。报纸刊登了包尔汗先生的生平，生平中写道他来自苏联并在苏联学习，字里行间透露出认为包尔汗先生有亲苏亲共倾向。等我看完报纸，包尔汗先生对我说出了他对报纸的不满：

"他们这是做什么？国民党现在正和共产党打仗，他们把我写成完全的苏派，看来我好像也会有什么不测。"我又认真看过几遍那文章之后说："这件事不会给您带来任何不良后果，反而会成为好事。不仅对您个人，对整个新疆人民都可能是好事。这可能说明国民党不想与苏联对立，而且今后也可能与共产党合作，因为苏联和共产党的两边夹击对他们来说并不好受，而且国民党在新疆撕毁了和约，将麦斯伍德扶上省主席的位置，但他坐得并不稳，因为社会各方都反对他做主席。在这种情况下，报纸上说您是亲共，其目的是什么？问题很明显，国民党政府想派您到新疆去做主席，以此来缓和新疆的严峻状况，因为只有如此新疆的局势才能稳定，这点国民党方面很清楚，而且，这也是国民党向苏联方面预先发出的暗示，他们的意思说，包尔汗是何许人我们很清楚，如果你不相信就看看我们的报纸，因为我们不与你们对立，所以我们要派他去做主席。"果不其然，我的分析被后来的事实验证了。

包尔汗先生也认同了我的分析，最后他不仅赞同我回新疆，而且和夫人热西黛一起送我上路，这是 1948 年 5 月的事。从此，我中断了与国民党的任何政治的和经济的关系，直到解放前的 16 个月间，我没和国民党有任何书信往来，他们来的信我也从未回复，虽然期间我收到了 16 个月的工资通知，但我没有接受，回到乌鲁木齐不久我就返回了喀什。

新中国成立前夕的喀什

　　我回到喀什后,依然担任《喀什新疆日报》的社长、主编,三一会的负责人,维吾尔协会的会长等职,这时解放军还未过长江,国共正在谈判的时期。与之相应喀什的两条战线的斗争开始变得异常激烈,一派是以赵世光为首的国民党冷淡派,另一派则是国民党国防部队,他们坚持要和共产党战斗到底,准备在喀拉沙尔堵截解放军,如果失败,就由和田逃到国外。因为在南京的所见所闻使我对国民党的状况多少有了清楚的认识,在喀什我始终站在和平战线的一边。这时喀什的这两派都武装着自己的支持者,喀什的维吾尔族知识分子、社会上层人士都被卷进这个斗争的漩涡。社会的这一典型特征在我们报社就有反映,与共产党决战派在拉拢报社副社长阿穆提·斯迪克后,利用我们之间的小矛盾,让他与我针锋相对,这样我们之间就发生了一些不尽如人意的事,但这结果却使我成为喀什的名人。加之我从南京回来在乌鲁木齐逗留期间,花了二十多两黄金买了一辆小轿车。当时在喀什除了赵世光外没有人有小轿车。那时,我们几乎每星期被事军区司令部召去开一次会。从道台到一般的官员,为去开会乘马车都需提前很长一段时间。而我只要提前15分钟,常常在半道上在这些马车前疾驰而过,将他们淹没在尘土里,这更增添了他们含着妒意的气愤之情。

　　解放军部队的七八十辆汽车第一次从阿图什方向开过来。到喀什后,喀什专员阿不都克力木汗·麦合苏木号召群众为人民解放军收集柴草,解放军听说后将这些柴草都退了回去。他们不仅向人民宣传解放军不收人民群众的税,同时战士们还到地主的树林里砍下树木背回去,自己解决了问题。之后,男女解放军战士挑着扁担拾粪,亲自动手,解决生活困难。这样的军队在喀什历史上从未见过,所以我们都很惊奇。

　　在这期间,关于如何使《喀什新疆日报》能符合新的形势的要求,我一方面向人民解放军在喀什的最高长官王恩茂同志请示,另一方面则尽我所能,在报纸上大力宣传解放军的思想,并且利用自己在喀什的社会地位为喀什的和平解放进入新时代而努力。

（录音整理者原注:艾合买提·孜亚依先生 1989 年 10 月 27 日因病去世,此回忆录在发表前经他本人看过）

附件四　古典时代的喀什作家名录

一、喀喇汗王朝时代的喀什作家群（约850—1212）

1. 玉素甫·哈斯·哈吉甫（1019/20？—1085）

玉素甫·哈斯·哈吉甫是维吾尔杰出的诗人、学者和思想家。他出生于巴拉沙滚（今吉尔吉斯共和国境内的托克马克市附近）的名门世家，自幼受到了良好的教育，接受了伊斯兰文化的熏陶。他智慧超群，才华出众，具有渊博的文化知识和高尚的情操。少时，曾随父亲任职于宫廷，为可汗作词作曲演奏音乐，深得汗王器重。巴拉沙滚曾是喀喇汗王朝的国都，后因西边波斯萨曼尼王朝的不断侵犯，才被迫前往原部都喀什噶尔。喀喇汗王朝在1056年发生政局动荡，可汗的弟弟布格拉罕·马赫默德发动政变，夺去了王朝统治权，俘虏了苏来曼汗王，搜捕与苏来曼汗王关系密切的臣僚及亲属，玉素甫因怕受牵连，遭到迫害，便悄然离开了国都，潜入民间。在与人民群众广泛接触的时间里，搜集了大量维吾尔、突厥各民族的民歌、贤人的箴言，为后来写作《福乐智慧》积累了丰富的素材。

1060年之后，喀什噶尔政权由哈桑的弟弟马赫默德掌握，社会政局相对稳定，玉素甫便由外地回到喀什噶尔定居下来。在马赫默德和哈桑两位可汗的领导下，喀什噶尔很快成了政治经济文化中心。玉素甫面对卡拉罕王朝的繁荣和发展，感慨万千，为王朝的汗王感到自豪，决心创作诗篇歌颂和弘扬他们的功德。《福乐智慧》就是在这样的背景下产生的。作者完成这部经典著作后，将书稿奉献给桃花石·布格拉罕·哈桑·伊宾·苏来曼王，极得汗王的赞赏，赐予他高贵的封号：哈斯·哈吉甫。进宫辅佐国事。

《福乐智慧》的丰富内容和精神思想为统治者和人民群众提供了认识社会、改造社会和创造社会的知识和智慧,为统治者提供了具体的安邦治国的方针政策,为百姓指出物质和精神两种完美主义的途径,论及的问题大到民族国家的生死存亡,小至为人处事和饮食吃喝,是一部名副其实的古代维吾尔族的大百科全书,也是祖国历史文化的优秀财富。

2. 马赫穆德·喀什噶里(11 世纪)

马赫穆德·喀什噶里生卒年代不详。为喀什疏勒县乌帕尔人,祖父是布格拉罕·穆罕默德,父亲是巴尔斯罕的领主胡赛因。11 世纪 20 年代他在喀什噶尔受教育,后来在七河地区、伊犁河谷和锡尔河地区进行详细的考察,搜集语言、文学、历史、地理及风土人情等各方面的材料,于 1074 年用阿拉伯语编写成《突厥语大辞典》①。

《突厥语大辞典》(*Diwanu Lughatit kurk*)是现存规模最大的一部古代突厥语辞典。全书共三卷,前后可分为两大部分。第一部分为序论,作者绪论部分叙述了编纂《突厥语大辞典》的缘起,词条的编排体例,文字结构,突厥语诸部的地理分布,并附有绘制的一幅世界圆形地图"达伊拉"(阿拉伯语"圆形"之意)。第二部分是正文,也就是突厥语词的注释。全书分为若干卷,各卷再分为卷上、卷下,分列名词、动词。每卷收录的词目为数甚多。②在条目释文中,除关于语音、语义的演变、语法结构及列举外,还收入了大量谚语、成语、民歌、诗歌、格言、哲理典故等,包含有丰富的哲学思想内容,体现了维吾尔族和突厥语系各族人民对宇宙、人生、宗教、社会道德准则等问题的见解。该书还将突厥语语言学、语法学、词汇学及方言学的材料,同阿拉伯语和波斯语进行了比较说明,开创了古代比较语言学研究的新方法。全书条理清晰、结构完整,所记载的史料可以从中国汉文史料中及有关东方学家的著作中得到印证,堪称是一部当时最完备的简明百科全书式的巨著。该书不仅对突厥语的研究极为重要,而且还是研究喀喇汗王朝的历史、地

---

① 参见任一飞、雅森·吾守尔著:《维吾尔族》,民族出版社 1997 年版,第 46 页。
② 参见阿布都克热木·热合曼主编:《维吾尔文学史》,新疆大学出版社 1998 年版,第 267—268 页。

理、民族、宗教和民俗和社会情况的珍贵文献,是反映喀喇汗王朝伊斯兰文化兴盛时期的代表作。①

3. 阿合买提·玉格乃克(1110—1180)

阿合买提·玉格乃克是在维吾尔古典文学中具有重要地位的文学家之一,发展了维吾尔文学中的"思想文学"的思想内容和文学水平。其创作和思想受到后来的维吾尔族诗圣纳瓦依的高度评价,是维吾尔文学中的文学家和思想家。② 其代表作是劝诫诗《真理的入门》。但作者生平不详,作品的写作时代不详,只是在《真理的入门》长诗后有几首关于自己的诗歌,为我们了解诗人的思想和创作提供了一些信息。从中我们可以了解诗人的父亲名叫麻哈穆德,诗人的名字叫艾哈迈德,是生活于喀喇汗王朝的玉格纳格城,他出生时便是盲人。但据其内容和语言特征,当写于 12 世纪末 13 世纪初,即喀喇汗王朝的后期。该作品在语言方面的最大特征也即最重要的价值在于该作品是用喀什噶尔的"哈卡尼亚语"(王朝语言)写成。③

《真理的入门》由 14 章共 484 行诗组成,加上跋诗 3 首,共 512 行,用阿鲁孜格律的木塔卡里甫格律写成。现存有 3 种手抄本,即:回鹘文抄本(甲本),于 1444 年由再努里·阿比丁等人在撒玛尔罕抄成,现存伊斯坦布尔索非亚清真寺图书馆;回鹘文和阿拉伯文合璧的抄本(乙本),于 1480 年由阿布都热扎克等人在伊斯坦布尔抄成,现存伊斯坦布尔图书馆;阿拉伯文抄本(丙本),也在伊斯坦布尔抄成,但抄写人和抄写时代不详,现存于伊斯坦布尔拖布卡甫—沙拉依图书馆。三种抄本中,甲本命名为《真理的入门》,乙本命名为《真理的礼品》,由于在三本抄本中甲本抄写时间最早,使用的语言也是作者原来用的语言,内容也最为完整,用《真理的入门》又最符合书的内容,所以一直被人们沿用。

---

① 参见中国伊斯兰教百科全书编写委员会编:《中国伊斯兰教百科全书》,四川辞书出版社 2007 年版,第 571 页。

② 参见阿布都热伊木·沙比提著:《维吾尔古典文学史》,喀什市教师进修研究室印 1982 年版,第 372 页。

③ 喀什的本地维吾尔学者阿布都热伊木·沙比提认为,喀什噶尔"哈卡尼亚"语的特点在于以喀什方言为基础,但又掺杂进了少量的波斯语和阿拉伯语。这一时期是维吾尔语言转型的一个关键时期。

二、察合台汗国与铁木尔王朝时期的维吾尔文学(1227—1507)

鲁提菲(1366—1465)的诗歌创作

鲁提菲原名艾拜都拉,鲁提菲是他的笔名,意为"得到真主思想恩惠的人"。他出生于喀什噶尔,青年时代就读于铁木尔汗国首都撒玛尔罕,曾得到当时的国君、著名星相学家无卢克伯克的荫庇,后迁居当时维吾尔文化中心之一的呼罗珊国首府赫拉特,栖居于迪卡诺村,在那里度过了大半生,享年99岁。

鲁提菲一生的创作约二十余部,包括文学、历史、哲学多方面,还将波斯文巨著《凯旋书》译为维吾尔文。但其创作流传至今的仅有两部,包括300余首抒情诗的《鲁提菲集》,一部是其代表作、抒情长诗《姑丽与诺鲁孜》。

三、叶尔羌汗国与和卓时代的维吾尔文学(1514—1759)

1. 赫尔克提及其抒情诗创作

赫尔克提(生卒年不详),又译海尔克特,全名穆罕默德·依明·和卓库里,依照维吾尔族姓名惯例,穆罕默德为本名,和卓库里为父名,赫尔克提是笔名,源自阿拉伯语,意为"破衣"或"衣衫褴褛之人",意在表明他是寒门子弟。赫尔克提还有一个笔名叫"古穆纳姆",意为"无名、佚名",相当于汉语中的"无名氏"。这个笔名始见于《古穆纳姆诗集》手抄本。

关于赫尔克提的生平与创作目前学术界所掌握的材料十分有限,仅知道他于17世纪后半叶生活于喀什噶尔近郊塔孜洪乡。父亲和卓库里是当地一名果农,精于园艺,远近闻名,曾在喀什噶尔白山派领袖阿帕和卓的庄园管理园林。

赫尔克提幼年时期在村子的经学堂学习,稍长即去喀什噶尔沙吉亚经学院深造长达16年之久。期间,他学习了阿拉伯文、波斯文、维吾尔文、历史、地理、逻辑外,还研读了维吾尔古典诗人纳瓦依、鲁提菲、赛卡克,波斯诗人尼扎米、贾米等人的诗歌作品,使他对东方古典文学作品产生浓厚兴趣,不久便以"赫尔克提"为笔名开始可他的诗人生涯。赫尔克提一生写过许多诗歌作品,但传世的仅有长篇叙事诗《爱情与劳动》(又译做《爱苦相依》

或《古穆纳姆诗集》)。《爱情与劳动》手抄本共 207 页,分 27 章,约 2000 行。

2. 翟黎里(1674—1759)的抒情诗创作

翟黎里是 17—18 世纪维吾尔族著名的抒情诗人,全名穆罕默德·斯迪克·翟黎里,出生于莎车的一个贫苦的农民家庭,自幼喜好诗歌及音乐。其创作主要分为两大类,一类为抒情诗,另一类为游记和杂记。翟黎里一生创作甚丰,有格则勒 143 首,木哈麦斯 9 首,木斯塔合扎提 5 首,柔巴依 26 首,颂诗两首,波斯文的格则勒 46 首,还有诗集两部《周游记》、《传说》,叙事长诗《穆罕默德圣行录》,札记 16 则。

3. 赛义德(1485—1533)的诗歌创作

赛义德为察合台王族后裔,1514 年在表兄巴布尔德帮助下,翻越帕米尔、攻克英吉沙、喀什噶尔等地,建立了叶尔羌汗国。他在位期间,社会稳定,民心安顺。他不仅是一位出色君王,而且还是一位多才多艺的诗人。他吟诗作赋从不让人抄录,所以没有集结成册流传,只有一首诗被收录在著名历史学家米儿咱·海达尔的历史著作《拉施德史》中,诗歌具有很深造诣,足见其波斯语功底和察合台语水平。

4. 拉施德(1509—1560)的诗歌创作

全名阿布都·拉施德,是叶尔羌汗国开国君主赛义德之子,继承汗位后执政 38 年。米儿咱·海达尔的《拉施德史》,就是关于这位君王及其统治的历史。他在位期间,叶尔羌汗国境内形势较为稳定,加之他本人热心艺术并推进社会文化的发展,使得叶尔羌不仅成为汗国的政治中心,也是文化中心。

拉施德自己就是一位多才多艺的诗人,据米儿咱·海达尔的《拉施德史》的记载,他曾著有《拉施德诗集》、《拉施德格则勒诗集》和《斯拉丁纳曼》、《麦许克纳曼》两部长诗。

5. 阿曼尼莎(1534—1567)的诗歌创作

阿曼尼莎是叶尔羌汗国第二代君主拉施德的王妃,女诗人、音乐家。出生于贫苦樵夫家庭,父亲为民间艺人,靠打柴为生。阿曼尼莎幼年曾入学读书,后随父亲学习弹唱,著有《纳斐斯诗集》,书法技艺高超,音乐方面也具有极高的才华,汗王拉施德对她一见钟情。阿曼尼莎对维吾尔文学最大的贡献在于搜集、整理、汇编维吾尔《十二木卡姆》套曲,为传承这一民族文化瑰宝作出了不朽的贡献。在阿曼尼莎的影响下,拉施德将流散到各地的乐师、歌手、诗人召集入宫,由阿曼尼莎和柯迪尔汗带领他们收集民间流传的《木卡姆》诸乐章,经加工整理,汇编成 16 部乐章。

6. 柯迪尔汗(? —1572)的文学创作

柯迪尔汗全名玉素甫·柯迪尔汗·叶尔坎迪,叶尔羌汗国时期著名的音乐家,诗人。据记载,柯迪尔汗生活在叶尔羌汗国的鼎盛时期,深受汗王拉施德汗的器重,与阿曼尼莎一起收集和整理木卡姆。在此基础上,汇成 16 个乐章,构成木卡姆组曲。柯迪尔汗还同阿曼尼莎从纳瓦依等著名诗人的诗歌中取材,改制木卡姆歌词,赋予古老的木卡姆以统一的格式和新颖的内容,从而使这一民间艺术得以完整保留,并奠定了后来木卡姆发展传承的基础。

7. 米儿咱·海达尔·喀什噶尔(1499—1551)的《拉施德史》

米儿咱·海达尔全名米儿咱·马黑麻·海达尔·朵豁剌惕·古列干。他是叶尔羌汗国时期政治、文化、军事领域中的著名人物,尤以史学著作《拉施德史》(又译作《中亚蒙兀尔史》)闻名于世。他不仅是当时的政治和军事人物,而且还是史学家和文学家,为叶尔羌汗国时代维吾尔文学的繁荣作出了重要贡献。

米儿咱·海达尔的故乡是喀什噶尔,祖先是朵豁剌惕部落的首领,世代在南疆以察合台汗国的名义进行统治。米儿咱·海达尔曾辅佐叶尔羌汗国赛义德汗建立政权,受到赛义德的器重。

《拉失德史》用波斯语写成,全书共分为两部分,第一部分为作者对史料和民间传说的占有和记载,后一部分则相当于自己的传记,记叙了作者的生平、皈依伊斯兰教后维吾尔化了的察合台王族后裔的事迹,是自己的亲历,因此该作品的重要价值在于记述了 13—16 世纪新疆地区的历史。

8. 阿亚兹别克

阿亚兹别克,全名阿亚兹别克·阔什奇,叶尔羌汗国时代的著名诗人,生卒年不详。阿亚兹是其本名,别克是其官名,他曾经在赛义德和拉施德两代汗王的宫廷中任职,为叶尔羌汗国的建立和巩固作出了贡献。阿亚兹别克的文学创作没有完整记载,流传下来的仅为一部叙事长诗《世事记》。该作品创作于1553年,采用当时最流行的玛斯纳维双行诗体,全诗64章,2650行。按照当时长诗的写作惯例,其中有60行是颂诗,赞颂真主、穆罕默德先知等。160行是序言,说明作者的创作目的。正文由2399行诗句组成。最后的32行是尾声,抒发作者的感情。该作品较多的保留了古代维吾尔语的原貌。

四、清代维吾尔文学中的喀什作家群

1. 阿不都热依木·尼扎里(1776—1851)的诗歌创作

阿不都热依木·尼扎里为喀什噶尔人,是维吾尔文学发展到清代最伟大的诗人,被称为维吾尔文学史上的第三个里程碑式的人物。

尼扎里早年在喀什的经文学校接受启蒙,很早就显示了诗歌创作才华和书法艺术造诣,后在1830年被喀什地方官祖乎尔丁看重,在行政公署担任秘书官,并与当时的著名诗人艾黎比、孜亚依、赛布里等人一起组成了一个文学小组,积极从事文学创作活动。尼扎里一生创作甚丰,主要创作叙事长诗,有《帕尔哈德与西琳》、《莱丽与麦吉侬》、《麦赫宗与古丽尼莎》、《解脱的粮食》、《热比亚与赛丁》、《木哈麦斯五行诗集》等著作,其中,《热比亚与赛丁》是其最著名的一部代表作,在维吾尔文学史上具有十分重要的意义。

2. 萨迪克(1725—1850)的诗歌创作

萨迪克全名毛拉·穆罕默德·萨迪克·喀什噶里,出生于喀什噶尔市亚瓦格街区一个宗教人士家庭,幼年受父亲的启蒙教育,后进入卡式的一所经文学院学习,经学院毕业后,萨迪克被委派担任喀什噶尔皇家经学院的教师。在此期间他丰富的学识和优良的品德在喀什噶尔引人注目,一直在喀什噶尔王府任职,参与了当时喀什噶尔各项文化事业发展的重要工作。其著名的创作首推《和卓传》。这是一部专门叙述维吾尔和卓历史的著作,同时又是一部文学作品。

除此之外,萨迪克还是当是一位著名的抒情诗人,其诗歌都被收录在其

《和卓传》中,因此这部作品还是研究萨迪克抒情诗创作的主要典籍。

3. 孜亚依及其抒情诗创作

孜亚依全名努鲁孜阿洪·卡提甫·孜亚依,生卒年不详,生活于 18 世纪,与阿不都热依木·尼扎里是同时代且齐名的喀什噶尔诗人,为繁荣喀什噶尔以及维吾尔文化作出过杰出贡献。

孜亚依是清代维吾尔诗人中与阿不都热依木·尼扎里齐名的重要诗人之一,他的创作主要有《忧伤的训言》、《贫苦人的故事》、《四个托钵僧》等,包含着对家乡喀什噶尔的无比热爱之情。他在《忧伤的训言》中深情的抒发了乡恋之情:

> 喀什噶尔,你可是一座芳草萋萋的花园?
> 抑或你是花园中特意修葺的名园?
> 过往的行人闻到你芬芳的清香,
> 流连忘返而不管有没有客店。
> 连流水也不顾盼别处的花草,
> 无论何时都只想领受你的恩典。

4. 艾黎比(1802—1862)的抒情诗创作

艾黎比原名图尔杜希,人们尊称他为图尔杜希阿洪,艾黎比是他写诗时用的别号,意为穷苦之人。1802 年,艾黎比出生于喀什噶尔疏附县铁力苏扎克村的一个工匠家庭。后由于生活所迫,与父亲流落到喀什噶尔,有幸结识了当时的大诗人、大学者阿不都热依木·尼扎里,在尼扎里的悉心教诲下学问渐长,而且在尼扎里的建议下,进入当时著名的汗立克经学院(即皇家经学院),在那里学习宗教经典和文化科学知识,不仅维吾尔文学水平有了迅猛提高,而且熟练掌握了波斯语和阿拉伯语,成为当时最著名的学者和书法家。

他是 19 世纪维吾尔族重要诗人之一,其创作以描写和反映社会底层的工匠、农民的生活而有别于其他诗人。其流传下来的主要著作有三部:《艾黎比之书》、以民间传说为题材的叙事长诗《拜赫然木与迪里阿拉姆》和《艾黎比诗集》,代表作是《艾黎比之书》。公元 1841—1842 年,他受喀什噶尔的阿奇木伯克·祖乎尔丁之请写成了一部由 1956 行诗组成的长诗,定名为《艾黎比之书》。著作分为 36 章,分述农作、铁匠业、金银匠、木匠、织布业、考镶业、铸锅业、铜匠业、皮革制衣业、制鞋业、织毡业等 35 种行业、手艺,以每一行业的师傅为一人物,相互辩论,借以说明每一行业、每一手工艺的性质、特点,在社会生活中的地位、作用,各种行业和手工艺之间的关系,相协调之处和矛盾冲突之处,各自的优点和缺点。艾黎比以出色的诗歌语言阐明了上述问题,表达了对下层民众尤其是农民的高度评价。

5. 赛布里的诗歌创作

赛布里原名伊米尔·胡赛因·赛布里,赛布里是他写诗时的别号,后来因人们习惯于用此称谓渐渐替代了他的真名。

关于诗人的身份经历,没有给我们留下太多的记载,只能从他的部分诗行中得知,他是喀什噶尔浩罕乡(Koghang)人,出生于赤贫的农民家庭,生活艰难。他幼时在本地的经文学堂受教育,勤奋好学,长大后到喀什汗立克经学院学习,读遍当时的各种书籍,熟知纳瓦依、赛卡克、福祖里、阿布都热合曼·贾米、麦西莱甫等维吾尔文学及东方文学作品,通晓阿拉伯语和波斯语,是当时的饱学之士,也是 1830—1840 年喀什噶尔文学繁荣时代的代表人物之一。

赛布里的博学和为人受到喀什噶尔阿奇木伯克·祖乎尔丁的赏识,邀请他到官邸会面,并在喀什吐曼河下游的克然木巴克分给他田产,他由此过上较为富足的生活,安心从事文学创作,19 世纪卒于喀什噶尔。

赛布里文学创作流传至今的有《论纳瓦依的公正观》、《宗谱之海》、《赛布里诗集》、《文章集》等。在维吾尔文学史上他的抒情诗创作具有独特的风格,许多被收进维吾尔十二木卡姆,是维吾尔文学遗产中的重要组成部分。

6. 泰杰里(1856—1925)的诗歌创作

泰杰里原名胡赛因汗,泰杰里是他的别号,意为"耀眼的光芒"。1850 年泰杰里出生于新疆喀什叶城县宗郎乡阿依巴克村的一个医生家庭。父亲是一位著名医生。泰杰里自幼随父母侨居麦加,后父亲发现他的求学欲望和可塑资质,又带他到印度德里的达理吾鲁姆学院求学,后又转到伊朗的伊斯法罕·达里甫农学院读书。① 泰杰里在这些地方熟练掌握了阿拉伯语、波斯语、印度语,并学习天文、历算、医学、医学、化学、历史、地理、语言等,并开始对文学产生浓厚兴趣,对所到之国的东方文学有深入研究,为日后的文学创作打下了坚实的基础。1870 年前后他随父母回到了故乡。

泰杰里在当时首先以一位博学的名医闻名,后以多种语言能力和诗歌才华声名遍及天山南北及中亚,重要创作成就为《泰杰里心中的光芒》《赢得比赛的诗》两部诗集。其诗歌创作特点在于运用语言的能力极强,内容丰富、凝练、流畅,是维吾尔文学史上的一位重要抒情诗人。

---

① 参见阿布都克力木·热合曼主编:《维吾尔文学史》,新疆大学出版社 1998 年版,第 562 页。

主要参考书目

一、维吾尔文

1. 艾合买提·孜亚依:《永不凋谢的花朵》(文集),新疆人民出版社 1987 年版。

2. 艾合买提·孜亚依:《热比亚与赛丁》,民族出版社 1985 年版。

3. 艾合买提·孜亚依:《科学里程碑的奠基人玉素甫与麻合穆德》。

4. 艾合买提·孜亚依:《九死一生的人》(艾比不拉整理)(未完),《布拉克》1993 年第 4 期。

5. 尼扎里著,瓦哈普整理:《热比亚与赛丁》,载《布拉克》(季刊)1982 年第 2 期。

6. 买买提力·祖农:《热比亚与赛丁》(歌剧),载《塔里木》1981 年第 12 期。

7. 克力木江、艾比不拉:《艾合麦德·孜亚依》,新疆人民出版社 2001 年版。

8. 克力木江·阿不都热依木:《艾合麦德·孜亚依与尼扎里》,《新疆社会科学》1993 年。

9. 克力木江·阿不都热依木:《艾合麦德·孜亚依及其创作》,《新疆大学学报》1998 年第 6 期。

10. 克力木江·阿不都热依木:《艾合麦德·孜亚依的〈热比亚与赛丁〉研究》,《喀什师范学院学报》1998 年第 11 期。

11. 阿吉艾合买提·库里特肯:《艾合麦德·孜亚依——两个时代文学的纽带》,新疆人民出版社 2003 年版。

12. 阿不都热依木·尼扎里:《阿不都热依木·尼扎里作品集》,民族出版社 1985 年版。

13. 阿布都拉、艾尔肯编:《现代维吾尔文学史》,新疆教育出版社 2002 年版。

14. 阿布里米提等:《当代维吾尔文学家》(1),新疆人民出版社 1993 年版。

15. 阿布哈孜原著:《突厥民族谱》,阿布沙塔尔·纳斯尔丁编译,新疆人民出版社 2002 年版。

16. 毛拉·穆莎·莎依然米:《依米德史》,民族出版社 1986 年版。

17. 扎米尔·赛都拉等:《中亚伊斯兰教派》,新疆人民出版社 2002 年版。

18. 吾买买提江·阿布都热合曼:《苏菲主义哲学》,新疆人民出版社 2005 年版。

19. 穆罕麦提·萨迪克:《和卓传》,喀什维吾尔文出版社 1988 年版。

20. 夏·麻合穆德·朱拉斯:《维吾尔赛义德亚汗国历史资料》,喀什维吾尔文出版社 1988 年版。

21. 巴图尔·肉孜著:《阿布都卡德尔大毛拉》,新疆人民出版社 2003 年版。

22. 海热提江:《东西方文化交流与维吾尔人》,新疆人民出版社 2002 年版。

23. 海热提江·乌斯曼:《维吾尔古典文学纲要》,新疆大学出版社 1987 年版。

24. 海热提江·乌斯曼:《维吾尔古典文学简史》,新疆维吾尔自治区高等教育自学考试指导委员会 1992 年版。

25. 谢里甫丁·乌买尔:《19 世纪维吾尔文学》(全三册),新疆大学出版社 1998 年版。

26. 依克巴力·吐尔逊:《论维吾尔古典文学》,新疆青少年出版社 1997 年版。

27. 中国作家协会新疆维吾尔自治区分会编:《鲁特夫拉·穆特里甫文集》,新疆人民出版社 1982 年版。

28. 阿布都克热木·热合曼:《维吾尔民俗学概论》,新疆大学出版社 1989 年版。

29. 阿布都克热木·热合曼:《维吾尔书面文学与民间文学》(论文集),喀什维吾尔文出版社 1988 年版。

30. 阿布都克热木·热合曼:《维吾尔文学史》,新疆教育出版社 1993 年版。

31. 阿布都克热木·热合曼:《维吾尔民间长诗选》,新疆人民出版社 1981 年版。

32. 阿布都克热木·热合曼:《文艺评论》,民族出版社 1984 年版。

33. 马合穆德·再依地:《维吾尔文化拾零》,民族出版社 1995 年版。

34. 阿吉·努尔阿吉:《回鹘与喀喇汗王朝》,新疆人民出版社 2001 年版。

35. 司马义·铁木尔:《高昌回鹘汗国文化》,新疆人民出版社 1988 年版。

36. 包尔汗著:《新疆五十年》,努尔穆罕默德等译,民族出版社 1986 年版。

37. 赛福鼎·艾则孜:《论维吾尔十二木卡姆》,民族出版社 1995 年版。

38. 阿不都热依木·艾比不拉:《维吾尔风俗志》,新疆人民出版社 1993 年版。

39. 瓦依提江、艾斯卡尔编著:《维吾尔古典文学初探》,民族出版社 1987 年版。

40. 阿不都拉·塔里甫:《新疆教育史概论》,新疆人民出版社 1986 年版。

41. 阿不力米提·穆哈买提:《民间文学概论》,新疆大学出版社 2002 年版。

42. 奥斯曼·司马义等:《维吾尔民间文学指南》,新疆人民出版社 2002 年版。

43. 阿不都秀库尔·穆罕默德依敏:《维吾尔哲学史》(纲要),新疆人民出版社 1997 年版。

44. 依明·吐尔逊:《论纳瓦依》,民族出版社 1999 年版。

45. 艾来提·艾莎编著:《翻阅历史之页》,新疆人民出版社 2001 年版。

46. 买卖提依明·库尔班:《喀什名胜古迹拾零》(论文集),喀什维吾尔文出版社 1990 年版。

47. 阿迪勒·穆罕默德土兰:《古代喀什噶尔的历史地理》,喀什维吾尔文出版社 2001 年版。

48. 穆罕默德·艾沙:《维吾尔当代文学指南》,新疆人民出版社 2002 年版。

49. 阿不里克木·祖尔东编:《阿图什民间故事》,新疆人民出版社 2003 年版。

50. 阿不里米提萨德克编:《维吾尔民间故事》,新疆人民出版社 1979 年版。

51. 新疆政协文史资料委员会:《新疆文史资料》(20 辑)。

52. 新疆政协文史资料委员会:《新疆文史资料》(23 辑)。

53. 新疆政协文史资料委员会:《新疆文史资料》(26 辑)。

54. 新疆政协文史资料委员会:《新疆文史资料》(28 辑)。

二、汉文论著及译著

1. 玉素甫·哈斯·哈吉甫著:《福乐智慧》,郝关中等译,民族出版社 2000 年版。

2. 政协喀什地区工委文史资料编辑室:《喀什文史资料》(第四辑)1995 年版。

3. 喀什地区地方志编纂委员会:《喀什地区志》,新疆人民出版社 2004 年版。

4. 喀什市地方志编纂委员会:《喀什市志》,新疆人民出版社 2002 年版。

5. 疏勒县地方志编纂委员会:《疏勒县志》,新疆人民出版社 2001 年版。

6. 白振声主编:《新疆现代社会政治史略》,中国社会科学出版社 1992 年版。

7. 中国社会科学院边疆史地研究中心编:《新疆乡土志稿》,全国图书馆文献微缩复制中心出版。

8. 疏附县地方志编纂委员会:《附疏县志》,新疆人民出版社 2001 年版。

9. 杨建新主编:《古西行记》,宁夏人民出版社 1996 年版。

10. 马树康:《百年喀什》,喀什维吾尔文出版社 2002 年版。

11. 郎樱:《〈福乐智慧〉与东西方文化》,新疆人民出版社 1992 年版。

12. 阿扎提·苏力坦等著:《20 世纪维吾尔文学史》,新疆大学出版社 2001 年版。

13. 阿布都克热木·热合曼主编:《维吾尔文学史》,新疆大学出版社 1998 年版。

14. 艾赛提·苏来曼著:《"海米赛现象"与维吾尔文学》,新疆大学出版社 2001 年版。

15. 曹红著:《维吾尔族生活方式》,中央民族大学出版社 1999 年版。

16. 雷茂奎等:《丝绸之路民族民间文学研究》,新疆人民出版社 1994 年版。

17. 欧阳可惺编著:《洪湖论学》,新疆大学出版社 2004 年版。

18. 乐黛云:《比较文学与比较文化十讲》,北京大学出版社 2004 年版。

19. 许纪霖:《中国知识分子十论》,复旦大学出版社 2004 年版。

20. 陈思和:《当代文学关键词十讲》,复旦大学出版社 2001 年版。

21. 陈思和:《中国当代文学教程》,复旦大学出版社 2002 年版。

22. 乐黛云:《比较文学简明教程》,北京大学出版社 2003 年版。

23. 乐黛云等:《比较文学原理新编》,北京大学出版社 1998 年版。

24. 孟华主编:《比较文学形象学》,北京大学出版社 2001 年版。

25. 季羡林:《比较文学与民间文学》,北京大学出版社 2001 年版。

26. 乐黛云、张辉主编:《文化传递与文学形象》,北京大学出版社 1999 年版。

27. 乐黛云、勒·比雄主编:《独角兽与龙——在寻找中西文化普遍性中的误读》,北京大学出版社 1995 年版。

28. 关纪新、朝戈金:《多重选择的世界——当代少数民族作家文学的理论描述》,中央民族大学出版社 1995 年版。

29. 叶舒宪:《文学人类学——全球化时代的文学研究》,社会科学文献出版社 2003 年版。

30. 户晓辉:《现代性与民间文学》,社会科学文献出版社 2004 年版。

31. 毕桪:《民间文学概论》,民族出版社 2004 年版。

32. 葛兆光:《中国思想史》(上、下),复旦大学出版社 2003 年版。

33. 李进新:《新疆伊斯兰汉朝史略》,宗教文化出版社 1999 年版。

34. 魏良弢:《叶尔羌汗国史纲》,黑龙江教育出版社 1998 年版。

35. 王家瑛:《伊斯兰教哲学史》,民族出版社 2003 年版。

36. 申丹:《叙述学与小说文体学研究》,北京大学出版社 2001 年版。

37. 胡全生:《英美后现代主义小说》,复旦大学出版社 2002 年版。

38. 谭君强:《叙事理论与审美文化》,中国社会科学出版社 2002 年版。

39. 胡亚敏著:《叙述学》,华中师范大学出版社 1998 年版。

40. 赖干坚编著:《西方文学批评方法评介》,厦门大学出版社 1986 年版。

41. 金宜久:《伊斯兰教》,宗教文化出版社 1997 年版。

42. 冯家升:《维吾尔族史料简编》,民族出版社 1981 年版。

43. 王柯:《民族与国家——中国多民族统一国家思想谱系》,社会科学文献出版社 2001 年版。

44. 靳民全主编:《区域文化与文学》,中国社会科学出版社 2003 年版。

45. 张鸿年:《波斯文学史》,昆仑出版社 2003 年版。

46. 张鸿年编:《波斯古代诗选》,人民文学出版社 1995 年版。

47. 何乃瑛编:《伊朗古今名诗选》,北京师范大学出版社 1992 年版。

48. 邱紫华:《东方美学史》(上、下),商务印书馆 2004 年版。

49. 曾军:《接受的复调》,广西师范大学出版社 2004 年版。

50. 张承举主编:《东西方跨世纪作家比较研究》,北京图书馆出版社 1997 年版。

51. 毛峰:《神秘主义诗学》,三联书店 1998 年版。

52. 李琛:《阿拉伯现代文学与神秘主义》,社会科学文献出版社 2000 年版。

53. 林贤治:《午夜的幽光——关于知识分子的札记》,广西师范大学出版社 2005 年版。

54. 中国现代文化史丛刊编辑部:《民族文艺讨论集》,帕米尔书店 1968 年版。

55. 尹雪曼编:《中华民国文艺史》,正中书局 1970 年版。

56. 刘义棠著:《维吾尔研究》,正中书局 1975 年版。

57. 宋岘:《古代波斯医学与中国》,经济日报出版社 2001 年版。

58. [波斯]内扎米著:《蕾莉与马杰农》,张鸿年译,中国文艺联合出版社 1984 年版。

59. [埃及]艾哈迈德·爱敏著:《阿拉伯—伊斯兰文化史》,纳忠译,商务印书馆 2001 年版。

60. [英]汉密尔顿·阿·基布著:《阿拉伯文学简史》,陆孝修等译,人民文学出版社 1980 年版。

61. 亚里士多德:《诗学》,罗念生译,人民文学出版社 1982 年版。

62. [意]维柯著:《新科学》,朱光潜译,人民文学出版社 1986 年版。

63. [法]波德莱尔著:《波德莱尔美学论文选》,郭宏安译,人民文学出版社 1987

年版。

64. [德]恩斯特·卡西尔著:《人论》,甘阳译,上海文艺出版社2004年版。

65. [德]恩斯特·卡西尔著:《国家的神话》,范进等译,华夏出版社1998年版。

66. [日]羽田亨:《西域文化史》,新疆人民出版社1981年版。

67. [俄]巴托尔德著:《中亚突厥史十二讲》,罗致平译,中国社会科学出版社1984年版。

68. [俄]札巴罗夫等著:《中亚宗教概述》,高永久、张宏莉译,兰州大学出版社2002年版。

69. [美]拉铁摩尔著:《中国的亚洲内陆边疆》,唐晓峰译,江苏人民出版社2005年版。

70. [美]麦高文著:《中亚古国史》,章撰译,中华书局2004年版。

71. [美]劳费尔著:《中国伊朗编》,林筠因译,商务印书馆2001年版。

72. [英]凯瑟琳·马嘎尼特、[英]戴安娜·西普顿著:《外交官夫人的回忆》,王卫平译,新疆人民出版社1997年版。

73. [瑞典]贡纳尔·雅林著:《重返喀什噶尔》,新疆人民出版社1999年版。

74. [法]勒内·格鲁塞著:《草原帝国》,蓝琪译,商务印书馆2003年版。

75. [日]井筒俊彦著:《伊斯兰教思想历程》,秦惠彬译,今日中国出版社1992年版。

76. [日]玉溪了谛著:《西域之佛教》,贺昌群译,商务印书馆1999年版。

77. [法]茨维坦·托多洛夫著:《象征理论》,王国卿译,商务印书馆2002年版。

78. [法]保罗·利科著:《活的隐喻》,汪堂家译,上海译文出版社2004年版。

79. [德]威廉·狄尔泰著:《体验与诗》,胡其鼎译,三联书店2003年版。

80. [荷]米克·巴尔著:《叙述学:叙述学导论》(第二版),谭君强译,中国社会科学出版社2003年版。

81. [英]马克·柯里著:《后现代叙事理论》,宁一中译,北京大学出版社2003年版。

82. [英]罗杰·福勒著:《语言与小说》,於宁等译,重庆出版社1991年版。

83. [英]艾·阿·瑞恰慈著:《文学批评原理》,杨自伍译,百花洲文艺出版社1992年版。

84. [英]雷蒙·威廉斯著:《关键词——文化与社会的词汇》,刘建基译,三联书店2005年版。

85. [法]蒂费纳·萨莫瓦约著:《互文性研究》,邵炜译,天津人民出版社 2003 年版。

86. [法]热拉尔·热奈特著:《叙事话语 新叙事话语》,王文融译,中国社会科学出版社 1990 年版。

87. [法]热拉尔·热奈特著:《热奈特论文集》,史忠义译,百花文艺出版社 2000 年版。

88. [法]罗兰·巴特著:《S/Z》,屠友祥译,上海人民出版社 2000 年版。

89. [法]米歇尔·福柯著:《知识考古学》,谢强等译,三联书店 2003 年版。

90. [法]米歇尔·福柯著:《福柯集》,杜小真编选,上海远东出版社 2002 年版。

91. [法]米歇尔·福柯著:《词与物——人文科学考古学》,莫伟民译,上海三联书店 2002 年版。

92. [法]列维-斯特劳斯著:《野性的思维》,李幼蒸译,商务印书馆 1987 年版。

93. [俄]巴赫金著:《陀斯妥耶夫斯基诗学问题》,白春仁等译,三联书店 1988 年版。

94. [俄]巴赫金著:《拉伯雷研究》,李兆林、夏忠宪等译,河北教育出版社 1998 年版。

95. [俄]巴赫金著:《文艺学中的形式方法》,邓勇、陈松岩译,中国文联出版社 1992 年版。

96. [美]哈罗德·布鲁姆著:《影响的焦虑》,徐文博译,三联书店 1989 年版。

97. [美]爱德华·萨丕尔著:《语言论》,陆卓元译,商务印书馆 2002 年版。

98. [英]特伦斯·霍克斯著:《结构主义和符号学》,瞿铁鹏译,上海译文出版社 1997 年版。

99. [美]波林·罗斯诺著:《后现代社会科学》,张国清译,上海译文出版社 1998 年版。

100. [美]保罗·德曼著:《解构之图》,李自修等译,中国社会科学出版社 1998 年版。

101. [美]斯坦利·费什著:《读者反应批评:理论与实践》,文楚安译,中国社会科学出版社 1998 年版。

102. [美]莫瑞·克里格著:《批评旅途:六十年代之后》,李自修等译,中国社会科学出版社 1998 年版。

103. [美]乔纳森·卡勒著:《论解构》,陆扬译,中国社会科学出版社 1998 年版。

104. [美]道格拉斯·凯尔纳等著:《后现代理论》,张志斌译,中央编译出版社 2004 年版。

105. [美]赛义德著:《知识分子论》,单德兴译,三联书店 2002 年版。

106. [美]赛义德著:《赛义德自选集》,谢少波等译,中国社会科学出版社 1998 年版。

107. [美]马泰·卡林内斯库著:《现代性的五副面孔》,顾爱彬等译,商务印书馆 2003 年版。

108. [法]勒戈夫著:《中世纪的知识分子》,张弘译,商务印书馆 2002 年版。

109. [美]洪长泰著:《到民间去——1918—1937 年的中国知识分子与民间文学运动》,董晓萍译,上海文艺出版社 1993 年版。

110. [美]阿兰·邓迪斯著:《民俗解析》,户晓辉译,广西师范大学出版社 2005 年版。

111. [法]罗贝尔·埃斯卡尔皮著:《文学社会学》,符锦勇译,上海译文出版社 1988 年版。

112. [法]吉尔·德拉诺瓦著:《民族与民族主义》,郑文彬等译,三联书店 2005 年版。

113. [英]迈克·克朗著:《文化地理学》,杨淑华等译,南京大学出版社 2005 年版。

114. [英]海伦·加德纳著:《宗教与文学》,江先春等译,四川人民出版社 1998 年版。

115. [锡兰]L. A. 贝克著:《东方哲学的故事》,傅永吉译,江苏人民出版社 1999 年版。

116. 张炯等编:《中华文学通史》,华艺出版社 1997 年版。

117. [德]尼采著:《历史的用途与滥用》,陈涛、周辉荣译,上海人民出版社 2000 年版。

118. 马文华:《新疆教育史稿》,新疆大学出版社 1998 年版。

119. 李国香:《维吾尔文学史》,兰州大学出版社 1992 年版。

120. 张敬仪主编:《汉维民间文学比较》,甘肃民族出版社 2002 年版。

121. 任一飞、雅森·吾守尔:《维吾尔族》,民族出版社 1997 年版。

122. 张旭东著:《批评的踪迹——文化理论与文化批评》,三联书店 2003 年版。

123. 赵毅衡编选:《符号学论文集》,百花文艺出版社 2004 年版。

124. [法]雅克·勒戈夫著:《中世纪知识分子》,商务印书馆 2002 年版。

125. [美]刘易斯·科赛著:《理念人———项社会学的考察》,郭方等译,中央编译出版社 2004 年版。

126. 束定芳著:《隐喻学研究》,上海外语教育出版社 2005 年版。

127. 阿兰·鲍尔登著:《民谣》,高丙中译,昆仑出版社 1993 年版。

128. 周宪主编:《中国文学与文化的认同》,北京大学出版社 2008 年版。

129. 郑晓云著:《文化认同论》,中国社会科学出版社 2008 年版。

130. 卞敏著:《中华民族精神研究》,光明日报出版社 2008 年版。

三、英文论著及词典

1. Olga M, Davidson, *Comparative Literature and Classical Persian Poetics*, *Seven Essays*. Mazda Publishers. Costa Mesa, California, 2000.

2. Henry Laurie, *Fiction Dictionary*, an imprint of F and W Publications Inc.

3. Hawthorn Jeremy, *A concise Glossary of Contemporary Literary Theory*, First Published in Great Britain in 1998 by Arnold a member of the Hodder Headine group.

4. Ross Abbinnet, *Culture and Identity Critical Theories* London, 2003.

5. Edward W. Said, *The Wrld*, *The Text and the critic*. Combridge, 1983.

6. Edward W. Said, *Orientalism*, Vintage Books A Division of Random House , New York, 1979.

7. F. Horne, Ph. D. *The Sacred Books and Early Literature of the East*, *Volume VIII*, *Medieval Persia*. Published by Mittal Publications Delhi-110035(India), 1917.

四、词典类

1. 马赫穆德·喀什噶里著:《突厥语大辞典》,校仲彝等译,民族出版社 2002 年版。

2. [日]祖父江孝男主编:《文化人类学百科辞典》,山东大学日本研究中心译,青岛出版社 1989 年版。

3. 余太山等主编:《新疆各族历史文化词典》,中华书局 1996 年版。

4. 海木都拉·阿不都热合曼等编著:《维吾尔语外来词详解词典》(维吾尔文),新疆人民出版社 2001 年版。

5. 库尔班江·阿布利米提·努茹孜等编:《新疆地名语源词典》(维吾尔文),新疆大学出版社 2001 年版。

6. 木太力甫·斯地克:《维吾尔人名手册》(维吾尔文),喀什维吾尔文出版社 1998

年版。

7. 艾勃拉姆斯著:《文学术语词典》,朱金鹏、朱荔译,北京大学出版社 1980 年版。

8. 夏米西丁·哈吉编:《汉维宗教词典》,新疆人民出版社 2000 年版。

9. 中国伊斯兰百科全书编委会编:《中国伊斯兰百科全书》,四川辞书出版社 2007 年版。

10. 金宜久主编:《伊斯兰教小词典》,上海辞书出版社 2006 年版。

责任编辑:夏　青
版式设计:陈　岩

图书在版编目(CIP)数据

喀什作家群研究——以艾合买提·孜亚依为个案/姑丽娜尔·吾甫力 著.
　-北京:人民出版社,2012.3
ISBN 978 - 7 - 01 - 010526 - 0

Ⅰ.①喀…　Ⅱ.①姑…　Ⅲ.①维吾尔族-少数民族文学-文学研究-喀什
　地区②艾合买提·孜亚依-诗歌研究　Ⅳ.①I207.915

中国版本图书馆 CIP 数据核字(2011)第 274505 号

喀什作家群研究
KASHI ZUOJIA QUN YANJIU
　　——以艾合买提·孜亚依为个案

姑丽娜尔·吾甫力　著

人民出版社 出版发行
(100706　北京朝阳门内大街 166 号)

涿州市星河印刷有限公司印刷　新华书店经销

2012 年 3 月第 1 版　2012 年 3 月北京第 1 次印刷
开本:710 毫米×1000 毫米 1/16　印张:15.5
字数:235 千字　印数:0,001-3,000 册

ISBN 978 - 7 - 01 - 010526 - 0　定价:38.00 元

邮购地址 100706　北京朝阳门内大街 166 号
人民东方图书销售中心　电话 (010)65250042　65289539